GN/sek 4991

Malte Hossenfelder
Kants Konstitutionstheorie und die Transzendentale Deduktion

Quellen und Studien zur Philosophie

Herausgegeben von
Günther Patzig, Erhard Scheibe,
Wolfgang Wieland

Band 12

Walter de Gruyter · Berlin · New York
1978

Kants Konstitutionstheorie und die Transzendentale Deduktion

von

Malte Hossenfelder

Walter de Gruyter · Berlin · New York
1978

Als Habilitationsschrift auf Empfehlung des Fachbereichs Philosophie der Universität Münster gedruckt mit Unterstützung der Deutschen Forschungsgemeinschaft. Erweiterte Fassung der Habilitationsschrift, die im Sommersemester 1973 vom Fachbereich Philosophie der Universität Münster angenommen wurde.

CIP-Kurztitelaufnahmen der Deutschen Bibliothek

Hossenfelder, Malte
Kants Konstitutionstheorie und die transzendentale Deduktion. –
Berlin, New York: de Gruyter, 1978.
   (Quellen und Studien zur Philosophie; Bd. 12)
   ISBN 3-11-005969-X

1977 by Walter de Gruyter & Co., vormals G. J. Göschen'sche Verlagshandlung · J. Guttentag, Verlagsbuchhandlung · Georg Reimer · Karl J. Trübner · Veit & Comp., Berlin 30, Genthiner Straße 13.
Printed in Germany
Alle Rechte, insbesondere das der Übersetzung in fremde Sprachen, vorbehalten. Ohne ausdrückliche Genehmigung des Verlages ist es auch nicht gestattet, dieses Buch oder Teile daraus auf photomechanischem Wege (Photokopie, Mikrokopie, Xerokopie) zu vervielfältigen.
Satz und Druck: Walter de Gruyter, Berlin

Inhalt

Zitierweise VII

Einleitung 1
  § 1. Gegenstand und Methode 1
  § 2. Einwände gegen Kant 13
  § 3. Erläuterung einiger Begriffe 20

I. Die Subjektivitätsbeweise für Raum und Zeit 28
  § 4. Die erste Deutung des ersten Raum-Arguments 28
  § 5. Kritik der ersten Deutung 34
  § 6. Das zweite Raum-Argument als Voraussetzung des ersten.
        Die Diallele der beiden Argumente 37
  § 7. Ausweg aus der Diallele 44
  § 8. Noumenon und Ding an sich 47
  § 9. Die zweite Deutung des ersten Raum-Arguments 56
  § 10. Andere Argumente 60

II. Die Subjektivität der Anschauungsformen und die Möglichkeit
    apriorischer Erkenntnis 65
  § 11. Der Idealismus der Anschauung als Hypothese 65
  § 12. Formale Vorerwägung 66
  § 13. Kants Beweis für die Notwendigkeit der Raum-Zeit-Vorstellung 69
  § 14. Der Idealismus der Anschauung und der Beweis für die Notwendigkeit der Raum-Zeit-Vorstellung 73
  § 15. Der Idealismus der Anschauung und Kants Begründung der Mathematik als apriorischer Wissenschaft 76
  § 16. Die Unentbehrlichkeit des widersprüchlichen Begriffs einer Anschauung a priori. – Kants Unterscheidung der Grundsätze des reinen Verstandes in konstitutive und regulative 85

§ 17. Der Idealismus der Anschauung und die Synthesislehre   90
§ 18. Der Idealismus der Anschauung und die Transzendentale Dialektik   92

III. Die spontane Synthesis des Verstandes   96

§ 19. Willkürliche und notwendige Begriffe   96
§ 20. Unmittelbare Beweise für die Spontaneität der Synthesis   98
§ 21. Prämissen für einen mittelbaren Beweis   100
§ 22. Der Fehler in Kants Beweis: ungenügende Unterscheidung zwischen synthetischer und analytischer Einheit   103
§ 23. Die Synthesislehre als empirische Hypothese   116
§ 24. Die Transzendentale Deduktion ohne die Konstitutionstheorie   119

IV. Kritik der Transzendentalen Deduktion   123

§ 25. Das Urteil als Form der transzendentalen Apperzeption   123
§ 26. Das Problem der Vollständigkeit der Urteilstafel   142
§ 27. Die Kategorien als Begriffe von der Bestimmtheit der Anschauungen   151
§ 28. Kategorie und Schema   157
§ 29. Ergebnis der Kritik   165

Literatur   171

Namen- und Sachverzeichnis   178

Zitierweise

Um das Buch nicht mit Anmerkungen zu überlasten, sind die Verweise auf die Schriften Kants in Klammern in den Text selbst aufgenommen. Dabei bedeutet die einfache Stellenangabe einen eindeutigen Beleg, während ein vorgesetztes „Vgl." anzeigt, daß sich der Gedanke bei Kant nur in ähnlicher Form oder in anderem Zusammenhang findet.

Die Schriften Kants sind wie folgt aufgeführt: Die „Kritik der reinen Vernunft" wird, in der Regel ohne Angabe des Titels, nach den Ausgaben von 1781 (A) und 1787 (B) zitiert. Die übrigen Schriften sind angeführt nach Titel und Paragraph oder — wo dies nicht oder nicht mit hinreichender Genauigkeit möglich war — nach Titel und Band- und Seitenzahl der Ausgabe: Kants gesammelte Schriften. Herausgegeben von der Preußischen Akademie der Wissenschaften zu Berlin. Berlin 1902ff. Die Abkürzungen der Titel sind aus Eislers Kant-Lexikon (1930) übernommen. Ein Schlüssel findet sich unten im Literaturverzeichnis.

Ich habe die etwas umständliche Zitierweise gewählt mit Rücksicht auf die Vielzahl der Kant-Editionen. 1957 beklagte sich Vleeschauwer über das „Chaos" der Kant-Zitationen und forderte, daß man sich künftig ausschließlich auf die Akademie-Ausgabe beziehen solle. Diese Forderung scheint sich inzwischen weitgehend durchgesetzt zu haben. Da man jedoch nicht voraussetzen kann, daß jeder Leser die Akademie-Ausgabe zur Hand hat, und die übrigen Herausgeber sich bisher leider nicht entschließen konnten, die Paginierung der Akademie-Ausgabe in ihren Ausgaben am Rande zu vermerken, wie es analog bei antiken Autoren seit langem üblich ist, halte ich das hier eingeschlagene kombinierte Verfahren vorerst für zweckmäßiger. Keinesfalls empfehlenswert erscheint mir die heute vielfach geübte Praxis, nur noch Band- und Seitenzahl der Akademie-Ausgabe ohne den Titel der Schrift anzugeben. Dies ist zwar kurz und eindeutig, macht aber die Benutzung anderer Ausgaben vollends unmöglich und erschwert darüber hinaus den Gebrauch der Konkordanz von Hinske/Weischedel (1970).

Einleitung

§ 1. Gegenstand und Methode

Kant war der Meinung, daß sich die Wahrheit bestimmter Gesetzesaussagen über die Erfahrungswelt a priori beweisen lasse und daß er den Beweis in der „Kritik der reinen Vernunft" vorgeführt habe. Die überwiegende Mehrheit der heutigen Wissenschaftstheoretiker ist dagegen der Ansicht, daß ein solcher Beweis nicht möglich und daß Kants Argumentation fehlerhaft sei. Die vorliegende Arbeit möchte zur Entscheidung dieser Frage beitragen, indem sie versucht, zunächst Kants Beweis durch eine kritische Sondierung seiner Voraussetzungen auf seine konsequenteste Form zu bringen, um ihn dann auf seine Zulänglichkeit zu untersuchen.

Die besondere Wichtigkeit des Problems der Beweisbarkeit von Gesetzesaussagen braucht nicht eigens betont zu werden. Gesetzesaussagen bilden einen wesentlichen Bestandteil jeder wissenschaftlichen Erklärung, sofern man deren Aufgabe darin erblickt, die zu erklärenden Phänomene auf allgemeine Gesetzmäßigkeiten zurückzuführen[1]. Darüber hinaus sind Gesetzesaussagen zu jeder rationalen praktischen Entscheidung erforderlich. Um nämlich zwischen alternativen Handlungsweisen entscheiden zu können, müssen wir einerseits über Maximen verfügen, die *vor*schreiben, was geschehen soll. Diese reichen aber offenbar nicht aus, da ihre Anwendung eine Kenntnis dessen, was geschehen wird, wenn wir so oder so handeln, voraussetzt; d. h. wir müssen die Folgen unserer Handlungen kennen, um beurteilen zu können, ob sie die Vorschrift der Maxime erfüllen. Da aber die Folgen zukünftige Ereignisse sind, die wir nur erschließen können, so brauchen wir Gesetzes*aussagen*, die *be*schreiben, was geschieht, um aus ihnen die Folgen unserer Handlungen ableiten zu können[2]. Somit ist sowohl die Sicherheit unserer wissenschaftlichen Erklärungen als auch diejenige unserer praktischen Entscheidungen von der Zuverlässigkeit unserer Gesetzesaussagen abhängig.

---

[1] Vgl. Hempel/Oppenheim 1953. Popper 1971, S. 31 ff.
[2] Vgl. Hare 1961, S. 56 ff.

Es besteht daher an ihrer Beweisbarkeit nicht nur ein theoretisches, sondern ein vitales Interesse. Dabei kommt den apriorischen Beweisversuchen wieder erhöhte Bedeutung zu, nachdem sich gezeigt hat, daß die empirischen Ansätze keineswegs weniger Schwierigkeiten mit sich bringen[3]. Deswegen ist es geboten, die in der Geschichte vorgetragenen aprioristischen Theorien nicht, wie häufig geschieht, schlechthin als „metaphysisch" abzutun, sondern sie vorurteilsfrei und ernsthaft zu prüfen und sie erst dann den Historikern zur Verwaltung zu überlassen, wenn wirklich eindeutig feststeht, daß sie unhaltbar sind. Dieser Punkt scheint mir in der Auseinandersetzung mit Kant noch nicht erreicht zu sein.

Kants Theorie hat bisher allen Bestrebungen, sie als überholt zu behandeln, am Ende widerstanden. Martin vergleicht sie mit den großen Werken der Kunst: „Aber jede neue Interpretation ist nur ein neuer Beweis für die Unerschöpflichkeit des kantischen Denkens, für die Unerschöpflichkeit, die das echte Zeichen des Genius ist, und so strahlt und glänzt denn dieselbe Unerschöpflichkeit aus den Werken Kants, die aus den Gesängen Homers, aus den Passionen Bachs, aus den Dichtungen Goethes strahlt und glänzt, dieselbe Unerschöpflichkeit, die den Werken von Plato, von Aristoteles, von Thomas von Aquin die Tiefe und Weite gibt"[4]. Es fragt sich, ob diese Wertung angemessen ist. Vermutlich hätte Kant, so wie er den Genie-Begriff für den Wissenschaftler ablehnte, sich auch dagegen gewehrt, daß in dieser Weise das ästhetische Wertkriterium der Romantik an sein Werk gelegt wird. Der Wert eines *wissenschaftlichen* Werkes wird durch eine unendliche Vielfalt von Deutungsmöglichkeiten doch eher gemindert, da das Ziel das Gegenteil, nämlich größtmögliche Eindeutigkeit, sein sollte. Ich glaube, man tut Kant Unrecht, wenn man sein Bemühen um begriffliche Klarheit und Eindeutigkeit so als vergeblich hinstellt, wie es Martin ja implizit tut. Schließlich ist es dies Bemühen um Präzision des Ausdrucks, um dessentwillen Kant einen oft kritisierten, manchmal etwas schwierigen und umständlichen Stil in Kauf genommen hat; denn daß nicht Mangel an stilistischer Begabung die Ursache war, dafür gibt es genügend Gegenbeispiele in den vorkritischen, aber auch in den kritischen

---

[3] Vgl. Poppers (1971) Kritik an den induktivistischen Theorien einerseits und Wellmers (1967) und Strökers (1968) Kritik an Poppers Falsifikationstheorie andererseits. Inzwischen wird die Unentbehrlichkeit apriorischer Elemente in der Erkenntnis auch von analytischen Philosophen anerkannt, eine Einsicht, die zu bewußter Rückbesinnung auf Kants transzendentalen Begründungsversuch führt. Vgl. Körner 1966[b]. Stegmüller 1969, S. 554ff (über Wittgenstein). An anderer Stelle (1968, S. 11) vergleicht Stegmüller Carnaps „theoretische Begriffe" mit Kants „Kategorien".
[4] Martin 1951, S. 7.

Schriften. Andererseits läßt sich freilich die Berechtigung der Äußerung Martins nicht leugnen, wenn man die Geschichte der nachkantischen Philosophie mit ihren mannigfaltigen Kant-Auffassungen betrachtet. Man muß jedoch die Unterscheidung berücksichtigen zwischen historischer und systematischer Interpretation, d. h. zwischen eigentlicher Interpretation des historischen Werkes und weiterbildender Rezeption der Theorie. Die Neudeutungen Kants sind in der Regel keine reinen Interpretationen, sondern bewußte Weiterbildungen und Verbesserungen, die fast immer mit einer Kritik am historischen Kant einhergehen[5]. Demnach wäre die Lebenskraft der Kantischen Lehre nicht so sehr der Unerschöpflichkeit der Homerischen Gesänge vergleichbar, sondern eher der Dauerhaftigkeit antiker Tempelfundamente, über denen immer wieder neue Kultgebäude errichtet wurden. Sie beruhte darauf, daß es Kant gelungen ist, einen theoretischen Neuansatz zu finden, der so überzeugend und fruchtbar war, daß er die gesamte nachfolgende Philosophiegeschichte entscheidend bestimmt hat, und dessen überlegene Reichweite erst im Laufe der fortwährenden Auseinandersetzung mit Kant, der mannigfachen Angriffe und Apologien, allmählich zutage trat und, wie ich meine, immer noch unterschätzt wird. Kant selbst konnte die volle Tragweite seines Ansatzes schwerlich überblicken, zumal da es ihm kaum möglich war, die Problemstellungen der folgenden Epochen, obwohl er sie maßgeblich beeinflußt hat, zu antizipieren. So hat er seine Theorie an Voraussetzungen geknüpft und Konsequenzen aus ihr gezogen, die sich als angreifbar, aber auch als entbehrlich erweisen lassen.

Die Unterscheidung zwischen der historischen Form, die Kant seinem Gesetzesbeweis gegeben hat, und eventuellen konsequenteren Fassungen ist wesentlich für das methodische Verständnis der vorliegenden Arbeit, die ja nicht von einem historischen Interesse geleitet wird, sondern von einem systematischen, insofern sie durch eine kritische Prüfung der Kantischen Theorie einen Beitrag leisten möchte zur Lösung des Problems der Begründbarkeit von Gesetzesaussagen. Mit einem gewissen Recht darf man behaupten, daß der historische Kant schon durch seine unmittelbaren Nachfolger, so besonders durch G. E. Schulze[6], widerlegt worden ist.

---

[5] Vgl. Lehmann: „Die prinzipiell-systematische Interpretation ist Rekonstruktion und als solche notwendigerweise auch Destruktion" (1957/58, S. 387 = 1969, S. 115f). Vgl. auch Stegmüllers Unterscheidung zwischen „Direktinterpretation" und „rationaler Rekonstruktion" (1967, S. 1ff).

[6] Und zwar nicht nur durch seinen gegen Reinhold gerichteten „Aenesidemus" (1792), sondern vor allem durch sein weniger populäres Werk „Kritik der theoretischen Philosophie" (1801–2), in dem er sich unmittelbar mit Kant auseinandersetzt.

Dazu genügte es ja, wenn der Beweis einer bestimmten Voraussetzung, die Kant als notwendig ansah (wie z. B. der Subjektivität der Anschauungsformen), als unzureichend erwiesen wurde, um den ganzen Beweisgang, wie Kant selbst ihn verstand, zu erschüttern. Eine systematische Kritik darf sich damit jedoch nicht begnügen. Sie würde es sich zu leicht machen, wenn sie bei einer Widerlegung des historischen Kant stehenbliebe. Denn in einer sachorientierten Auseinandersetzung geht es nicht darum, über einen Autor recht zu behalten, sondern über eine *Theorie* zu entscheiden. Das läßt sich aber nur erreichen, wenn man zunächst versucht, die Theorie auf ihre konsequenteste Form zu bringen, sie also so unangreifbar wie möglich zu machen. Nur sofern dies gelungen ist und sich dennoch schwerwiegende Mängel zeigen, darf man annehmen, daß die Mängel grundsätzlicher Natur sind und die Theorie daher abzulehnen ist. Die systematische Kritik eines historischen Werkes verlangt daher als methodischen Schritt eine vorgängige Verteidigung des Werkes, die man – in Anlehnung an den Begriff des „methodischen Zweifels" – einen „methodischen Dogmatismus" nennen könnte.

Aus diesem Konzept ergeben sich die methodischen Regeln, die die vorliegende Arbeit in der Auseinandersetzung mit Kant befolgt:

1. Aus der Fragestellung resultiert eine Beschränkung auf den positiven Teil seiner Vernunftkritik, d. h. seinen Versuch, eine Gesetzmäßigkeit der Natur a priori zu beweisen, wie er in der ersten Hälfte der „Kritik der reinen Vernunft" – der „Transzendentalen Ästhetik" und der „Transzendentalen Analytik" mit ihrem Kernstück, der „Transzendentalen Deduktion der reinen Verstandesbegriffe" – enthalten ist. Diese Beschränkung ist natürlich ein gewaltsamer Eingriff, der freilich auf eine lange und berühmte Tradition zurückblickt. Kants Hauptanliegen war die Metaphysikkritik der „Transzendentalen Dialektik", und der Zweck der ersten Hälfte der „Kritik der reinen Vernunft" war es, hierzu die Voraussetzungen zu schaffen. Erwägt man diesen Teil losgelöst von der „Dialektik", wird daher das Urteil darüber notwendig einseitig ausfallen. Denn um eine Theorie vollständig zu beurteilen, darf man sie nicht nur auf ihre Voraussetzungen hin prüfen, sondern muß auch ihre Konsequenzen berücksichtigen, d. h. man muß sich fragen, welche Schwierigkeiten und Probleme sie zu lösen gestattet. Trotzdem halte ich die Beschränkung auf den positiven Teil der Vernunftkritik in systematischer Absicht für legitim. Eine Theorie kann aus ihren Konsequenzen niemals zureichend bewiesen werden, weil der Schluß von der Folge auf die Bedingung unzulässig ist. Sie kann so höchstens als Hypothese zur Erklärung bestimmter

Phänomene oder zur Lösung bestimmter Schwierigkeiten gerechtfertigt werden. Kant versteht seine Theorie jedoch nicht als Hypothese, sondern erhebt den Anspruch, sie „apodiktisch bewiesen" zu haben (B XXII Anm. Vgl. A XVII). Um die Berechtigung dieses Anspruchs ist es uns allein zu tun; denn daß sich eine Naturgesetzmäßigkeit ohne Widerspruch hypothetisch annehmen läßt, wird nicht bestritten. Es ist daher rechtens, wenn wir uns ganz auf die Prämissen konzentrieren und die Konsequenzen, die in der „Dialektik" gezogen werden, nur am Rande erwägen.

2. Den positiven Gesetzmäßigkeitsbeweis nun gilt es zunächst auf seine konsequenteste Form zu bringen. Diesem Zweck dienen die ersten drei Kapitel dieser Arbeit. Kant verquickt seinen Beweis mit einer Theorie der Konstitution der Gegenstände durch das erkennende Subjekt, dem Ergebnis seiner „kopernikanischen Wendung", derzufolge sich nicht unsere Erkenntnis nach den Gegenständen, sondern die Gegenstände nach unserer Erkenntnis richten müssen (B XVI). Diese Theorie ist wohl derjenige Teil der Kantischen Erkenntnislehre, der historisch am wirksamsten gewesen ist und an den auch Autoren angeknüpft haben, die Kant im übrigen sehr kritisch gegenüberstehen, von Fichte bis zu Husserl und bis zu den modernen Konstruktivisten; und das, obwohl die unüberwindlichen Schwierigkeiten der Theorie bereits bei Fichte deutlich zutage getreten sind[7]. Denn sie ist sicher der schwächste Punkt der Kantischen Lehre, der die meisten Angriffsflächen bietet. Ich möchte nun in den ersten drei Kapiteln zeigen, daß Kants Konstitutionstheorie innerhalb seines Systems und unter seinen Voraussetzungen *erstens* a priori nicht beweisbar sein kann; daß sie *zweitens*, selbst wenn sie a priori beweisbar wäre, dennoch niemals als Prämisse zum Beweis der möglichen Wahrheit von Gesetzesaussagen überhaupt dienen darf; daß sie aber *drittens* zu Kants eigentlichem Beweis, als dessen Kernstück ich die „Transzendentale Deduktion der reinen Verstandesbegriffe" ansehe, auch überflüssig ist.

Um Mißverständnissen vorzubeugen, merke ich an dieser Stelle sogleich zweierlei an. Zum einen soll nicht behauptet werden, daß die Konstitutionstheorie *falsch* sei und daß sie keine mögliche empirische Hypothese zur Erklärung des Erkenntnisgeschehens abgeben könnte. Infrage gestellt wird nur, daß sie *a priori beweisbar* sei. Zum anderen soll natürlich nicht bestritten werden, daß sich aus der Konstitutionstheorie Gesetzesaussagen ableiten lassen. Das Problem ist jedoch nicht, ob sich aus bereits bewiesenen oder angenommenen Gesetzmäßigkeiten andere Gesetzmäßig-

---

[7] Vgl. Henrich 1967a.

keiten herleiten lassen, sondern ob sich *überhaupt* die Wahrheit *irgendeiner* Gesetzesaussage a priori beweisen läßt. Gefragt wird nach einer Lösung des Humeschen Zweifels, d. h. nach einem Beweis, daß nicht alle unsere Gesetzesannahmen grundsätzlich falsch sind, weil die Natur gar keiner Gesetzmäßigkeit folgt. Zu einem solchen Beweis nun darf die Konstitutionstheorie niemals als Prämisse dienen. Sie kann allenfalls als Konsequenz auftreten, obgleich auch dies mit Kants Annahmen im Widerspruch stehen würde: aus Kants Begrenzung apriorischer Erkenntnis folgt, daß die Konstitutionstheorie a priori schlechthin unbeweisbar ist.

Die Konstitutionstheorie stützt sich auf die Lehre von der Subjektivität der Anschauungsformen Raum und Zeit und die Lehre von der spontanen Synthesis des Verstandes. Beide sind meines Erachtens jedoch voneinander unabhängig. Daß man die Idealität des Raumes und der Zeit behaupten kann, ohne zugleich der Synthesislehre anzuhängen, wird keinen Widerspruch finden. Dies ist z. B. der Stand, auf dem Kant in der Dissertation von 1770 steht. Nicht so einsichtig ist dagegen der umgekehrte Fall, daß auch die Synthesislehre ohne den Idealismus der Anschauung denkbar ist. Ich hoffe jedoch zeigen zu können, daß die Synthesislehre so gedeutet werden kann und sogar so gedeutet werden muß, daß sie auch mit einem Anschauungsrealismus vereinbar wäre. Wegen dieser wechselseitigen Unabhängigkeit muß eine vollständige Kritik der Kantischen Konstitutionstheorie beide Teile getrennt behandeln, weil durch die Kritik des einen der andere nicht notwendig betroffen wird. Daher soll, dem Aufbau der „Kritik der reinen Vernunft" folgend, in *Kapitel I* gezeigt werden, daß Kants Beweise für die Subjektivität der Anschauungsformen unzureichend sind. *Kapitel II* enthält den Nachweis, daß der Anschauungsidealismus – wenn man ihn als Hypothese erwägt – keine taugliche Prämisse zum Beweis der Möglichkeit wahrer Gesetzesaussagen sein kann; daß er insbesondere die ihm von Kant zugedachte Funktion, die Mathematik als apriorische Wissenschaft verständlich zu machen, nicht erfüllen kann; und daß er darüber hinaus weder für die Synthesislehre – geschweige denn für die Transzendentale Deduktion – noch für die Aufdeckung des dialektischen Scheins Voraussetzung ist. In *Kapitel III* folgt das Entsprechende für die Synthesislehre: es soll gezeigt werden, daß Kants Beweis der spontanen Synthesis fehlerhaft ist, da nicht streng genug zwischen synthetischer und analytischer Einheit des Bewußtseins unterschieden wird; daß die Synthesislehre nicht als Prämisse zum Beweis der Möglichkeit wahrer Gesetzesaussagen dienen darf; und daß sie für den Beweisgang der Transzendentalen Deduktion überflüssig ist.

Man möchte hier vielleicht einwenden, daß es für unsere Fragestellung hinreiche, die Überflüssigkeit zu zeigen; denn wenn eine Prämisse als überflüssig erkannt sei, verlöre eine Erörterung ihrer Tauglichkeit und ihrer Beweisbarkeit jedes weitere Interesse. Es genüge, Kants Beweis so zu rekonstruieren, daß darin von der gesamten Konstitutionstheorie kein Gebrauch gemacht werde. Ein solches Vorgehen wäre sinnvoll, wenn unsere Absicht eine echte, rezipierende Verteidigung Kants wäre. Sie besteht jedoch in einer bloß *methodischen* Verteidigung zum Zwecke einer systematischen Kritik. Diese Aufgabe nun würde nicht erfüllt, wenn man sich darauf beschränkte, einen von der Konstitutionstheorie „gereinigten" Beweis als möglich vorzuführen. Dann nämlich könnte die anschließende Kritik, sofern sie negativ ist, geradezu zu einer Rechtfertigung Kants benutzt werden, indem argumentiert würde, daß Kant mit vollem Recht die Konstitutionstheorie heranziehe, da die Kritik ja offenbar bestätige, daß ohne sie der Beweis mißlinge. Jemand könnte das Vorgehen mit dem eines Toreros vergleichen, der den Stier zunächst durch Blutverlust schwäche, um ihn in eine bequeme Position für den Todesstoß bringen zu können. Um diesen Verdacht von vornherein abzuwenden, muß dargelegt werden, daß die Voraussetzung der Konstitutionstheorie Kants Beweis in jedem Falle fehlerhaft machen würde, so daß er in der Tat — wenn überhaupt — nur ohne sie denkbar wäre und wir durch ihre Elimination Kant nicht verstümmeln, sondern verbessern.

Freilich bleiben immer noch die Bedenken gegen die Notwendigkeit, auch die Beweisbarkeit zu erörtern, weil es doch gleichgültig ist, ob eine untaugliche Prämisse sich beweisen läßt oder nicht, und daher der Nachweis der Untauglichkeit für unsern Zweck ausreichen würde. Nun beruht aber dieser Nachweis wesentlich darauf, daß die Konstitutionstheorie synthetische Urteile enthält und es ja diese Urteile sind, deren apriorische Möglichkeit eigentlich infrage steht, da analytische Urteile in dieser Hinsicht — zumindest von Kant — als unproblematisch angesehen werden. Es muß daher untersucht werden, ob es Kant nicht gelungen ist, die Konstitutionstheorie aus analytischen Prinzipien zu deduzieren; denn erst wenn feststeht, daß eine solche Deduktion nicht vorliegt, ist auch unser Nachweis der Untauglichkeit vollständig.

Falls unsere Überlegungen zutreffen, würden sie die Tragweite der Kantischen Lehre erweitern. Sie besagen, daß Kants Gesetzmäßigkeitsbeweis ohne die Konstitutionstheorie konstruiert werden muß und kann, und zwar nicht nur ohne den Idealismus der Anschauung, sondern auch ohne die Lehre von der Verstandessynthesis und somit ohne die gesamte

Vermögenslehre mit ihrem Dualismus. Daraus würde folgen, daß man Kant noch nicht zureichend widerlegen kann, indem man nur diese Lehren kritisiert, weil sein Beweis gegen derartige Angriffe — und das ist die Mehrzahl — immun wäre. Sein Beweis wäre demnach allen jenen wissenschaftstheoretischen Grundlegungsversuchen, die in der einen oder anderen Form an seine Konstitutionstheorie anknüpfen und sie zur Grundlage machen, überlegen[8]. Insbesondere würden die Paradoxien des Deutschen Idealismus vermieden. Diese ergeben sich zwar, wie man einräumen muß, durch konsequentes Weiterdenken Kantischer Gedanken; aber sie sind allein eine Folge der Konstitutionstheorie und daher mit dieser eliminierbar. Dadurch würde Kant auch über den engeren historischen Rahmen hinausgehoben; denn seine eigentlichen Schwierigkeiten sind nicht die seiner Nachfolger, sondern scheinen mir an anderer Stelle zu liegen. Das soll im *IV. Kapitel* dargelegt werden.

Die ersten drei Kapitel enthalten also eine Kritik des historischen Kant, indem sie erläutern, inwiefern er seinem Gesetzmäßigkeitsbeweis noch nicht die konsequenteste Form gegeben und ihn dadurch in seiner Tragweite unnötig eingeschränkt hat. Ein solches Vorhaben, einen Autor vom Range Kants „über den ‚wahren' Gehalt seiner Lehre aufzuklären"[9], ist gewiß eine Anmaßung. Sie wird jedoch gemildert, wenn man bedenkt, daß wir uns auf eine nunmehr zweihundert Jahre währende Auseinandersetzung mit Kant stützen können und daß Gedanken, auf die Kant mit großer Anstrengung als erster gekommen ist, für uns durch das immer erneute Durchspielen ihrer Möglichkeiten eine gewisse Geläufigkeit und doch auch größere Leichtigkeit gewonnen haben.

3. Da das Ziel dieser Arbeit nicht Interpretation, sondern systematische Kritik ist, darf sie sich bei der Behandlung des historischen Textes einige Freiheiten nehmen. Die leitende Idee ist stets, die Probleme des *Systems* aufzudecken, nicht diejenigen der Kantischen *Darstellung* zu lösen. Daher liegt das Augenmerk nicht darauf, das hier Vorgetragene um jeden Preis mit Kants Text und seinen verschiedenen Varianten in Einklang zu bringen. Zwar werde ich mich bemühen, alle Kant zugeschriebenen Ansichten durch Angabe der Fundstellen zu belegen; aber ich werde dabei keine Interpretationsprobleme diskutieren. Vielmehr werde ich solchen Problemen ausweichen, indem ich nie der Frage nachgehe, was

---

[8] Infolgedessen darf die Kritik solcher Versuche (z. B. diejenige von Hoeres (1969) an der neuscholastischen Transzendentalphilosophie) nicht ohne weiteres auf Kants Theorie übertragen werden.
[9] Lehmann 1956/57, S. 25 = 1969, S. 117.

Kant wirklich gemeint hat, sondern nur, was er meinen *mußte,* um nicht mit sich selbst in Widerspruch zu geraten. Wo auf diesem Wege keine Entscheidung erreichbar ist, werde ich jede der alternativen Deutungsmöglichkeiten für sich behandeln, um zu zeigen, daß keine einen Ausweg bietet. Bevor man also den Vorwurf erhebt, daß Kant in Dingen angegriffen werde, die er niemals behauptet habe, bitte ich zu erwägen, ob er sie nicht konsequenterweise behaupten mußte. Jedoch auch in Fällen, wo dies nicht zutrifft, bleibt unsere Kritik gültig, zwar nicht als Vorwurf gegen Kant, aber als systematische Überlegung, die zeigt, daß eine bestimmte denkbare Auffassung zurückgewiesen werden muß, ob sie nun von Kant vertreten wurde oder nicht.

Es ist z. B. nicht leicht zu entscheiden, wieweit Kant tatsächlich die Konstitutionstheorie als notwendige Voraussetzung seines Gesetzmäßigkeitsbeweises angesehen hat. Hinsichtlich des sinnlichen Idealismus gibt es keinen Zweifel; es ist mir keine Äußerung Kants bekannt, aus der hervorginge, daß er die „Transzendentale Ästhetik" für entbehrlich gehalten habe. Anders steht es dagegen mit der Lehre von der Verstandessynthesis. In der Vorrede zur ersten Auflage der „Kritik der reinen Vernunft" unterscheidet Kant zwischen der „objektiven" und der „subjektiven Deduktion der reinen Verstandesbegriffe"[10]: „Diese Betrachtung, die etwas tief angelegt ist, hat aber zwei Seiten. Die eine bezieht sich auf die Gegenstände des reinen Verstandes, und soll die objektive Gültigkeit seiner Begriffe a priori dartun und begreiflich machen; eben darum ist sie auch wesentlich zu meinen Zwecken gehörig. Die andere geht darauf aus, den reinen Verstand selbst, nach seiner Möglichkeit und den Erkenntniskräften, auf denen er selbst beruht, mithin ihn in subjektiver Beziehung zu betrachten, und, obgleich diese Erörterung in Ansehung meines Hauptzwecks von großer Wichtigkeit ist, so gehöret sie doch nicht wesentlich zu demselben" (A XVIf.). Ähnlich sagt Kant an anderer Stelle, der Beweis, *daß* Erfahrung nur durch die Kategorien möglich sei, sei unabhängig von der Frage, *wie* sie dadurch ermöglicht werde, deren Beantwortung zwar „verdienstlich", aber nicht notwendig sei (Anfangsgr. d. Naturw., Vorrede, Anm.). Diese Äußerungen scheinen auf den ersten Blick mit unserer These von der Überflüssigkeit der Synthesislehre übereinzustimmen. Berücksichtigt man jedoch, was Kant des näheren als hinreichend und was als entbherlich ansieht, so kommen starke Zweifel. Als die hinreichende ob-

---

[10] Zur Problematik dieser Unterscheidung vgl. Vleeschauwer 1934–37, Bd. II, S. 204ff (dort auch die Interpretationen von Riehl, Erdmann, Thiele, Adickes, Arnoldt und Vaihinger); S. 538ff. Paton 1936, S. 241f; 501f. Henrich 1969, S. 642f.

jektive Deduktion nennt er nämlich das auf den Seiten A 92—93 (= B 124—126) unter dem Titel „Übergang zur transzendentalen Deduktion der Kategorien" Gesagte, während er als die entbehrliche subjektive Deduktion offenbar den gesamten „Zweiten" und „Dritten Abschnitt" der „Deduktion" (entsprechend dem „Zweiten Abschnitt" nach B) ansieht, also die eigentliche „Transzendentale Deduktion", die nach unserer Auffassung das entscheidende Stück seines Gesetzmäßigkeitsbeweises darstellt. Unsere These ist, daß auch zu dieser „Transzendentalen Deduktion", die mir auf keinen Fall verzichtbar zu sein scheint, die Synthesislehre entbehrlich ist. Ob Kant derselben Auffassung war, ist fraglich und eher unwahrscheinlich. Jedenfalls läßt es sich aus den genannten Äußerungen nicht entnehmen; denn diese beziehen sich auf die ganze „Transzendentale Deduktion" und schließen damit entschieden zuviel aus. In der zweiten Auflage der „Kritik der reinen Vernunft" ist von der Entbehrlichkeit irgendeines Teiles der „Deduktion" denn auch nicht mehr die Rede.

Obgleich mein eigentliches Interesse nicht Kant, sondern seiner Theorie gilt, werde ich doch versuchen — nach bestem Vermögen und soweit es ohne Rückgriff auf breitere historische Untersuchungen angeht — zu erklären, wie Kant die ihm hier vorgeworfenen Irrtümer haben unterlaufen können. Denn einerseits hinterläßt bei einem so hervorragenden Denker wie ihm die bloße Aufzeigung eines Irrtums ein Gefühl des Unbehagens, wieso er denn dies habe übersehen können und ob er nicht am Ende doch im Recht sei, weil er schon weiter gedacht habe als der Kritiker. Andererseits aber trägt die Erklärung eines Fehlers zur künftigen Vermeidung bei, die sich sicherer garantieren läßt, wenn man weiß, woraus der Fehler entstehen kann. Freilich wird eine ahistorische Erklärung von Irrtümern immer unbefriedigend und unvollständig bleiben. Sie besteht ja nur darin, daß man den einen Fehler auf einen anderen zurückführt, der vielleicht leichter verständlich sein mag, der aber dennoch die Frage offenläßt, wie denn er selbst habe begangen werden können, und so in infinitum. Befriedigen kann nur eine historische Erklärung, die sich auf die besondere Problemlage der Zeit berufen kann, zu der aber die — wenn man so will — „systematische" Erklärung als Vorarbeit nützlich sein kann.

4. Die vorzutragende Kritik an Kant wird sich bemühen, immanent zu bleiben, d. h. sich auf den Nachweis logischer Verstöße wie Widerspruch, Zirkel, unendlicher Regreß, Argumentationslücke, unzureichende Prämissen zu beschränken. Ein Vorteil immanenter Kritik besteht darin, daß sie sich am ehesten Hoffnung auf breite Anerkennung machen kann, weil logische Konsistenz von den meisten Wissenschaftstheoretikern als

Grundbedingung jeder Theorie angesehen wird. Ein weiterer Vorteil liegt in der Verwertbarkeit immanenter Kritik für die historische Forschung. Weil sie bloß auf formalen Überlegungen beruht, waren die Fehler, die sie aufdeckt, auch für den kritisierten Autor grundsätzlich erkennbar und können daher ein Indiz für gewisse zeitbedingte Voreingenommenheiten abgeben. Dagegen ist eine Kritik, die sich auf sachliche Forschungsergebnisse späterer Zeiten stützt, historisch unergiebig; denn über die Trivialität hinaus, daß der Autor Entdeckungen, die ihm noch nicht zur Verfügung standen, nicht berücksichtigen konnte, lassen sich daraus keine historischen Erkenntnisse gewinnen.

Von den genannten Kriterien ist der Vorwurf unzureichender Prämissen nicht unproblematisch. Er birgt die Gefahr, daß man übertriebener Beweisforderungen und sophistischer Spitzfindigkeit beschuldigt wird, die nicht der Wahrheitsfindung dienten, sondern bloß aus eristischer Rechthaberei entsprängen. Prämissen sind unzureichend, wenn sie auch mit dem Gegenteil des Schlusses, der aus ihnen gezogen wird, vereinbar sind; anders ausgedrückt: ein Satz ist unzureichend bewiesen, wenn unter gleichen Prämissen[11] auch das Gegenteil denkbar bleibt. Argumente für das Gegenteil nun unterliegen leicht dem Einwand, daß sie zwar logisch möglich, aber in hohem Grade unvernünftig, weil überspitzt und gänzlich unwahrscheinlich seien. Ich hoffe, daß unsere Kritik in den entscheidenden Punkten sich im Rahmen des Vertretbaren hält. Trotzdem ist sie nicht überall frei von Argumenten, die man unvernünftig nennen kann. Bevor man sie deswegen tadelt, möge man bedenken, daß es uns nicht um Vernunft und Unvernunft oder Plausibilität und Unwahrscheinlichkeit geht, sondern um die Möglichkeit eines *stringenten Beweises* und um die Frage, ob Kants Beweis dieser Anforderung genügt. Plausibilität soll ihm in keinem Falle abgesprochen werden. Beides sind verschiedene Gesichtspunkte, und mit einigem Recht kann man die Frage nach absoluter logischer Stringenz an sich schon unsinnig nennen und unser ganzes Unterfangen für unvernünftig halten; denn es ist gewiß vernünftiger, an die Gesetzmäßigkeit der Natur zu glauben, statt sie in Zweifel zu ziehen. Wenn man die Frage nach einem stringenten Beweis aber stellt – wie es Kant selbst ja tut und wie es auch allein sinnvoll ist, wenn es sich um das Problem *apriorischer Erkenntnis* handelt, bei dem es um „Notwendigkeit

---

[11] Natürlich ist er auch dann unzureichend bewiesen, wenn zwar die angeführten Prämissen das Gegenteil ausschließen, sich aber andere Prämissen denken lassen, aus denen das Gegenteil folgt. Durch die Einführung neuer Prämissen verläßt man jedoch den Bereich immanenter Kritik.

und strenge Allgemeinheit" geht und alle Plausibilitätserwägungen daher müßiges Gerede sind —, dann darf man sich bei der Prüfung der Prämissen nicht von Vernünftigkeitsbedenken bestimmen lassen, sondern muß nicht ausgeschlossene Alternativen, ungeachtet ihrer Abnormität, anführen.

Noch in einem anderen Punkt mögen sich Bedenken über den Sinn unserer Untersuchung melden. Da sie eine systematische Absicht ankündigt, mag man im Zweifel sein, ob es nicht zweckmäßiger wäre, statt sich auf eine historische Theorie wie die Kantische zu konzentrieren, das Problem in seiner Allgemeinheit zu stellen und zu fragen, ob *überhaupt* ein apriorischer Gesetzmäßigkeitsbeweis möglich ist. Ganz sicher wäre die Beantwortung dieser Frage sehr viel wirksamer, sie ist jedoch äußerst schwierig. Eine positive Antwort könnte nur darin bestehen, daß man angibt, wie ein solcher Beweis auszusehen hat, indem man ihn vorführt. Dazu sehe ich mich außerstande. Eine negative Antwort dagegen würde sich offenbar in die Widersprüche des dogmatischen Skeptizismus verwickeln. Beschränken wir uns auf die eigentlich problematischen synthetischen Sätze, und räumen wir ein, daß Gesetzesaussagen nicht empirisch durch Induktion zureichend bewiesen werden können. Es müßte dann der Satz bewiesen werden: „Es gibt keinen apriorischen Beweis synthetischer Gesetzesaussagen". Ein solcher negativer universeller Es-gibt-Satz ist jedoch einer Gesetzesaussage äquivalent, also etwa der Aussage: „Alle synthetischen Gesetzesaussagen sind a priori unbeweisbar"[12]. Da dies ersichtlich ein synthetischer Satz ist, würde also jeder Versuch ihn zu beweisen, ihn widerlegen; denn es müßte ja ein apriorischer Beweis einer synthetischen Gesetzesaussage sein[13]. Die Aporie erinnert von ferne an die Antinomie des „Lügners": Ist der Satz wahr, ist der Beweis falsch; ist der Beweis wahr, ist der Satz falsch. Die Schwierigkeit ließe sich eventuell umgehen, indem man Hilfsannahmen einführt, die man durch Erwägungen praktischer Zweckmäßigkeit rechtfertigen könnte. Da die Hilfsannahmen jedoch theoretisch willkürlich wären, würden sie wiederum die Lösung des Problems in ihrer Allgemeinheit einschränken, so daß in dem Punkt nichts gewonnen wäre.

Die allgemeine Gewißheit, daß apriorische Erkenntnis unmöglich ist, ist ebenso schwer zu finden wie der Beweis ihrer Möglichkeit. Es bleibt

---

[12] Vgl. Popper 1971, S. 39.
[13] Körner (1969. 1966¹. 1966⁻) unternimmt den Versuch, die Unmöglichkeit transzendentaler Deduktionen schlechthin zu beweisen. In einer Entgegnung weist Doney (1966, S. 563) darauf hin, daß Körner selbst von einer „absolute synthetic a priori proposition", deren Unbeweisbarkeit er zeigen will, Gebrauch macht. Vgl. auch die Kritik an Körner von Schaper (1972).

darum nur der Weg, die vorgelegten Begründungsversuche jeweils eingehend zu prüfen und ihre Vorzüge und Schwächen möglichst exakt zu analysieren. Auch wenn das Ergebnis am Ende negativ ausfällt, ist die Mühe nicht vergebens. Die Einsicht, daß und warum ein bestimmter Versuch scheitert, stellt einen Erkenntnisfortschritt dar, der nicht gering geachtet werden darf. Sie trägt zur Klärung des Problems bei, indem sie die Lösungsmöglichkeiten einschränkt. Von den bisherigen Versuchen nun ist der Kantische meines Erachtens der weitaus überzeugendste, und da besonders in seinem Fall die Kritik wesentliche Fragen offengelassen hat, erscheint eine erneute Erörterung unerläßlich. Kant ist noch kein bloß historischer Autor, sondern verdient es weiterhin, ernst genommen zu werden.

§ 2. *Einwände gegen Kant*

Ich möchte im folgenden einige der häufigsten und wichtigsten Einwände gegen Kants Gesetzmäßigkeitsbeweis erwähnen. Dabei bin ich mir bewußt, daß ich der Mannigfaltigkeit und Subtilität der Kant-Kritik nicht annähernd gerecht werde. Jeder Kant-Forscher steht heute vor der Notwendigkeit, die Literatur zu Kant mit einer gewissen Willkür zu behandeln. Ihr Umfang ist so angewachsen, daß eine angemessene Berücksichtigung ausgeschlossen ist[14]. Bereits vor hundert Jahren gab Vaihinger sein Vorhaben, die „Kritik der reinen Vernunft" unter Berücksichtigung aller Deutungen und Kritiken zu kommentieren, auf, nachdem er allein für die „Transzendentale Ästhetik" tausend Seiten benötigt hatte. Ich habe darum in dieser Arbeit auf eine eingehende Diskussion der Sekundärliteratur verzichtet und mich mit einigen Hinweisen, besonders auf jüngere Publikationen, begnügt. Das trägt erheblich zur Kürze der Arbeit bei, die mir ein oberstes Gebot zu sein scheint, wenn man die Literatur wenigstens einigermaßen überschaubar halten will. Aus demselben Streben nach Kürze habe ich auch die Wiedergabe der Kantischen Lehren auf das Notwendigste eingeschränkt; jedoch habe ich die Stellen, auf die ich mich beziehe, stets angegeben, um die Überprüfung am Kant-Text jederzeit zu ermöglichen. Ich hoffe, durch diese Maßnahmen dem mit Kant vertrauten Leser mehr gedient zu haben als durch langwieriges Referieren des ihm längst Bekannten oder doch leicht Zugänglichen.

[14] Vgl. dazu Kopper 1972.

Vorab möchte ich jedoch wenigstens die Haupteinwände gegen Kant anführen, um anzudeuten, worin sich die hier intendierte Kritik von ihnen unterscheidet. Ich übergehe alle Einwände, die sich hernach als bloße Mißverständnisse herausgestellt haben, und erwähne nur diejenigen, die meines Erachtens den historischen Kant wirklich treffen. Unter die Fehlinterpretationen rechne ich z. B. die berühmten Einwände von Jacobi und Schopenhauer. Jacobi[15] nimmt Anstoß an der Affektionslehre. Da die Dinge an sich nach Kant unerkennbar seien, dürfe er auch nicht behaupten, daß sie uns affizierten. Darauf erwidert Riehl[16] zu Recht, daß Jacobi Kants Unterscheidung zwischen reiner und schematisierter Kategorie, von denen allein die schematisierte Kategorie Erkenntnis liefert, mißachtet. Kant widerspricht sich nicht, wenn er die *reine* Kategorie der Ursache auf die Dinge an sich anwendet, denn diese gilt nach ihm auch über die Sinnlichkeit hinaus; sie vermittelt aber keine Erkenntnis, d. h. keine bestimmte anschauliche Vorstellung vom Kausalverhältnis der Affektion[17]. Schopenhauer[18] erblickt „den ungeheuren Widerspruch, der durch die ganze transzendentale Logik geht und die eigentliche Quelle der Dunkelheit ist, die sie umhüllt", darin, daß Kant einerseits einschärfe, die Anschauung bedürfe der Funktionen des Denkens auf keine Weise (B 123), andererseits aber behaupte, alle Anschauungen stünden notwendig unter den Kategorien (B 143). Schopenhauer verkennt, daß in der letzteren Behauptung keine *absolute* Notwendigkeit gemeint ist; eine solche beweisen zu können, hat Kant sich nicht angemaßt. Gemeint ist eine bedingte Notwendigkeit: die Anschauungen stehen notwendig unter den Kategorien *unter der Bedingung*, daß ich mir ihrer *als meiner* Vorstellungen soll bewußt werden können. Das besagt aber keineswegs, daß Anschauungen ohne Begriffe an sich unmöglich sind. Ich kann sie durchaus haben (wie es für Kant beim Tier der Fall ist); nur kann ich von ihnen dann nichts wissen und durch sie nicht etwas *als etwas erkennen*[19]. Letztlich entspringen die Vorwürfe Jacobis und Schopenhauers derselben Fehlerquelle. Beide Autoren beachten nicht Kants Unterscheidung zwischen den an sich voneinander unabhängigen Vermögen Sinnlichkeit und Verstand einerseits und der Erkenntnis als dem Produkt beider

---

[15] Jacobi: David Hume über den Glauben. Anhang. 1787. (WW II 289ff).
[16] Riehl 1924–26, Bd. I, S. 560. – Vgl. Herring 1953.
[17] Vgl. unten S. 54f.
[18] Schopenhauer: Die Welt als Wille und Vorstellung. Anhang. (WW I 593ff). – Zur Lösung der Schwierigkeit vgl. Erdmann 1917, S. 73. Vleeschauwer 1934–37, Bd. II, S. 177ff. Paton 1936, Bd. I, S. 329ff. Bäschlin 1968.
[19] Vgl. unten S. 104.

andererseits. Wenn Kant lehrt, daß *Erkenntnis* nur durch das Zusammenwirken von Anschauung und Begriff möglich ist, so folgt daraus lediglich, daß jedes für sich keine Erkenntnis darstellt; im übrigen aber ist über den Geltungsbereich der reinen Begriffe oder die Möglichkeit der bloßen Anschauung (ohne Begriff) dadurch nichts präjudiziert.

Von den Einwänden, die Kant wirklich treffen, lassen sich die wesentlichsten ihrer Tendenz nach unter drei Haupttitel bringen: (1) Kants Theorie sei durch die moderne Mathematik und Naturwissenschaft widerlegt; (2) sie sei psychologistisch; (3) sie sei zirkulär, da sie das „Faktum der Wissenschaft" voraussetze.

(1) Der erste Einwand beruft sich auf die Entdeckung der nichteuklidischen Geometrien und der Quantenphysik. Da Kants Theorie eine Begründung der euklidischen Geometrie und der newtonschen Physik darstelle, so folge, „daß im Falle der Richtigkeit von Kants Theorie die Physik dieses Jahrhunderts *undenkbar* (und nicht bloß möglicherweise falsch) wäre"[20]. Das ist freilich nicht die einhellige Meinung der heutigen Wissenschaftstheoretiker. Daß das physikalische Modell, das Kant vor Augen hatte, das newtonsche war und nur sein konnte, steht natürlich außer Zweifel. Es fragt sich aber, ob dies mehr als ein zufälliges historisches Faktum ist oder ob Kants Theorie ohne wesentliche Abstriche auch mit der heutigen Physik vereinbar ist. Betrachtet man nämlich die „Grundsätze des reinen Verstandes", die ja das Beweisziel des positiven Teils der Vernunftkritik sind, für sich und unabhängig von ihrer newtonschen Auslegung durch Kant, dann ist es zumindest umstritten, ob sie die moderne Physik „undenkbar" machen. So scheinen der Substanzsatz und das Kausalitätsprinzip bei genauer Beachtung der Kantischen Formulierung einerseits und vorsichtiger Deutung der Quantenphysik andererseits durchaus auch für diese noch Gültigkeit zu besitzen oder wenigstens durch sie nicht widerlegt zu sein[21]. Ebenso lassen sich Gründe angeben, „daß die Annahme nicht-euklidischer Geometrien unter den kantischen Voraussetzungen nicht nur möglich, sondern sogar notwendig ist"[22]. Solange in diesen Fragen jedoch keine Einigkeit besteht, muß man den genannten Einwand gegen Kant ernst nehmen.

[20] Stegmüller 1968, S. 27. Vgl. ferner z. B. Heisenberg 1959, S. 67ff. Vuillemin 1955, S. 359f. Körner 1966[a].
[21] Vgl. v. Weizsäcker 1964. Beck 1966. Kambartel 1968, S. 138ff. Ferner: Mittelstaedt 1963. Schäfer 1966.
[22] Martin 1951, S. 27. Martin verweist auf Untersuchungen von Nelson, Meinecke, Natorp und Becker. Peters (1962, S. 166f) glaubt, daß sogar Kants Forderung der Konstruierbarkeit so gedeutet werden muß, daß auch die nicht-euklidischen Geometrien sie erfüllen.

Eine Entscheidung ist indessen für die Problemstellung dieser Arbeit nicht erforderlich, da sie den Einwand gleichsam „unterläuft". Der Einwand kritisiert Kant nur von seinen Ergebnissen her. Er argumentiert: da die Sätze, die Kant beweist, von der modernen Wissenschaft widerlegt sind, muß auch Kants Beweis fehlerhaft sein. Der Beweis selbst wird jedoch nicht näher untersucht, die „Transzendentale Deduktion" von diesen Kritikern meist gar nicht erwähnt. Dagegen befaßt sich die vorliegende Arbeit ausschließlich mit dem Beweis selbst, um seine Problematik direkt aufzudecken. Der Inhalt der Sätze, die Kant beweist, bleibt dabei zunächst außer Betrachtung. Sie fungieren hier nur als Beispiele synthetischer Gesetzesaussagen, um an ihnen die formale Struktur des Kantischen Beweisgangs zu untersuchen und zu prüfen, ob auf diese Art überhaupt irgendeine synthetische Gesetzesaussage a priori beweisbar ist. Ich werde mich deshalb strikt an das Prinzip immanenter Kritik halten und den Boden der euklidischen Geometrie und newtonschen Physik in der Argumentation niemals verlassen, weil sich die Probleme des Kantischen Grundlegungsversuchs schon an diesen Theorien zeigen.

(2) Unter dem Titel „Vorwurf des Psychologismus" (oder des Anthropologismus, Biologismus, Naturalismus) fasse ich alle Einwände zusammen, die darauf hinauslaufen, daß Kants Beweis zirkulär sei, weil er die Annahme einer besonderen Beschaffenheit der Erkenntnisvermögen und einer besonderen Art ihres Wirkens und damit schon synthetischer Gesetzesaussagen voraussetze[23]. Ich bin der Meinung, daß dieser Einwand in der Tat geeignet ist, den historischen Kant zu widerlegen, und daß alle Versuche, den historischen Text so auszulegen, daß der Zirkel verschwindet, gewaltsam sind. Trotzdem glaube ich nicht, daß der Einwand zu einer systematischen Widerlegung der Kantischen Theorie ausreicht. Denn er trifft Kant nur insofern, als dieser seine Konstitutionstheorie als Voraussetzung seines Gesetzmäßigkeitsbeweises angesehen hat. Der Beweis läßt sich jedoch so konstruieren, daß er von der Konstitutionstheorie unabhängig und somit gegen den Vorwurf des Psychologismus immun ist.

Eine ähnliche Auffassung, was die Einschätzung der Konstitutionstheorie anbetrifft, hat vor allem Nicolai Hartmann in seinem vielzitierten Aufsatz „Diesseits von Idealismus und Realismus" vertre-

---

[23] Der Vorwurf des Psychologismus ist z. B. ein Hauptpunkt der Kant-Kritik Husserls, vgl. Seebohm 1962. Kern 1964. Vgl. ferner den Psychologismus-Einwand z. B. bei Scholz 1943/44, S. 208. Lenk 1968, S. 15. Bird 1966. Walsh 1966.

ten[24]. Hartmann schießt indessen über das Ziel hinaus, indem er mit der Konstitutionstheorie die gesamte Transzendentale Deduktion für überflüssig hält. Er meint, die Forderung nach einer solchen Deduktion sei eine bloße Folge des konstitutionstheoretischen Subjektivismus: wenn man die Kategorien im Subjekt entspringen lasse, sei „hinterher eine besondere transzendentale Deduktion ihrer objektiven Gültigkeit notwendig". Verzichte man dagegen auf den („standpunktlich" bedingten) Subjektivismus, so „schwinde auch die mißliche Notwendigkeit der nachträglichen transzendentalen Deduktion" (S. 285). Unsere These ist demgegenüber, daß die Transzendentale Deduktion das wesentliche Stück des Kantischen Beweises ist, daß aber trotzdem die Konstitutionstheorie entbehrlich ist, weil gerade die Transzendentale Deduktion von ihr unabhängig ist und sein muß. Hartmann sieht „den zentralen Punkt der transzendentalen Analytik im ‚obersten Grundsatz aller synthetischen Urteile'" (S. 299), und zwar in der Formulierung: „Die Bedingungen der Möglichkeit der Erfahrung überhaupt sind zugleich Bedingungen der Möglichkeit der Gegenstände der Erfahrung und haben darum objektive Gültigkeit in einem synthetischen Urteile a priori" (S. 301 = KrV B 197). Er bemerkt zu Recht, daß dieser Satz gegen Idealismus und Realismus vollkommen indifferent stehe, daß er sich mit beiden gleich gut vertrage (S. 304)[25]. Er bemerkt ebenfalls zu Recht, daß in der Transzendentalen Deduktion kein Erweis des Satzes liege und daß der Satz eines besonderen Erweises auch gar nicht bedürfe, weil er „unmittelbar einleuchte" und „die bloße Formel in sich selbst evident" sei (S. 301). Hartmann irrt jedoch, wenn er meint, die Formel „erweise sich als ein wahrhaft genialer Grundsatz", der „in knappen Worten das allein Notwendige und Zureichende, nicht mehr und nicht weniger, gebe" (S. 303). Das ist zweifellos nicht der Fall, denn der Satz reicht zur Begründung der Möglichkeit synthetischer Urteile a priori keineswegs zu, ebensowenig wie der „oberste Grundsatz aller analytischen Urteile", der Satz des Widerspruchs, zureicht, um die Möglichkeit analytischer Urteile zu beweisen. Der Satz des Widerspruchs gibt nur eine Regel an die Hand, um analytische Urteile aufzusuchen. Das aber muß man erst leisten und die Regel anwenden, um so nachzuweisen, daß analytisch wahre Sätze in einer Sprache möglich sind (wofür Kant freilich in diesem Fall keine Schwierigkeiten sah). Analog formuliert auch der oberste Grundsatz der synthetischen Urteile gleichsam nur das Programm des

---

[24] Hartmann 1957. Vgl. zur Kant-Kritik Hartmanns Seelbach 1933. Beck 1965.
[25] Vgl. unten S. 73f.

transzendentalphilosophischen Ansatzes, indem er anzeigt, daß man, um die Möglichkeit synthetischer Urteile a priori zu beweisen, nicht von den Dingen selbst ausgehen, sondern nach subjektiven Bedingungen ihrer Erfahrbarkeit suchen soll. Das ist zunächst jedoch nicht mehr als ein Projekt, dessen Durchführbarkeit sich erst erweist, wenn man aufzeigt, daß sich tatsächlich bestimmte Bedingungen der Möglichkeit der Erfahrung a priori nachweisen lassen. *Diesem* Nachweis dient die Transzendentale Deduktion und nicht etwa dem Beweis jenes obersten Grundsatzes. Aus der Verwendung des Grundsatzes in den „Prolegomena" geht klar hervor, daß er Kant nur dazu dient, in zweckmäßiger Weise „die Aufgabe einzurichten", die es zu lösen gilt[26]. Ob nun aber zur *Lösung* der Aufgabe, d. h. zum Nachweis a priori erkennbarer Möglichkeitsbedingungen der Erfahrung, wie er in der Transzendentalen Deduktion versucht wird, die Konstitutionstheorie erforderlich ist oder nicht, diese Frage stellt Hartmann überhaupt nicht, weil er eben dieses ganze Problem, obwohl es das eigentlich zentrale ist, gar nicht sieht[27].

(3) Der dritte Einwand ergibt sich, wenn man Kant so auslegt, wie es die Neukantianer taten, von denen der Einwand denn auch hauptsächlich vorgetragen wurde. Er wird von Kroner folgendermaßen formuliert: „Die Kritik geht von dem Faktum der Erfahrung, von dem Faktum der Wissenschaft aus und sucht es zu begründen. Wie aber, wenn das Faktum,

---

[26] Prol. § 17. — Anders verhält es sich freilich mit einer anderen Formulierung des Grundsatzes, die Hartmann „unscharf" findet (S. 300): „Ein jeder Gegenstand steht unter den notwendigen Bedingungen der synthetischen Einheit des Mannigfaltigen der Anschauung in einer möglichen Erfahrung" (KrV B 197). Hier wird in der Tat ein Ergebnis der Transzendentalen Deduktion ausgedrückt, denn der Satz redet nicht nur allgemein von Möglichkeitsbedingungen der Erfahrung, sondern nennt bereits eine bestimmte, nämlich die synthetische Einheit des Mannigfaltigen der Anschauung.

[27] Behutsamer als Hartmann geht Strawson (1966) vor, der die Konstitutionstheorie verwirft, die zentrale Bedeutung der Transzendentalen Deduktion jedoch anerkennt und diese ohne jene zu konstruieren versucht. Aber einerseits untersucht Strawson ebensowenig wie Hartmann die sachlichen Gründe, die Kant zur Annahme der Konstitutionstheorie veranlaßt haben; andererseits geht er in der „Reinigung" der Transzendentalen Deduktion von Überflüssigem nicht weit genug, da er am Dualismus von Anschauung und Begriff als einer fundamentalen Prämisse festhält und ihn sogar über die These von der notwendigen Einheit des Bewußtseins stellt: „In the process we shall come to perceive that the thesis of the necessary unity of consciousness can itself be represented as resting on a yet more fundamental premise – on nothing more than the necessity, for any experience at all to be possible, of the original duality of intuition and concept" (S. 97). Auf diese Weise gelangt in die Deduktion jedoch eine Petitio principii (vgl. unten S. 100 und Anm. 90). Die Deduktion muß ohne den Dualismus konstruiert werden, denn daß Begriffe anwendbar sein müssen, ist nicht Voraussetzung, sondern Ergebnis der Deduktion. Vgl. die Kritik an Strawson von Bennett (1968, S. 342).

das ja kein empirisch feststellbares, sondern ein logisches ist, selbst in Zweifel gezogen wird? Begeht die Deduktion nicht einen Zirkelschluß, wenn sie, um die Erfahrung zu begründen, sich auf das Faktum der Erfahrung beruft? Die Kategorien, die Grundsätze gelten, weil sonst weder Erfahrung noch ein Gegenstand derselben möglich ist; dagegen läßt sich einwerfen: dieser Beweis besagt nur, daß, wenn Erfahrung möglich sein soll, Grundsätze notwendig sind, er besagt jedoch nicht, daß Erfahrung möglich ist, also auch nicht, daß Grundsätze notwendig sind; er drückt nur eine hypothetische, keine assertorische oder apodiktische Wahrheit aus. Der Beweis dreht sich im Kreise: die allgemeinsten Naturgesetze, so wird geschlossen, haben Geltung, weil sonst die besonderen und besondersten, weil sonst überhaupt empirische Urteile, selbst Wahrnehmungsurteile keine Geltung hätten, — hier wird das Besondere als Grund des Allgemeinen angeführt; aber das Allgemeine soll andererseits den Grund für das Besondere abgeben, die Grundsätze sollen die Erfahrung begründen, Erfahrungssätze sollen gelten, weil synthetische Urteile apriori wahr sind, die empirische Naturwissenschaft soll in der reinen das letzte Fundament, den höchsten Rechtstitel ihrer Erkenntnis finden. Die Deduktion stützt sich auf die Tatsache der Erfahrung, die vielmehr ihrerseits durch die Deduktion gestützt sein will. Die Kritik blickt auf die Naturwissenschaft, aber die Naturwissenschaft soll durch die Kritik erst als möglich dargetan werden. Wird vorausgesetzt, daß die Naturwissenschaft ‚wirklich', d. h. daß ihre Erkenntnis wahr ist, so muß sie freilich auch möglich sein, und alle Sätze, die Bedingungen ihrer Möglichkeit sind, dürfen in Kraft treten. Woher aber die Gewißheit, daß Naturwissenschaft wahre Erkenntnis ist?"[28]

Hiergegen hat Ebbinghaus in seinem Aufsatz „Kantinterpretation und Kantkritik"[29] gezeigt, daß Kant keineswegs von dem Faktum der Erfahrung oder der Wissenschaft ausgeht, sondern von dem *analytischen* Satz: „Das: Ich denke, muß alle meine Vorstellungen begleiten können"[30]. Demnach müßte man den neukantianischen Zirkelvorwurf

---

[28] Kroner 1921/24, Bd. I, S. 73f.
[29] Ebbinghaus 1968. Der Aufsatz erschien zuerst 1924 in der Deutschen Vierteljahresschrift für Literaturwissenschaft und Geistesgeschichte 2. 80—115. Die Fassung von 1968 ist eine vollständige Neubearbeitung, die vor allem die Erkenntnisse von Reich (1948) berücksichtigt. Ungeachtet dieser Widerlegung des neukantianischen Zirkelvorwurfs ist er auch später noch gegen Kant erhoben worden, z. B. von Zocher 1959, S. 149 (dazu Wagner 1961/62, S. 243). Der Aufsatz von Ebbinghaus ist offenbar trotz seiner grundlegenden Bedeutung weithin unbeachtet geblieben, man findet ihn kaum zitiert.
[30] Vgl. unten S. 100ff. 119ff.

eigentlich unter die Fehlinterpretationen rechnen. Zwar geht Kant wirklich an einigen Stellen, vor allem in den „Prolegomena", so vor, daß er die Gültigkeit mathematischer und naturwissenschaftlicher synthetischer Urteile a priori als Faktum voraussetzt und daraus die Geltung der Kategorien und Grundsätze als Bedingungen der Möglichkeit jener Urteile ableitet. Aber man muß das Vorzeichen beachten, unter dem dies geschieht: so in den „Prolegomena" allein aus *didaktischen* Gründen, zur „Vorübung", und unter ausdrücklichem Hinweis auf die andersartige Beweismethode der „Kritik der reinen Vernunft" (IV 274 f). Wenn ich den Einwand hier gleichwohl aufführe, so deshalb, weil ich später hoffe glaubhaft machen zu können, daß er in veränderter und mehr verdeckter Gestalt auch gegen den Beweisgang der „Kritik der reinen Vernunft" dennoch berechtigt ist[31].

§ 3. *Erläuterung einiger Begriffe*

Eine immanente Kritik darf nicht nur keine neuen Prämissen einführen, sie muß sich auch in ihrer Begrifflichkeit so streng wie möglich an den Gebrauch des kritisierten Autors halten. Nun sind an einer Reihe von Begriffen, die Kant verwendet, inzwischen Schwierigkeiten zutage getreten, die diese Begriffe heute unpräzise erscheinen lassen. Ich möchte deswegen für einige von ihnen, soweit es das Verständnis dieser Arbeit erfordert, kurz angeben, in welchem Sinne sie hier gebraucht werden. Damit will ich natürlich nicht in die Diskussion um diese Begriffe eingreifen, sondern bloß eine nominale Erklärung geben, die allein für die Zwecke dieser Arbeit gedacht ist, um dem Kantischen Gebrauch so nahe wie möglich zu bleiben.

Aussage, Satz, Urteil. Ich gebrauche diese Ausdrücke in der Regel synonym, ein Wechsel hat nur stilistische Gründe. Die Unterscheidung zwischen dem sprachlichen Zeichen und dem, was es meint, (zwischen „sentence" und „proposition") kann in dieser Arbeit vernachlässigt werden.

Gesetzesaussage. Kant nennt als „sichere Kennzeichen" solcher Aussagen „Notwendigkeit und strenge Allgemeinheit", die nach ihm „unzertrennlich zueinander gehören" (B 3 f). Neuere Untersuchungen[32] haben

---

[31] Vgl. unten S. 129f.
[32] Vgl. Popper 1971, S. 34f. 374ff. Kneale 1949, S. 24ff. Goodman 1955. Stegmüller 1958/59.

dagegen erbracht, daß die Unzertrennlichkeit fragwürdig und die Allgemeinheit als sicheres Kennzeichen problematisch ist. Es ist bedenklich, jeden Allsatz als Gesetzesaussage zu bezeichnen. Man müßte dann einräumen, daß auch ein Satz wie „Alle Äpfel in diesem Korb sind rot", der ja streng allgemein gilt, ein notwendiges Gesetz ausdrücke. Das hätte z. B. zur Folge, daß, wenn man unter einer wissenschaftlichen Erklärung die Ableitung aus einem Gesetz versteht, man die rote Farbe eines Apfels damit zureichend erklären könnte, daß er sich in einem Korb mit Äpfeln befindet, die alle rot sind[33]. Um solche Konsequenzen zu vermeiden, wird man die Annahme vorziehen, daß es allgemeine Sätze gibt, die keine Notwendigkeit bei sich führen. Andererseits ist es freilich sehr schwer anzugeben, wodurch sich notwendige Allsätze von solchen, die keine Notwendigkeit ausdrücken, unterscheiden, bzw. welches Merkmal ein Satz außer der Allgemeinheit aufweisen muß, um als notwendige Gesetzesaussage zu gelten[34].

Ich glaube indessen, daß unsere Fragestellung von diesen Schwierigkeiten nicht betroffen wird und daß es für unsere Zwecke ausreicht, als Gesetzesaussage jeden Allsatz zu bezeichnen, weil wir allein nach der *apriorischen Beweisbarkeit* fragen. Hinsichtlich der Beweisbarkeit unterscheidet sich der Satz „Alle Äpfel in diesem Korb sind rot" von einer „echten" Gesetzesaussage wie etwa dem Fallgesetz dadurch, daß er empirisch verifizierbar ist, während dies auf das Fallgesetz nicht zutrifft. Da wir jedoch die Frage nach der empirischen Verifizierbarkeit – und damit das ganze Induktionsproblem, für das die Unterscheidung der Allsätze allerdings von großer Wichtigkeit ist[35] – aus unserer Erörterung ausschalten, dürfen wir beide Arten von Allsätzen gleich behandeln; denn hinsichtlich ihrer *apriorischen* Beweisbarkeit besitzt keine von ihnen einen Vorzug vor der anderen. Auch der Satz „Alle Äpfel in diesem Korb sind rot" würde uns, wenn wir ihn *a priori* beweisen wollten, vor die gleiche Schwierigkeit stellen wie das Fallgesetz, so daß wir unsere Frage allgemein formulieren dürfen: ob auf Kants Art irgendein synthetischer Allsatz a priori beweisbar ist. Wir können auch, Kant folgend, schlechthin von synthetischen Urteilen a priori reden; denn es ist klar, daß besondere Urteile *a priori* nur durch Ableitung aus allgemeinen Urteilen bewiesen werden können. Das Grundproblem bleibt stets die apriorische Beweis-

---

[33] Vgl. Stegmüller 1969, S. 482.
[34] Popper gesteht von seiner Definition der Naturnotwendigkeit selbst ein, daß sie kein *positives* Kriterium liefere und daß sie zirkelhaft sei (1971, S. 387. 390).
[35] Vgl. Stegmüller 1969, S. 482 ff.

barkeit von Allsätzen, die wir im folgenden der Einfachheit halber unterschiedslos meinen, wenn wir von Gesetzesaussagen sprechen.

Analytisch — synthetisch. Kants Einteilung der Urteile in analytische und synthetische ist vornehmlich in zwei Richtungen angegriffen worden: (1) es wird Kants Anwendung der Einteilung kritisiert, und (2) es wird die Zweckmäßigkeit der Einteilung überhaupt in Zweifel gezogen.

(1) Die Kritik der Anwendung ist eingehender von Lewis vorgetragen worden[36]. Lewis ist der Auffassung, daß alle apriorischen Urteile, die Kant synthetisch nennt, in Wahrheit analytische Urteile seien. Daß Kant sie für synthetisch gehalten habe, liege daran, daß seine Definitionen der betreffenden Begriffe unzureichend seien. Hätte er z. B. über adäquate mathematische Definitionen verfügt, so hätte ihm der analytische Charakter der mathematischen Sätze nicht verborgen bleiben können. Diese Auffassung hat Beck mit Recht zurückgewiesen[37]. Beck weist zunächst darauf hin, daß man einen Satz nicht — wie es Lewis offenbar tue — deswegen im Kantischen Sinne analytisch nennen dürfe, weil sich zeigen lasse, daß er aus Definitionen oder Axiomen *deduzierbar* sei. Kant habe in den „Prolegomena" (IV 268 = KrV B 14) gewarnt, man dürfe sich durch den analytischen Charakter der Deduktionen nicht verleiten lassen, die deduzierten Sätze selbst für analytisch zu halten; auch ein synthetischer Satz könne analytisch nach dem Satz des Widerspruchs eingesehen werden, aber nur durch Ableitung aus einem anderen synthetischen Satz, niemals an sich selbst. Z. B. sind in dem Schluß „Rauschmittel sind schädlich; Alkohol ist ein Rauschmittel; also ist er schädlich" alle Sätze synthetisch, obwohl die Schlußfolgerung selbst analytisch geschieht; d. h. die ganze Implikation „Wenn Rauschmittel schädlich sind und Alkohol ein Rauschmittel ist, dann ist er schädlich" ist analytisch, während sämtliche Teilsätze synthetisch sind. Beck folgert, daß nach Kant ein Satz nur dann analytisch sei, wenn sein Gegenteil *in sich selbst* widersprüchlich sei, nicht aber, wenn es nur einem *anderen,* als Prämisse vorausgesetzten Satz widerspreche, und daß ein Satz synthetisch bleibe, solange eine seiner Prämissen synthetisch sei (wie z. B. eine mathematische Definition oder ein Axiom)[38].

---

[36] Lewis 1929 und 1946. Vgl. ferner besonders Delius (1963), der sich gegen Kants Anspruch richtet, daß die Einteilung der Urteile in analytische und synthetische vollständig sei, so daß jedes Urteil entweder analytisch oder synthetisch sein müsse. Nach Delius gibt es Urteile, die, im Sinne des Kantischen Gebrauchs dieser Termini, sowohl analytisch als auch synthetisch, bzw. weder analytisch noch synthetisch seien.
[37] Beck 1953/54 und 1965b.
[38] Beck 1965, S. 88f.

Nun sei es freilich jederzeit möglich, aus einem synthetischen Satz auch in dem Sinne einen analytischen zu machen, daß sein Gegenteil in sich selbst widersprüchlich sei; man brauche ja nur die Definition des Subjektbegriffs entsprechend zu erweitern. Jedoch werde dadurch das Problem nur verschoben, wie Kants Erwiderung auf einen Einwand Eberhards, der den Lewisschen Einwand in primitiver Form vorwegnehme, deutlich mache[39]. Denn dann sei derselbe fragliche Satz wieder als synthetischer zur Rechtfertigung der neuen Definition nötig. Man kann z. B. den synthetischen Satz „Alle Körper sind schwer" zu einem analytischen machen, indem man die Schwere in die Definition des Körpers aufnimmt. Um dann aber die Gültigkeit des erweiterten Begriffs (seine „objektive Realität") zu beweisen, muß man zeigen, daß die Schwere immer mit den im alten Begriff vereinigten Merkmalen zusammen auftritt, d. h. man steht erneut vor der ursprünglichen Aufgabe, den synthetischen Satz zu beweisen, daß alle Körper (im alten Sinne) schwer sind. Beck bemerkt: „Kant is obviously right in saying that there cannot be a system of nothing but analytic propositions; there must be some complexes to analyze, and these must be stated synthetically."[40] Eine Untersuchung von Henrich ergibt, daß diese Überlegung historisch zu den Hauptmotiven zählt, die Kant zur Unterscheidung zwischen analytischen und synthetischen Urteilen geführt haben[41].

(2) Die Zweckmäßigkeit dieser Unterscheidung haben Quine, White, Goodman u. a. in Zweifel gezogen[42]. Kern der Kritik ist, daß es nicht möglich sei, allgemeingültig zu entscheiden, ob ein Satz analytisch oder synthetisch sei, sondern daß dies immer nur relativ auf eine bestimmte Logik bzw. ein bestimmtes Begriffssystem entschieden werden könne. Schulz bemerkt dazu, daß diese Kritik sich im Grunde gar nicht gegen die Unterscheidung der Urteile in analytische und synthetische an sich richte; denn deren Möglichkeit müsse man ja, als relative Unterscheidung, einräumen. Das eigentliche Angriffsziel sei vielmehr die Annahme, daß die analytischen Urteile absolute apriorische Geltung besäßen, daß sie a priori erkennbare Wahrheiten ausdrückten. Diese Annahme sei es, die durch den Nachweis der Relativität der Analytizität in der Tat entkräftet werde[43].

---

[39] Beck zitiert eine Stelle aus Kants Nachlaß: XX 408–9 (1965ᵃ, S. 83f. 1965ᵈ, S. 72f).
[40] Beck 1965ᵇ, S. 90.
[41] Henrich 1967ᵇ. Vgl. auch KrV B 133.
[42] Quine 1963. White 1950. Goodman 1949. Weitere Literatur zu der sehr umfangreichen Diskussion nennt Schulz 1967, S. 500f.
[43] Schulz 1967, S. 518f.

Nun läßt sich freilich die so gedeutete Kritik ihrerseits relativieren, wenn man der ihr zugrunde liegenden konventionalistischen Auffassung der Logik und Begrifflichkeit die Annahme gegenüberstellt, daß es Regeln gibt, die in jeder möglichen Logik gelten[44], und Begriffe, die in jedem möglichen Begriffssystem explizit oder implizit vorkommen müssen. In diesem Falle würden Sätze, die in bezug auf solche Regeln und Begriffe analytisch sind, zwar keine absolute apriorische Geltung besitzen, aber sie würden doch a priori gelten unter der Bedingung, daß überhaupt logisches und begriffliches Denken, eine „Sprache" im weiten Sinne, möglich sein soll. Das ist die Position Kants, der darum mit Grund am apriorischen Charakter analytischer Sätze festhielt. Es handelt sich bei ihm sicher nicht um ein unkritisches Dogma, denn der Gedanke der Relativität der Analytizität war ihm durchaus nicht fremd[45]. Er hielt jedoch die klassische Logik für allgemeingültig (B VIII f), und er glaubte ferner, in den Kategorien Begriffe nachweisen zu können, die dem Gebrauch aller anderen Begriffe zugrunde liegen müssen. Kant deduziert die Kategorien aus der Möglichkeit des Selbstbewußtseins, und diese Deduktion geschieht ihrerseits analytisch nach den Regeln der klassischen Logik. Da hierfür jedoch nur solche Regeln nötig sind, die auch in jeder anderen bisher aufgestellten Logik gelten, würde Kants Deduktion der Kategorien in allen bekannten Logiken gültig sein. Ich werde deshalb im folgenden weiterhin von analytisch wahren Sätzen reden. In einer immanenten Kritik ist dies ohnehin weniger bedenklich, weil der Relativität auf ein bestimmtes Begriffssystem durch Bezug auf die Begrifflichkeit des betreffenden Autors ausdrücklich Rechnung getragen wird und man sich hinsichtlich der Logik an unstrittige Regeln halten kann.

Die Frage ist freilich, wie die Analytizität zu definieren ist. Nach Quine ist ein Satz analytisch, „when it is true by virtue of meanings and independently of fact"[46]. Er unterscheidet dann zwei Klassen von analytischen Sätzen: die logisch wahren Sätze, deren Wahrheit allein aus der Bedeutung der logischen Partikeln folgt („Kein unverheirateter Mann ist verheiratet"); und Sätze wie „Kein Junggeselle ist verheiratet", die in logische Wahrheiten übergeführt werden können, wenn man für gleiche

---

[44] Vgl. Lorenzens Begriff „allgemeinzulässiger Regeln" (1955, S. 39. 1967, S.69).
[45] Vgl. Refl. 3928 (Ende der 60er Jahre): „Wenn man den ganzen Begriff hätte, wovon die Notionen des Subjekts und Prädikats compartes sein, so würden die synthetischen Urteile sich in analytische verwandeln. Es frägt sich, wie weit hier willkürliches sei" (XVII 350). Vgl. KrV B 140. 755f.
[46] Quine 1963, S. 21.

Bedeutungen gleiche Ausdrücke einsetzt, „by putting synonyms for synonyms" (wenn man z. B. im genannten Satz „unverheirateter Mann" für „Junggeselle" setzt)[47]. Ich glaube, daß Kants Erklärung mit der Quineschen gut vereinbar ist und daß sie so gedeutet werden kann, daß sie schon einen Schritt über Quine hinaus ist, indem sie angibt, wann ein Satz bloß aufgrund von Bedeutungen wahr ist. Nach Kant sind analytische Urteile „diejenigen, in welchen die Verknüpfung des Prädikats mit dem Subjekt durch Identität gedacht wird" (B 10). Diese Formulierung läßt sich erweitern, so daß sie nicht auf kategorische Urteile eingeschränkt ist: ein Satz ist analytisch, wenn die Bedeutung aller Ausdrücke, der logischen und der deskriptiven, so ist, daß nur dasselbe wiederholt gesetzt wird. Das trifft offenbar auch auf die logischen Wahrheiten zu. Quine schreibt: „A logical truth is a statement which is true and remains true under all reinterpretations of its components other than the logical particles."[48] Die Variabilität der nichtlogischen Komponenten wird jedoch eingeschränkt durch die Substitutionsregel, daß gleiche Ausdrücke jeweils gleich interpretiert werden müssen. Denn es ist für eine logische Wahrheit wesentlich, daß mindestens einer der nichtlogischen, deskriptiven Ausdrücke mehrmals in derselben Bedeutung vorkommt. Es kommt also auch hier darauf an zu erkennen, daß *derselbe Inhalt* behauptet wird; ein Satz ist logisch wahr, wenn *unter Voraussetzung der Substitutionsregel* die deskriptiven Ausdrücke durch die logischen Partikeln so verknüpft werden, daß immer wieder dieselben Ausdrücke in derselben Weise gesetzt werden[49]. Der Bezug auf den Inhalt der deskriptiven Ausdrücke ist durch die Anführung der Substitutionsregel gegeben. Läßt man diese Bedingung unerwähnt, muß die Formel in die oben versuchte, erweiterte Kantische Definition für *alle* analytischen Urteile übergehen. Da man diese als eine mögliche Formulierung des Satzes der Identität ansehen kann, darf man mit Kant sagen, daß der Satz der Identität das oberste Prinzip aller (bejahenden) analytischen Sätze sei[50].

---

[47] Quine 1963, S. 22f. Quines Kritik richtet sich gegen die zweite Klasse, indem er die Aporetik der Synonymie aufzeigt.
[48] Quine 1963, S. 22f.
[49] Es hat sich eingebürgert, logisch wahre Sätze „tautologisch" zu nennen. Man darf dann allerdings den Begriff der Tautologie nicht allzu eng fassen, so daß nicht nur Sätze wie A → A, sondern z. B. auch Sätze wie A, B, C → A darunter fallen.
[50] Kant ist in diesem Punkt freilich unterschiedlicher Meinung gewesen. 1755 stellt er den Satz der Identität als oberstes Prinzip über den Satz des Widerspruchs (N. diluc., Prop. III). In den sechziger Jahren betrachtet er den Satz der Identität als oberste Formel aller bejahenden, den Satz des Widerspruchs als oberste Formel aller verneinenden Urteile

Nun redet Kant nicht nur von analytischen Urteilen, sondern auch allgemein von der „analytischen Einheit des Bewußtseins", die vorliege, wenn eine Vorstellung „als verschiedenen gemein gedacht" werde (B 133 Anm.). Das steht im Einklang mit seiner Definition des analytischen Urteils, und wir werden daher allgemein sagen: eine analytische Einheit stelle ich vor (oder bin mir ihrer bewußt), wenn ich dasselbe in verschiedenen Instanzen vorstelle[51].

Gegeben. Die Problematik dieses Begriffs betrifft vor allem den positivistischen Gebrauch, wenn unter dem Gegebenen etwas verstanden wird, das unmittelbar und unverstellt, ohne jedes Vorurteil und jede theoretische Interpretation, rein rezeptiv erfahren wird und das das letzte Fundament und den letzten Rechtstitel jeder Erkenntnis abgibt[52]. Kant gebraucht den Ausdruck ebenfalls in Verbindung mit der Rezeptivität der Sinnlichkeit (B 33.74), aber es ist klar, daß die Vorwürfe gegen den positivistischen Gebrauch ihn nicht treffen, da er es gerade ist, der beweisen möchte, daß das bloß sinnlich Gegebene ohne begriffliche Verarbeitung kein Gegenstand möglicher Erfahrung (als Erkenntnis) ist. Ich werde im folgenden „gegeben" als Gegenbegriff zu „spontan" verstehen, so daß alles, was nicht spontan hervorgebracht wird, gegeben ist und umgekehrt. Um Kants Vermögenslehre zu meiden, werde ich diese Einteilung der Erkenntnisgegenstände jedoch nicht als absolute auffassen, so daß alles Sinnliche gegeben und alles Verstandesmäßige spontan wäre, sondern sie als relative verstehen, bezogen auf die jeweilige Erkenntnissituation: Gegeben ist, was in einer bestimmten Erkenntnissituation als schon Fertiges gegenwärtig ist. Damit soll weder über die Erkenntnisquelle etwas ausgesagt sein, noch soll behauptet werden, daß das Gegebene *schlechthin* gegeben sei und nicht in vorgängigen Akten spontan habe erzeugt werden können. In diesem Sinne darf man z. B. die Prämissen im Hinblick auf die Schlußfolgerung gegeben nennen.

Bewußtsein. Cassirer hat diesen Begriff als den „eigentlichen Proteus der Philosophie" bezeichnet, der „in einem unablässigen Bedeutungs-

---

(F. Spitzf. § 6 (II 60). Nat. Theol., 3. Betr. § 3 (II 294)). In der „Kritik der reinen Vernunft" nennt er den Satz des Widerspruchs allein den obersten Grundsatz aller analytischen Urteile (B 189 ff). 1790 sagt er, daß die analytischen Urteile „ganz auf dem Satze der Identität oder des Widerspruchs beruhen" (Üb. e. Entdeck. VIII 245. Vgl. Log., Einl. VII (IX 52). Marc-Wogau 1951, S. 144f). Diese letzte Formel werde ich im folgenden, um einer Diskussion auszuweichen, übernehmen und merke nur an, daß die Erkenntnis eines Widerspruchs die einer Identität offenbar impliziert (**A** ist nicht-**A**).

[51] Vgl. Reich 1948, S. 32 ff.

[52] Vgl. Goodman 1951, S. 101 ff. Stegmüller 1958, S. 62 ff. Kambartel 1968, S. 149 ff.

wandel begriffen" sei[53]. Man tut deshalb wohl gut daran, ihn künftig zu umgehen. Indessen in einer Auseinandersetzung mit Kant scheint mir dies dennoch nicht ratsam, weil dadurch die Beziehung auf den Kant-Text erschwert würde. Kant gebraucht den Begriff an zentraler Stelle, und in der Sekundärliteratur ist seine Ausdrucksweise beibehalten worden. Wollte man ihn jetzt durchweg durch andere Formulierungen ersetzen, bestünde die Gefahr, daß der Leser die Orientierung verliert und nicht mehr genau weiß, auf welchen Kantischen Gedanken Bezug genommen wird. Ich werde den Begriff darum weiterverwenden, ihn aber so verstehen, daß er mit „Vorstellen" synonym ist. Auf diese Weise wird vermieden, daß man das Bewußtsein als eine Art „Behälter" auffaßt. Ich glaube, daß man Kants Gebrauch im wesentlichen trifft, wenn man ihn so interpretiert, daß „Ich bin mir einer Sache bewußt" dasselbe bedeutet wie „Ich stelle sie vor".

Kant spricht sowohl von der „Einheit des Bewußtseins" als auch vom „Bewußtsein der Einheit" (z. B. B 137 und 202f). Einen Unterschied in der Sache zu erblicken, halte ich für bedenklich, ich ziehe die zweite Formel als die klarere und weniger mißverständliche vor. Trotzdem werde ich manchmal, um den Leser an den Kant-Text zu erinnern, auch die Formel „Einheit des Bewußtseins" gebrauchen, die bei Kant die weitaus häufigere ist.

---

[53] Cassirer 1954, S. 57.

I. Die Subjektivitätsbeweise für Raum und Zeit

§ 4. Die erste Deutung des ersten Raum-Arguments

Die Auseinandersetzung um Kants Subjektivitätsbeweise für Raum und Zeit erreichte ihren Höhepunkt in dem Streit zwischen Trendelenburg und Fischer[54]. Seither ist die Diskussion abgeklungen. Wenn ich das Thema hier erneut aufgreife, so nicht, weil ich glaubte, entscheidend neue Erkenntnisse beisteuern zu können, sondern weil die Argumentation dieser Arbeit, wie oben bemerkt, die Annahme, daß Kants Subjektivitätsbeweise unzureichend sind, erfordert und weil die bloße Behauptung ohne Angabe ihrer Begründung unbefriedigend bliebe. Dabei möchte ich eine gegenüber Trendelenburg verschärfte These verteidigen. Trendelenburg wollte vornehmlich nachweisen, daß Kant nicht die *exklusive* Subjektivität von Raum und Zeit bewiesen habe, d. h. daß er nicht habe ausschließen können, daß die Dinge an sich auch räumlich-zeitlich sind, obgleich Raum und Zeit als unsere Anschauungsformen nicht aus der Erfahrung der Dinge, sondern im Subjekt entspringen mögen. Ich meine indessen, daß Kants Argumente auch den subjektiven Ursprung von Raum und Zeit als unseren Anschauungsformen nicht beweisen können, so daß die Möglichkeit, daß sie empirischen Ursprungs sind und aus der Erfahrung der Dinge an sich stammen, nicht ausgeschlossen wird. Zur Begründung begnüge ich mich damit, diejenigen Überlegungen vorzuführen, die mir entscheidend zu sein scheinen; für eine vollständige Diskussion der für und wider Kant vorgebrachten Argumente verweise ich auf Vaihingers Kommentar[55]. Daß das Kapitel dennoch relativ umfangreich ausfällt, liegt an der Zahl der Kantischen Argumente und ihrer unterschiedlichen Deutungsmöglichkeit. Jedoch kann der Leser, dem die ganze Frage überholt und die Erörterung

---

[54] Vgl. die Literatur zu diesem Streit bei Vaihinger 1881/92, Bd. II, S. 545 ff.
[55] Vaihinger 1881/92, Bd. II. In jüngerer Zeit hat besonders Ebbinghaus (1944) versucht, Kants Anschauungsidealismus durch Rechtfertigung seines zweiten Raum-Arguments zu verteidigen. Lotz (1954) versucht zu zeigen, daß die transzendentale Idealität von Raum und Zeit und ihre absolute Realität nicht unvereinbar sind, sondern die erste die zweite „wesenhaft einschließt" (S. 32).

zu scholastisch erscheint, das Kapitel ohne Schaden für das Verständnis der folgenden überschlagen.

Kant erörtert Raum und Zeit getrennt in analogen Argumenten. Ich beschränke mich der Kürze halber auf den Raum, da es in den Subjektivitätsbeweisen für Raum und Zeit keinen wesentlichen Unterschied gibt. Kants Hauptargument lautet (im folgenden nach Kants Numerierung das „erste Raum-Argument" genannt):

> „Der Raum ist kein empirischer Begriff, der von äußeren Erfahrungen abgezogen worden. Denn damit gewisse Empfindungen auf etwas außer mich bezogen werden, (d. i. auf etwas in einem anderen Orte des Raumes, als darinnen ich mich befinde), imgleichen damit ich sie als außer- und nebeneinander, mithin nicht bloß verschieden, sondern als in verschiedenen Orten vorstellen könne, dazu muß die Vorstellung des Raumes schon zum Grunde liegen. Demnach kann die Vorstellung des Raumes nicht aus den Verhältnissen der äußeren Erscheinung durch Erfahrung erborgt sein, sondern diese äußere Erfahrung ist selbst nur durch gedachte Vorstellung allererst möglich" (B 38).

Man kann Kant hierauf zunächst mit einer Frage entgegnen: Woher weiß ich, daß ich gewisse Empfindungen auf etwas außer mir beziehen, daß ich überhaupt räumlich anschauen kann? Ich kann dies offenbar nur aufgrund äußerer Erfahrung wissen. Denn Kant nennt ja kein Prinzip, aus dem sich die Notwendigkeit der Raumvorstellung für jede Erkenntnis überhaupt a priori deduzieren ließe. Vielmehr leugnet er gerade eine solche Notwendigkeit, indem er die Formen unserer Sinnlichkeit (Raum und Zeit) für eine bloß zufällige Einrichtung des menschlichen Erkenntnisvermögens hält, die nicht jedem erkennenden Wesen notwendig zukommen müsse. Und zwar hat er als Gegenbegriff nicht nur die intellektuelle Anschauung, sondern er läßt auch die Möglichkeit einer anderen *sinnlichen* Anschauung offen (B 42f. 59. 72). Nun kann ich eine solche zufällige Beschaffenheit meines Subjekts nur aus Erfahrung kennen, und Kant räumt dies auch ein, wenigstens implizite. Gleich zu Beginn der „Kritik der reinen Vernunft" heißt es, daß alle unsere Erkenntnis mit der Erfahrung anfange (obwohl sie deshalb nicht alle aus der Erfahrung entspringe) (B 1), und andernorts betont Kant, daß alle unsere Vorstellungen erworben seien, auch die Anschauungsformen und Kategorien, und daß nur der *Grund* dieser apriorischen Vorstellungen dem Subjekt angeboren sei (Üb. e. Entdeck. VIII 221–3. 240. Mund. sens. § 8, 15). Der Gedanke, der hinter diesen Äußerungen steht, ist dieser: Das Subjekt ist angewiesen auf Affektion durch die Gegenstände. Nur so bringt es die Raumvorstellung hervor, die ja auch nichts anderes sein soll als die Art des Subjekts, die Gegenstände anzuschauen. Kant nennt dieses Hervorbringen nach juristischem Sprachgebrauch eine acquisitio originaria, d. h. den Erwerb einer Sache, die vorher noch nicht existiert hat (Üb. e. Entdeck., a. a. O.). Dadurch erhalte ich aber noch keinen bestimmten *Begriff* und somit auch keine *Erkenntnis* vom Raum. Hierzu muß erst der Verstand mit Hilfe der Kategorien (zu denen der Raum nicht gehört) die Sinnlichkeit bestimmen, so daß ich räumliche *Gegenstände* wahrnehme. Erst dann kann ich, in einer acquisitio derivativa, also von einer Sache, die ich schon vorfinde, einen *Begriff* von Räumlichkeit und Raum erwerben (ebd. KrV B 160 Anm.). Folglich ist der Raum ein empirischer Begriff, der nur aufgrund der Erfahrung äußerer Gegenstände möglich ist. Diesen Begriff brauche ich aber, um urteilen und dadurch *erkennen* zu können, daß ich räumlich anschaue oder gewisse Empfindungen auf etwas außer mir beziehe. Also ist auch diese Erkenntnis empirisch, d. h. ich kann vom Raume nur aus äußerer Erfahrung wissen.

Versteht man nun das erste Raum-Argument so, daß es das Gegenteil behauptet, dann hat Kant es selbst widerlegt. Aber Kant meint etwas anderes. Statt des Raum*begriffs,* den er im ersten Satz anführt, meint er die bloße räumliche Vorstellungsweise als die Art, die Dinge *sinnlich* anzuschauen, unabhängig davon, ob sie auf einen Begriff gebracht wurde oder nicht; und die Erfahrung, an die er hier denkt, ist die unmittelbare Gegebenheit der Dinge, wie sie an sich selbst und unabhängig vom erkennenden Subjekt sind. Man sollte daher den ersten Satz des Arguments so umformulieren: Der Raum ist keine empirische Vorstellung in dem Sinne, daß sie von äußeren Erfahrungen, als Erfahrungen von den Dingen selbst, hergenommen worden. Dies entspricht besser dem, was Kant beweisen möchte, daß nämlich die Raumanschauung (im Unterschied zum Begriff von ihr), obwohl anläßlich der Erfahrung erworben, doch nicht von räumlichen Gegenständen herstammt, sondern im Subjekt selbst ihren Ursprung hat.

Die Frage ist, wie sich das mit Sicherheit erkennen läßt. Ausgehen muß ich von der Feststellung, daß ich räumlich anschaue, und diese Feststellung ist empirisch und beruht auf Erfahrung äußerer Gegenstände, weil ich zu dieser Erkenntnis einen *Begriff* vom Raum benötige. Wenn trotzdem die Raumvorstellung subjektiver und insofern nichtempirischer (d. h. von räumlichen Gegenständen unabhängiger) Herkunft sein soll, dann stellt sich das Problem eines Beweisgrundes. Dabei ist eines gewiß: Kant war nicht der Ansicht, daß ich mich unmittelbar dabei beobachten kann, wie ich aus Nichträumlichem Räumliches mache. Diese Ansicht hätte er auch, ohne sich zu widersprechen, schwerlich vertreten können. Denn wollte ich in unmittelbarer Anschauung beobachten, wie ich die Gegenstände allererst gleichsam ins Räumliche transformiere, dann müßte ich ja die Dinge selbst, die mich affizieren, auch in ihrer Unräumlichkeit anschauen können. Das aber ist nach dem zweiten Raum-Argument (B 38f) unmöglich. Von dem Wahn, daß sich die konstituierenden Bewußtseinsakte direkt erschauen ließen, hat Kant sich sehr bald befreit. In der Dissertation von 1770 schreibt er noch: „In Wahrheit sind beide Begriffe [sc. des Raumes und der Zeit] ohne Zweifel erworben: zwar nicht von der Sinneswahrnehmung der Gegenstände (denn die Empfindung gibt den Stoff, nicht die Form der menschlichen Erkenntnis), aber von der Tätigkeit selber der Erkenntniskraft, die ihr Empfundenes nach bleibenden Gesetzen einander beiordnet, abgezogen, als ein unveränderliches Bild und deshalb anschaulich zu erkennen."[56] Und ebenso sagt er von den Begriffen der Metaphysik (den späteren Kategorien), sie seien „aus den der Erkenntniskraft eingepflanzten Gesetzen (dadurch, daß man auf ihre Handlungen bei Gelegenheit der Erfahrung achtet) abgezogen und folglich erworben"[57]. Aber in der „Kritik der reinen Vernunft" ist davon nicht mehr die Rede. Offenbar hat Kant die Fragwürdigkeit dieser Position eingesehen und deshalb versucht, seine These durch leichter kontrollierbare mittelbare Schlüsse zu begründen.

Nun nennt Kant freilich im ersten Raum-Argument den allgemeinen Obersatz, den er zum Schluß auf die Subjektivität der Raumvorstellung voraussetzt, nicht ausdrücklich, und wenn man den Text zuerst als Unbefangener liest, gewinnt man den Eindruck, als wolle Kant nicht mehr sagen, als daß man sich nichts äußerlich und außer- und nebeneinander vorstellen könne, ohne überhaupt räumlich vorstellen zu können, weil ja „außen", „neben" usw. räumliche Vorstellungen seien. Daher sei es nicht möglich, daß man die Dinge zuerst äußerlich und außer- und nebeneinander anschaue und daraus erst die Möglichkeit gewinne, sie räumlich

---

[56] „Verum conceptus uterque (sc. spatii et temporis) procul dubio acquisitus est, non a sensu quidem obiectorum (sensatio enim materiam dat, non formam cognitionis humanae) abstractus, sed ab ipsa mentis actione secundum perpetuas leges sensa sua coordinante, quasi typus immutabilis, ideoque intuitive cognoscendus" (Mund. sens. § 15 letzt. Abs.).
[57] „E legibus menti insitis (attendendo ad eius actiones occasione experientiae) abstracti, adeoque acquisiti" (a. a. O. § 8).

anzuschauen, so daß man sie vorher zwar außereinander, aber noch raumlos vorgestellt habe. Ein solcher Fortgang von der äußeren zur räumlichen Anschauung sei unmöglich, weil äußere Anschauung immer schon Raumanschauung sei. Ich betone nochmals, daß es sich hier um die *sinnliche* Raumvorstellung handelt und nicht um ihren *Begriff*. Bei diesem ist es sehr wohl möglich, daß ich zuerst über die Begriffe „außen", „neben" usw. verfüge und erst viel später oder gar nicht zu einem Begriff vom Raum überhaupt gelange. So kannten die homerischen Griechen alle gängigen Lagebezeichnungen, obgleich sie den philosophischen Raumbegriff nicht besaßen. Sie mußten aber räumlich *anschauen* können, ob sie sich dessen nun (mit Hilfe des Verstandesbegriffes) bewußt wurden oder nicht. Ich habe mich deshalb bemüht, im Gegensatz zu Kant nie von „vorstellen *als* . . ." zu sprechen. Denn etwas *als* äußerlich oder räumlich *erkennen* ist eine Leistung des Verstandes und erfordert Begriffe. Aber um diese geht es hier nicht, sondern um die Sinnlichkeit und deren Ursprung, d. h. der Art, wie das Mannigfaltige dem Verstande zur Bestimmung gegeben wird. Und da gilt in der Tat, daß ich niemals etwas äußerlich anschauen kann, ohne es räumlich anzuschauen, weil „äußerlich" eine Raumanschauung ist.

Nun folgt daraus aber nicht die Subjektivität des Raumes. Trotzdem glaube ich, daß Kant, als er das Argument niederschrieb, so gedacht haben könnte; denn der Text gibt eigentlich nichts anderes her. Worin mag also für Kant die Erkenntnis, daß man äußere Gegenstände nicht ohne Raum anschauen könne, bestanden haben, bzw. welches Prinzip mag er darin gesehen haben, so daß er sie als Beweis für den subjektiven Ursprung der Raumvorstellung angesehen haben kann? Es ist schwer vorstellbar, daß Kant in dieser Erkenntnis nicht mehr gesehen haben soll, als daß der Oberbegriff im Unterbegriff enthalten sei; daß er also gemeint habe: der Raum ist der Oberbegriff zu „äußerlich", „neben" usw.; wer daher äußerlich anschaut, schaut immer einen Raum an, so wie jeder, der etwas Rotes sieht, eine Farbe sieht. Kant moniert zwar in der Dissertation im parallelen Zeit-Argument, daß man die Zeit nicht definieren könne „durch die Reihe des *nach*einander daseienden Wirklichen", weil „nach" schon ein Zeitbegriff sei, und diese Bemerkung könnte in die obige Richtung deuten[58]. Aber sie wird keineswegs als Beweisgrund der Subjektivität der Zeit eingeführt, sondern als Konsequenz (ideoque), und sie ist nicht

---

[58] „Ideoque temporis notio, veluti per experientiam acquisita, pessime definitur: per seriem actualium *post* se invicem existentium. Nam, quid significet vocula *post*, non intelligo, nisi praevio iam temporis conceptu" (Mund. sens. § 14, 1).

einmal das; denn ein solches Begriffsverhältnis hat mit dem Ursprung der Vorstellungen, auf die sich die Begriffe beziehen, gar nichts zu tun; es gilt immer, ob die Vorstellungen nun empirischer oder nichtempirischer Herkunft sind. Kant hat an der genannten Stelle der Dissertation offensichtlich nicht deutlich genug unterschieden.

Es läßt sich jedoch ein anderes Prinzip denken, das Kant im Sinne gehabt haben könnte und das gut zu seiner vorkritischen Entwicklung von der Leibnizschen zur Newtonschen Raumauffassung passen würde. Er faßt die räumlichen Gestalten und Verhältnisse der Gegenstände offenbar als Bestimmungen des Raumes auf (B 459). Daher könnte der Gedanke, der hinter dem ersten Raum-Argument steht, sein: daß die Bestimmungen (Akzidenzien) einer Sache niemals ohne die Sache selbst angeschaut werden können (obgleich sie sich im *Denken* absondern lassen). Man kann – um ein grobes Beispiel zu nennen – nicht das Meer der Ruhe betrachten, ohne auf den Mond zu blicken, und wir könnten von diesem Meer gar nichts wissen, wenn immer Neumond wäre und wir den Mond niemals sehen könnten. Aus demselben Grunde also können wir auch keine äußeren Gegenstände wahrnehmen, ohne noch die Möglichkeit der Raumanschauung zu haben. Nun gilt dieses Prinzip wiederum unterschiedslos von allen (empirischen und nichtempirischen) Anschauungen, so daß ein direkter Schluß auf die Subjektivität nicht möglich ist; denn es folgt analytisch aus den Begriffen des Akzidens als etwas, das nur an etwas anderem existieren kann, und der Anschauung als einer „Vorstellung, so wie sie unmittelbar von der Gegenwart des Gegenstandes abhängen würde" (Prol. § 8), die ihn also so gibt, wie dieser existieren könnte. Kant könnte jedoch weitergedacht haben: wenn die äußeren Verhältnisse der Dinge Bestimmungen des Raumes sind, dann muß der Raum als das Substantiale seiner Bestimmungen durch die Gegenstände aufgefaßt werden. Der Raum aber ist keine Substanz, die selbständig existieren und das Dasein von etwas tragen könnte. Also bleibt, wenn er den äußeren Gegenständen als Bedingung ihres Daseins zugrunde liegen muß, nur der Ausweg, daß er ihnen im Subjekt zugrunde liegt als die Art, wie dieses von den Dingen affiziert werden kann. Demnach wäre der Beweisgrund für die Subjektivität des Raumes die Schwierigkeit, sich einen selbständig existierenden absoluten Raum zu denken, die Kant dadurch löst, daß er dieses „Unding" zu einem „ens imaginarium" macht (B 56 ff. 70 f. 347. 455–61).

§ 5. Kritik der ersten Deutung

Falls dies wirklich Kants Gedanken bei der Niederschrift des ersten Raum-Arguments gewesen sein sollten, dann wäre die Lösung des Problems des absoluten Raumes nicht nur eine willkommene Konsequenz aus dem Beweis der Subjektivität des Raumes oder einer der persönlichen Gründe, die Kant auf diesen Beweis gebracht haben, sondern sie wäre selbst auch der Beweis. Dann ist aber die Subjektivität des Raumes nur eine Annahme zur Behebung einer Schwierigkeit, und sie ist nichts als eine Hypothese, weil sie nicht die einzig mögliche Lösung ist. Man braucht z. B., um den Idealismus zu vermeiden, nur die Grundthese, daß die räumlichen Verhältnisse der Gegenstände Bestimmungen des Raumes seien, aufzugeben und durch die andere zu ersetzen, daß räumliche Ausdehnung eine Bestimmung der Gegenstände sei. Dadurch gerät man nicht in Konflikt mit der ursprünglichen Einsicht, daß man äußere Gegenstände niemals unräumlich anschauen kann; denn da „äußerlich" eine räumliche Vorstellung ist, so kann man nur solche Dinge äußerlich anschauen, die die Eigenschaft der Räumlichkeit besitzen, nicht anders, als dies bei anderen Qualitäten der Fall ist.

Daß diese Gegenthese nach Kants eigener Lehre ganz wohl möglich sein muß, sieht man aus folgendem: Zugegeben, der Raum sei eine bloß subjektive Anschauungsform. Dadurch wird die gesamte äußerlich anschauliche Welt zur bloßen Erscheinung. Nun läßt sich aber fragen: wie ist innerhalb dieser Erscheinungswelt das Verhältnis von Raum und räumlichen Gegenständen? Denn ein absoluter Raum ohne materielle Gegenstände ist ja auch als Erscheinung nicht gegeben, vielmehr ist er auch hier eine bloße Idee der Vernunft, deren diese bedarf, um alle Bewegung unter dem gemeinschaftlichen Begriff der relativen Bewegung vereinigen zu können (Anfangsgr. d. Naturw. IV 558—60. 481f. Vgl. Met. Pölitz 52). Worin besteht also die „empirische Realität" des Raumes, d. h. sein Dasein als Erscheinung im Verhältnis nicht zum Dasein des erkennenden Subjekts, sondern zum Dasein der Gegenstände als Erscheinungen? Wenn der Raum auch in der Erscheinung nicht als ein allein existierender absoluter Raum ohne Gegenstände vorgestellt werden kann, so ist klar, daß das Verhältnis zwischen Raum und Gegenständen nicht als eine Gemeinschaft selbständiger Substanzen gedacht werden kann (vgl. B 457 Anm.). Es muß ein Verhältnis der Subsistenz und Inhärenz sein. Die Frage ist nur, was als Substanz und was als Akzidens zu gelten hat; ob räumliche Ausdehnung eine Bestimmung der Gegenstände ist, d. h. ihre Art zu existieren, oder gegenständliche Erfüllung eine Bestimmung des Raumes, also dessen Art zu existieren. Da weder äußere Gegenstände ohne den Raum gegeben sind, noch dieser ohne jene, läßt sich hieraus nichts folgern, zumal da außerdem gilt, daß nicht nur Akzidenzien niemals ohne Substanzen, sondern auch Substanzen niemals ohne Akzidenzien vorkommen[59].

Nun bestand jedoch — nach unserer gegenwärtigen Interpretation des ersten Kantischen Raum-Arguments — der Grund für die Annahme der Subjektivität des Raumes darin, daß der Raum einerseits den äußeren Gegenständen als Bedingung ihres Daseins zugrunde liegen muß, weil sie als seine Bestimmungen gedacht werden müssen; daß er andererseits aber nicht als eine wirkende oder leidende Substanz aufgefaßt werden kann, die das Dasein der Dinge trägt. Die Lösung dieses Dilemmas fand Kant eben darin, daß der Raum den Dingen nicht an sich zugrunde liegt, sondern nur (seiner Möglichkeit nach) im Subjekt und im Verhältnis der Dinge zu diesem. Dadurch wurde es verständlich, wie etwas, das an sich nur als formale Bestimmung der Dinge vorgestellt werden kann, ihnen dennoch als Bedingung ihres Daseins zugrunde liegen und vorhergehen kann. Es gelang Kant so, das Akzidens gleichsam von der Substanz zu lösen und ihm eine eigene, von ihr unabhängige Existenz zuzuschreiben, indem er es zum Akzidens des erkennenden Subjekts machte, das dieses den Dingen nur mitteilt, sofern sie zu ihm in Verhältnis treten (B 322 ff). Das bedeutet aber: Soll diese Argumentation gültig sein, dann kann innerhalb der Erscheinungswelt, wenn man diese für sich betrachtet, der Raum nur eine Bestimmung, ein Prädikat der Gegenstände als Substanzen sein und nicht umgekehrt; dann kann räumliche Ausdehnung nur eine Art zu existieren der Gegenstände und nicht gegenständliche Erfüllung eine Art zu existieren des Raumes sein (B 69f Anm. Anfangsgr. d. Naturw. IV 484). Denn es liegt ja — nach Kants hier vermutetem Gedankengang — an der inneren Natur des Raumes, weil er nichts als formale Bestimmungen enthält, daß er an sich selbst niemals als Substanz gedacht werden kann, so daß, wenn er trotzdem vom Dasein der Gegenstände unabhängig sein soll, das nur angeht, wenn er als Bestimmung eines anderen Wesens aufgefaßt wird, nämlich als Vorstellung des menschlichen Subjekts, wodurch denn alle räumlichen Bestimmungen der Gegenstände zu ihrer bloßen Erscheinungsweise für das Subjekt werden (B 53 ff. 59). In diesem Sinne ist es wohl auch aufzufassen, wenn Kant sagt, er habe die Idealität des Raumes und

---

[59] Vgl. Baumgarten, Met. § 202.

der Zeit „aus deren innerer Beschaffenheit gefolgert" (Üb. e. Entdeck. VIII 241); denn wären Raum und Zeit an sich selbst als Substanzen denkbar, dann gäbe es keine Schwierigkeit in der Frage, wie sie den Dingen als Bedingungen ihres Daseins zugrunde liegen können, und man brauchte die Raum-Zeit-Welt nicht zur bloßen Erscheinung zu machen. An der inneren Beschaffenheit des Raumes, seinen bloß formalen Eigenschaften, ändert sich nun aber dadurch, daß er als bloße Erscheinung erkannt wird, nichts; denn sonst würde er aufhören, Raum zu sein. Das heißt, der Raum kann, aufgrund seiner eigenen Natur, auch als erscheinender nicht als Substanz (substantia phaenomenon) vorgestellt werden, sondern das Subjekt muß die Erscheinungswelt so konstituieren, daß es das der Empfindung Korrespondierende zur Substanz und den Raum zu ihrer formalen Bestimmung macht. Der Verstand muß also, wenn er seine Kategorien auf die Erscheinungen anwendet, den Raum stets als inhärierend, die Gegenstände (im Verhältnis zum Raum) als subsistierend betrachten. Nichts anderes auch ergibt sich aus Kants Definitionen; denn „das Schema der Substanz ist die Beharrlichkeit des *Realen* in der Zeit", und „Realität ist im reinen Verstandesbegriffe das, was einer Empfindung überhaupt korrespondiert", der Raum aber ist keine Empfindung, sondern nur deren Form (B 183. 182. 34).

Wenn also in der Erscheinungswelt der Raum als Räumlichkeit eine Bestimmung der Gegenstände ist, so folgt, daß es *überhaupt* vorstellbar sein muß, daß nicht die Gegenstände Bestimmungen des Raumes sind, sondern räumliche Ausdehnung eine Bestimmung der Gegenstände, sie mögen nun Erscheinungen sein oder nicht. Ja, dieses Verhältnis ist das einzige, das unmittelbar nachweisbar ist; denn unmittelbar gegeben ist uns nur die Erscheinungswelt, und in ihr erfahren wir nur räumliche Gegenstände, die aufgrund ihrer kontinuierlichen Ausdehnung einen einheitlichen Raum konstituieren, in dem sie sich gegenseitig ihre respektive Lage und Gestalt bestimmen (vgl. B 342). Also ist unsere Gegenthese, räumliche Ausdehnung als eine Eigenschaft der Gegenstände und damit den Raum als eine von ihnen abhängende Bestimmung anzusehen, nicht schlechthin unmöglich, d. h. sie kann keinen inneren Widerspruch enthalten, da sie dann auch für die Erscheinungswelt, sofern man diese für sich betrachtet, nicht gelten könnte. Es wäre somit immerhin möglich, den Idealismus dadurch zu umgehen, daß man Räumlichkeit als eine Eigenschaft der Dinge an sich betrachtet. Man brauchte nur zu erklären, daß die Dinge so, wie sie uns erscheinen, an sich selbst sind. Diese Annahme degradiert Kant, da er ihre innere Möglichkeit nicht leugnen kann, zum bloßen Schein, weil er – nach unserer jetzigen Deutung – die Voraussetzung macht, daß der Raum in Wahrheit keine von den Dingen abhängige Bestimmung sei, sondern ihnen als Bedingung ihres Daseins zugrunde liege (vgl. B 69 ff). Wir müssen also fragen, was uns zu dieser Voraussetzung zwingt.

§ 6. *Das zweite Raum-Argument als Voraussetzung des ersten. Die Diallele der beiden Argumente*

Kant hat hierfür im zweiten Raum-Argument einen direkten Beweis versucht. Das Argument lautet:

> „Der Raum ist eine notwendige Vorstellung a priori, die allen äußeren Anschauungen zum Grunde liegt. Man kann sich niemals eine Vorstellung davon machen, daß kein Raum sei, ob man sich gleich ganz wohl denken kann, daß keine Gegenstände darin angetroffen werden. Er wird also als die Bedingung der Möglichkeit der Erscheinungen, und nicht als eine von ihnen abhängende Bestimmung angesehen, und ist eine Vorstellung a priori, die notwendigerweise äußeren Erscheinungen zum Grunde liegt" (B 38 f).

Kant versucht hier, durch eine Art „Gedankenexperiment", zwei Dinge zugleich zu erreichen, indem er im letzten Satz zwei Konsequenzen zieht, nämlich erstens, daß der Raum Bedingung der *Möglichkeit* äußerer Erscheinungen und insofern eine notwendige Vorstellung sei, und zweitens, daß er keine von den Dingen abhängende Bestimmung sei, sondern ihnen als Bedingung ihres *Daseins* a priori zugrunde liege. Dabei scheint Kant der Ansicht gewesen zu sein, daß die zweite Erkenntnis aus der ersten folge, daß also der Raum, weil er Bedingung der Möglichkeit äußerer Gegenstände sei, keine von ihnen abhängige Bestimmung sein könne. Das wäre jedoch irrig. Denn auch Akzidenzien können Bedingungen der Möglichkeit einer Sache sein. So ist die Bedingung der Möglichkeit eines vernünftigen Wesens, daß es Vernunft hat. Dies ist jedoch keineswegs seine Daseinsbedingung; denn wenn ich einem Wesen Vernunft abspreche, so hebe ich dadurch nicht sein Dasein auf, sondern nur sein Sosein. Nichtsdestoweniger ließe sich das zweite Raum-Argument, wenn es haltbar wäre, als Beweis für beide Konsequenzen anerkennen, wenn man sie nur getrennt daraus zieht, indem man den letzten Satz etwa so beginnen läßt: „Er wird also als die Bedingung der Möglichkeit der Erscheinungen, und *außerdem* nicht als eine von ihnen abhängende Bestimmung angesehen . . ." Ob nun das Argument die Notwendigkeit der Raumvorstellung beweisen kann, werde ich später erörtern. Gegenwärtig interessiert uns nur seine andere Funktion als Beweis für die daseinsmäßige Apriorität des Raumes gegenüber den äußeren Dingen. Und da läßt sich sagen: wenn zwar der Raum ohne äußere Gegenstände, diese aber niemals ohne jenen vorgestellt werden können, dann muß man die Gegenstände als Bestimmungen des Raumes ansehen und nicht umgekehrt.

So verstanden, mag man das Argument jedoch drehen und wenden, wie man will, es führt entweder auf einen Widerspruch oder in einen Zirkel. Zunächst ist klar, daß Kant, wenn er sagt, man könne sich keine Vorstellung davon machen, daß kein Raum sei, keine absolute Unmöglichkeit meint. Sonst könnte man sich auch keine Vorstellung davon machen, daß es Wesen mit einer andersartigen Sinnlichkeit gebe oder daß die Dinge an sich unräumlich seien. Man kann sich nur von Unräumlichem keine äußere Anschauung machen. Man muß daher den ausdrücklichen Zusatz, den Kant im entsprechenden Zeit-Argument macht (B 46), — mutatis mutandis — auch ins Raum-Argument übertragen und lesen: „Man kann sich *in Ansehung der äußeren Erscheinungen* niemals eine Vorstellung davon machen, daß kein Raum sei." So aufgefaßt, ist der Satz unbestreitbar; denn er folgt analytisch aus der Definition des Begriffes „äußerlich" als einer räumlichen Bestimmung. Er ist ebenso wahr wie der Satz, daß man sich in Ansehung der roten Erscheinungen keine Vorstellung davon machen könne, daß keine Farbe sei. Freilich kann der Satz für sich allein auch nichts beweisen, sondern nur in Verbindung mit der zweiten Behauptung, daß man sich ganz wohl denken könne, daß keine Gegenstände im Raum angetroffen werden. Und diese Behauptung ist in diesem Zusammenhang die eigentlich problematische.

Versteht man sie so, daß ein leerer Raum ohne Gegenstände *angeschaut* werden könnte, dann führt sie auf einen direkten Widerspruch:

> „Die bloße Form der Anschauung, ohne Substanz, ist an sich kein Gegenstand, sondern die bloß formale Bedingung desselben (als Erscheinung), wie der reine Raum, und die reine Zeit, die zwar Etwas sind, als Formen anzuschauen, aber selbst keine Gegenstände sind, die angeschaut werden (ens imaginarium)" (B 347. Vgl. 349. 457 Anm. und die schon oben in § 5 genannten Stellen).

Dieses Zitat scheint allerdings im Widerspruch zu stehen mit Kants Begriff der „reinen Anschauung", und in der Tat lassen sich viele Äußerungen anführen, aus denen hervorzugehen scheint, daß für Kant die reine Anschauung „auch ohne einen wirklichen Gegenstand der Sinne oder Empfindung" möglich ist[60]. Auf eine Diskussion, ob Kant sich in diesem Punkte wirklich widersprochen habe oder nicht, möchte ich mich nicht einlassen, weil es uns nicht um etwaige persönliche Fehler Kants geht, sondern um mögliche Schwächen seines Systems. Und da erscheint es mir fraglos, daß der Widerspruch nicht notwendig, sondern vermeidbar und daß er im Sinne des oben wiedergegebenen Zitats (B 347) aufzulösen ist.

Von der faktischen Schwierigkeit, sich einen leeren Raum oder eine leere Zeit zu veranschaulichen, sehe ich hier ab; die Versicherung, daß jemand in der Tat in der Lage sei, Raum und Zeit leer anzuschauen, ist schwerlich widerlegbar. Es läßt sich jedoch aus system-immanenten Gründen zeigen, daß Kant eine leere Anschauung nicht annehmen *durfte*. Wer nämlich behauptet, daß reine Anschauung nicht nur eine abstrakte Betrachtungsweise sei, sondern auf der unmittelbaren Gegebenheit des leeren Raumes und der leeren Zeit beruhe, der hat die Wahl, entweder Kants Beweise der „Analogien der Erfahrung" oder die apriorische Geltung der Mathematik aufzugeben.

Die Beweise der „Analogien" fußen auf der Unmöglichkeit, die Zeit selbst wahrzunehmen. Nun ist Wahrnehmung empirische Anschauung, nicht reine, und insofern entsteht kein Widerspruch. Aber die Analogien-Beweise schließen jedenfalls die Möglichkeit aus, daß die reine Zeit ein realer Gegenstand der Erfahrung sein kann, und das bedeutet, daß man Kants Weg zur reinen Anschauung nicht wörtlich nehmen darf. Um zur reinen Anschauung zu gelangen, gibt Kant die Anweisung, „alles Empirische, oder Wirklich-Empfindbare im Raum und der Zeit wegzulassen, mithin alle Dinge ihrer empirischen Vorstellung nach zu vernichten" (Üb. e. Entdeck. VIII 240. Vgl. KrV B 5. 35. 208). Denkt man sich diese „Vernichtung" nun nicht nur im abstraktiven Sinne, sondern wörtlich, so daß wirklich alles Empfindungsmäßige verschwunden wäre und also das Subjekt keinerlei Affektionen mehr hätte, und nimmt man an, daß man auch in diesem Falle noch etwas nachbehielte, „daß Raum und Zeit, gleich als einzelne Wesen, übrig bleiben" (ebd.), dann macht man den reinen Raum und die reine Zeit zu selbständigen realen Teilstücken der Erfahrung. Die Rede von ihrer Nichtwahrnehmbarkeit wäre dann nur noch eine Definitionsfrage,

---

[60] B 35. Weitere Stellen bei Vaihinger 1881/92, Bd. II, S. 86f.

indem man den Ausdruck „Wahrnehmung" zum Synonym für Empfindungsgegebenes machte, mit der Konsequenz, daß man die Definition der Erfahrung als „ein Erkenntnis, das durch Wahrnehmungen ein Objekt bestimmt" (B 218), aufgeben müßte. Denn der reine Raum und die reine Zeit wären Gegenstände der Erfahrung, obwohl sie keine Empfindungen enthielten und also nicht durch Wahrnehmung bestimmbar wären. Man würde sie ja erreichen, indem man an ihnen selbst und ihrer Daseinsweise gar nichts veränderte, sondern lediglich alles Empfindungsmäßige herausnähme, so daß man am Schluß denselben Raum und dieselbe Zeit, die man vorher erfüllt angeschaut hätte, jetzt leer und für sich allein anschaute, gleich als wenn man aus einem Koffer die Kleider herausnähme, um den leeren Koffer für sich zu betrachten. Auch der reine Raum und die reine Zeit müßten folglich erfahrbar sein; denn wenn sie es als erfüllte waren, müßten sie es auch als leere sein, da es sich ja um ein und dieselben Gegenstände handelte. Wenn aber der Raum und die Zeit selbst (als leere), obgleich keine Gegenstände der Wahrnehmung (Empfindung), dennoch reale Gegenstände der Erfahrung sein könnten, dann ließe sich die Konstitution der empirischen Erscheinungswelt so denken, daß sie „aus der Wahrnehmung und der leeren Anschauung zusammengesetzt", daß „eines des anderen Korrelatum der Synthesis" wäre (B 457 Anm.). Der erwähnte „Vernichtungsprozeß" ließe sich umkehren, so daß zunächst Raum und Zeit gleichsam als leere Behältnisse empirisch gegeben wären, in die man die Wahrnehmungen hineinsetzte oder in ihnen erzeugte (vgl. B 208). Das würde aber bedeuten, daß sich die Wahrnehmungen unmittelbar zur Zeit selbst in Verhältnis setzen ließen, so daß sie sich ihre objektiven Zeitverhältnisse nicht mehr gegenseitig bestimmen müßten. Selbst wenn nur ein einziger endlicher Wahrnehmungsgegenstand gegeben wäre, ließe sich Zeitpunkt und Dauer seines Daseins objektiv genau bestimmen, weil ja auch die ihn umgebende leere Zeit in der einheitlichen objektiven Erfahrung zusammen mit ihm gegeben wäre. Man brauchte, um den Wechsel, die Aufeinanderfolge, das Zugleichsein objektiv bestimmen zu können, keine wahrnehmbare Substanz, keine Kausalverknüpfung, keine Wechselwirkung zugrunde zu legen, sondern könnte alle diese Verhältnisse unmittelbar an der objektiven Zeit selbst ablesen. Ebensowenig böte es Schwierigkeiten, sich die Welt in Raum und Zeit begrenzt vorzustellen. Es bedarf keiner Erwähnung, daß Kant einer solchen Theorie niemals zugestimmt hätte. Er hätte dann seine Analogien-Beweise, seine Newton-Kritik, seine Lehre von der Antinomie der reinen Vernunft revidieren müssen (und außerdem wäre natürlich unsere gegenwärtige Interpretation seines ersten Raum-Arguments hinfällig, da Raum und Zeit als selbständig existierende „wirkliche Wesen" denkbar wären). Also dürfen der reine Raum und die reine Zeit bei Kant keine realen Erfahrungsgegenstände sein.

Soll nun trotzdem der reine Raum – und das Entsprechende gilt für die reine Zeit –, obwohl niemals als realer gegeben, ein Gegenstand unmittelbarer Anschauung sein, d. h. so wie er existieren könnte, dann kann er mit dem erfüllten Raum nicht identisch sein; denn der ist real und ein und dasselbe Ding kann nicht sowohl möglicher als auch nicht möglicher Gegenstand realer Erfahrung sein. Man würde also mit dem reinen Raum einen anderen Gegenstand anschauen als den erfüllten, und da der reine niemals empirische Realität haben dürfte, müßte man ihm empirische Idealität zuschreiben, d. h. er wäre eine Phantasievorstellung des empirischen Subjekts. Dann ließe sich aber die Gültigkeit der reinen Geometrie, als Wissenschaft vom reinen Raum, für die realen Gegenstände der Erfahrung nicht mehr a priori beweisen, sondern sie bliebe „die Beschäftigung mit einem bloßen Hirngespinst" (B 196. Vgl. 147). Da ja nämlich in der Erfahrung realer Gegenstände der reine Raum gar nicht enthalten sein dürfte, so müßte sie jederzeit ohne ihn möglich sein. Er könnte also nicht als Bedingung ihrer Möglichkeit angesehen werden, sondern das träfe nur noch auf den erfüllten Raum zu und würde nur die physische Geometrie autorisieren, nicht aber die reine; denn ob ich mir in der Phantasie einen reinen Raum veranschaulichen könnte oder nicht, wäre für die Erkenntnis des empirischen erfüllten Raumes vollkommen ohne Belang, da es sich ja um unterschiedene Gegenstände handelte (vgl. B 65f). Man könnte auch nicht sagen, daß der reine Raum im erfüllten als dessen Struktur gleichsam „darinsteckte" wie das Skelett im Körper und somit mittelbar Bedingung der Möglichkeit der Erfahrung wäre. Dies könnte man zwar behaupten, aber nicht beweisen, weder unmittelbar noch mittelbar durch einen Schluß. Unmittelbar nicht, weil es im Interesse der Analogien-Beweise nicht möglich sein dürfte, den reinen Raum direkt, wie mit „Röntgenaugen", im erfüllten anzuschauen; denn dann wäre der reine Raum ein realer Erfahrungsgegenstand. Man müßte daher annehmen, daß der reine Raum, als Gegenstand einer Phantasievorstellung, gleichsam das anschauliche Modell der inneren Struktur des erfüllten Raumes darstellte, so wie der Anatom ein präpariertes Skelett vor sein Auditorium stellt und behauptet, dies sei ein Modell seines eigenen Knochenbaus. Da man aber den reinen Raum der Phantasie nicht direkt mit dem wirklichen Raum vergleichen könnte, weil dieser niemals rein gegeben sein dürfte, so müßte man die Annahme, daß der reine das „innere Modell" des empirischen sei, daraus erschließen, daß im empirischen Raum dieselben Strukturgesetze gelten wie im reinen. Das wäre jedoch unbeweisbar. Versuchte man es a priori, müßte man zeigen, daß der reine Raum Bedingung der Möglichkeit des empirischen sei, und damit wäre man einmal im Kreis herumgegangen; denn es war gerade die Möglichkeit eines solchen Beweises, nach der wir fragten. Versuchte man es a posteriori, indem man zunächst den reinen und dann den empirischen Raum für sich erforschte, um darauf die Gesetzmäßigkeiten beider zu vergleichen, so wäre das erstens ein unendliches, zweitens — wenn man sich auf den landläufigen Standpunkt stellt, daß es in der Natur keine vollkommenen Geraden, Kreise usw. gibt — ein unmögliches und vor allem drittens ein völlig nutzloses Unterfangen; denn was eigentlich bewiesen werden sollte, war die *apriorische* Geltung der reinen Geometrie für die Gegenstände der Erfahrung, so daß man ihre Gesetze bedenkenlos auf die Erfahrung anwenden kann. Das ließe sich jedoch a posteriori niemals rechtfertigen. Vielmehr müßte man die im reinen Raum gefundenen Gesetze immer erst unmittelbar am empirischen Raum überprüfen, ob sie auch gelten, und dann könnte man auf die reine Geometrie auch ganz verzichten und sich gleich an die physische halten. Es gilt also, was Kant gegen Newtons Raumauffassung vorbringt: „Einen absoluten Raum, d. i. einen solchen, der, weil er nicht materiell ist, auch kein Gegenstand der Erfahrung sein kann, als *für sich gegeben* annehmen, heißt etwas, das weder an sich, noch in seinen Folgen . . . wahrgenommen werden kann, um der Möglichkeit der Erfahrung willen annehmen, die doch jederzeit ohne ihn angestellt werden muß" (Anfangsgr. d. Naturw. IV 481).

Somit führt es bei Kant in jedem Fall zum Widerspruch, wenn man die „reine Anschauung" so interpretiert, daß sie einen empfindungsfreien, leeren Raum unmittelbar für sich gegeben vorstellt. Man sollte daher seine „Vernichtung" alles Empfindungsmäßigen im Sinne einer gedanklichen Abstraktion verstehen, indem wir, um die Raumstruktur zu studieren, von allen übrigen Eigenschaften der Dinge absehen und nur auf ihre räumlichen Verhältnisse achten (Vgl. B 43. Üb. e. Entdeck. VIII 199f Anm.). Diese Auffassung reicht aus, um einerseits zu erklären, wie die reine Geometrie ihrem gegenständlichen Inhalte nach, der ja in der empirischen Anschauung gar nicht vorkommt, möglich ist; denn man kann die reinen Gestalten als begriffliche Idealisierungen der empirisch gegebenen Figuren ansehen. Andererseits ist auch verständlich, inwiefern der Raum nicht nur als Form der Gegenstände, sondern selbst auch als Gegenstand mit eigenen

Bestimmungen (also als Einheit eines Mannigfaltigen) vorgestellt werden kann (vgl. B 160 mit Anm.). Dies geschieht eben durch begriffliche Abstraktion, die uns in die Lage versetzt, *im Denken* auch Qualitäten für sich allein zu betrachten und auf ihre inneren Bestimmungen hin zu untersuchen, die dann auch für die eigentliche Substanz gelten (nota notae est nota rei ipsius). Freilich, um die Apriorität des Raumes daraus abzuleiten, taugt diese Deutung der „reinen Anschauung" nicht. Aber das gelingt ebensowenig, wie wir gesehen haben, wenn man den reinen Raum für unmittelbar anschaulich gegeben ausgibt. Denn daraus folgt allenfalls die Apriorität einer Phantasievorstellung, eines „bloßen Hirngespinsts", nicht aber diejenige des realen Raumes als Form der Erfahrungsgegenstände.

Wenn nun – um auf den Text des zweiten Raum-Arguments zurückzukommen – der leere Raum ohne Gegenstände nicht *angeschaut* werden kann, so muß man das „Denken", von dem Kant redet, wörtlich nehmen. Denn Kant sagt ja nur, man könne sich ganz wohl *denken*, daß keine Gegenstände im Raum angetroffen werden. Damit gerät man jedoch in einen Zirkel. Mit dem „Denken" kann nicht bloß jene soeben erwähnte Abstraktion des Begriffs gemeint sein, weil sie, wie gesagt, keinen Rückschluß auf die Apriorität gestattet; denn begrifflich kann ich im Denken alles und jedes isolieren, gleichgültig ob es ursprünglich a priori oder a posteriori gegeben ist. Folglich muß das „Denken" hier schon ein Urteil sein, und da ein unmittelbares, anhand der Anschauung gefälltes Urteil ausfällt, muß es ein mittelbares Urteil sein, d. h. ein Schluß. Der Satz besagt demnach, daß sich die unabhängige Existenz des Raumes von den äußeren Dingen *erschließen* läßt. Jedoch aus welcher Prämisse? Die Annahme, daß der Raum eine selbständige Substanz sei, entfällt aufgrund seines inneren Wesens, weil er nichts als Verhältnisse enthält (Vgl. B 66f). Es bleibt offenbar nur die These, daß der Raum nur die Vorstellungsart des Subjekts sei; denn auch dann ist er, wenigstens seiner Möglichkeit nach, vom Dasein der Dinge unabhängig. Das bedeutet, das zweite Raum-Argument setzt das erste voraus, das ja die Subjektivität der Raumvorstellung beweisen soll. Nun hatte uns aber gerade die Erörterung des ersten Arguments auf das zweite verwiesen. Wir waren davon ausgegangen, daß Kant die Erkenntnis, daß wir die äußeren Gegenstände niemals ohne Raum anschauen können, so versteht, daß die Dinge Bestimmungen des Raumes sind, so daß er ihnen als Bedingung ihres Daseins zugrunde liegt. Aus der Unmöglichkeit, den Raum als Substanz zu denken, wurde dann gefolgert, daß er nur eine Vorstellungsart des Subjekts ist, d. h. die Dinge bestimmen ihn nicht als ihre Substanz, sondern als die (ihrer Möglichkeit nach) im Subjekt bereitliegende Form ihrer Anschauung, und der Raum bedingt nicht das Dasein der Dinge selbst, sondern nur ihr Dasein als Erscheinungen für das Subjekt. Da nun der Satz, daß der Raum nicht Substanz sein kann, analytisch aus seiner inneren Möglichkeit folgt, blieb die Annahme zu beweisen, daß überhaupt der Raum das Dasein der äußeren Gegenstände bedingt; denn sie folgt nicht unmittelbar aus der Grunderkenntnis, daß die äußeren Dinge nicht ohne Raum angeschaut werden können, weil dies auch durch die (an sich widerspruchsfreie) These erklärt werden kann, daß der Raum eine von den Dingen abhängende Bestimmung ist. Wir hatten den Beweis im zweiten Raum-Argument gesucht. Jetzt hat sich jedoch ergeben, daß das zweite Argument schon den Beweis der Subjektivität der Raumvorstellung voraussetzt. Wir sind also in einen Zirkel geraten; denn das erste Raum-Argument fordert das zweite und dieses das erste.

§ 7. *Ausweg aus der Diallele*

Um aus der Diallele herauszukommen, kann man zunächst versuchen, den Satz, daß der Raum das Dasein der äußeren Gegenstände bedinge, unabhängig vom direkten Beweisversuch des zweiten Raum-Arguments auf indirekte Weise, d. h. aus den Schwierigkeiten der Gegenthese, zu beweisen. Wenn nämlich die Annahme, daß der Raum eine „den Dingen selbst anhängende Bestimmung" sei, in irgendeiner Weise ad absurdum geführt werden kann, dann müssen die Dinge Bestimmungen des Raumes sein. Denn daß überhaupt ein Bedingungsverhältnis des Daseins, und zwar eines der Subsistenz-Inhärenz vorliegen muß, das ergibt sich, wie schon bemerkt, daraus, daß wir weder den Raum ohne Gegenstände noch diese ohne jenen anschauen können. Da wir nämlich in der Anschauung immer ein mögliches Dasein vorstellen, so muß es sich um eine Verknüpfung im Dasein handeln, und da sie in der Anschauung unauflöslich ist, so kann sie nicht als eine zufällige oder notwendige Verbindung selbständiger Substanzen erklärt werden; denn dazu wären wir nur berechtigt, wenn wir die Glieder auch getrennt anschauen könnten.

Um auf die Schwierigkeiten der Annahme, daß der Raum eine Bestimmung der Gegenstände sei, hinzuweisen, liefert Kant im wesentlichen zwei Argumente, die bei ihm als zusätzliche Bestätigungen seines Apriontätsbeweises auftreten. Das eine ist die Überlegung, daß, wenn der Raum den Dingen selbst inhäriert, die Geometrie zu einer empirischen Wissenschaft und ihre Gesetze zu bloßen Hypothesen werden, deren Gültigkeit für die Erfahrung sich a priori nicht beweisen läßt (B 56f). Wir werden weiter unten sehen, daß Kants eigene Theorie hierin auch keine Abhilfe schafft. Gegenwärtig genügt der Hinweis, daß dieses Argument niemals als Beweisgrund für die Apriorität des Raumes gebraucht werden darf, weil eben gerade umgekehrt die Apriorität des Raumes die Möglichkeit der Geometrie als einer apriorischen Wissenschaft von den Gegenständen der Erfahrung beweisen soll. Ich erwähne das Argument auch nur, weil die Neukantianer Kant diesen Zirkel vorgeworfen haben und weil er in der Tat an einigen Stellen so schließt (z. B. Prol. § 6ff. Anfangsgr. d. Naturw. IV 475 Anm. Üb. e. Entdeck. VIII 241. Vgl. KrV B 63ff). Wir haben jedoch schon darauf hingewiesen, daß man auf die Vorzeichen achten muß. Wenn Kant es mit Gegnern zu tun hat, die die Möglichkeit apriorischer Naturerkenntnis einräumen, oder wenn er diese Möglichkeit (wie in den Prolegomena) aus didaktischen Gründen ex hypothesi und unter ausdrücklichem Hinweis auf das andersartige Vorgehen in der „Kritik der reinen Vernunft" annimmt, dann kann er mit Recht so rückschließen[61]. Aber Kant hat diesen Rückschluß niemals als eigentlichen Beweis angesehen, und selbst wenn er es getan haben sollte, so hat er doch in der „Metaphysischen Erörterung" des Raumes in der „Kritik der reinen Vernunft" einen andersartigen Beweis versucht, und daran sollte man sich halten, wenn die Kritik nicht leichtfertig ausfallen soll.

Das andere Argument gegen die Auffassung, daß der Raum eine von den Dingen abhängende Bestimmung sei, stammt noch aus der vorkritischen Zeit. Es beruht darauf, daß durch die Lage im Raum Unterscheidungsmöglichkeiten der Dinge gegeben sind, die sich nicht aus inneren Bestimmungen ableiten lassen, sondern nur aus dem Verhältnis zum ganzen Raum erklärt werden können. Kant exemplifiziert das an inkongruenten Körpern wie der linken und rechten Hand oder auch an inhaltlich gleichen Dingen in verschiedenen Örtern, z. B. zwei Wassertropfen (Geg. i. Raume II 382f. Prol. § 13. KrV B 319). Er argumentiert dann kurzgefaßt etwa so: Die genannten Unterschiede sind zum Dasein der Dinge notwendig. Eine wirkliche menschliche Hand muß entweder eine rechte oder eine linke sein; sie kann in dieser Hinsicht niemals unbestimmt sein. Also handelt es sich um innere Bestimmungen. Sie sind jedoch nur möglich durch das Verhältnis der Dinge zum ganzen Raum. Also sind sie äußere Bestimmungen. Die Auflösung der Schwierigkeit ist:

---

[61] Vgl. oben S. 20.

daß es innere Bestimmungen des Raumes sind, zu dessen Wesen es gehört, daß die Teile nur durch das Ganze möglich sind. Da die genannten Bestimmungen aber zum Dasein der Dinge notwendig sind, so muß der Raum den Dingen zugrunde liegen und kann nicht von ihnen abhängen.

Dieser Schluß ist voreilig, weil sich die Sachlage auch anders deuten läßt. Man braucht nur anzunehmen, daß räumliche Dinge notwendig äußerlich bestimmt sein müssen. Daraus folgt, daß sie in einer notwendigen Gemeinschaft stehen und nur in dieser existieren können, indem sie sich gegenseitig Lage, Ort und Gestalt bestimmen müssen und dadurch eine kontinuierlich ins Unendliche ausgedehnte einige räumliche Welt ausmachen, als deren Teile sie allein möglich sind. Man nimmt also die Dinge so, wie sie uns in der Erscheinungswelt ja allein gegeben sind. Gewiß gerät man auf diese Weise in Konflikt mit den metaphysischen Begriffen der Leibniz-Schule, nach denen notwendige Bestimmungen immer nur innere sein können, weil ja die Dinge schon da sein müssen, bevor sie zu anderen in Verhältnis treten und dadurch äußerlich bestimmt werden können. Desgleichen gibt es Schwierigkeiten mit den Prinzipien der Identität des Ununterscheidbaren, der Repugnanz usw. (s. das Kapitel „Von der Amphibolie der Reflexionsbegriffe", B 316 ff). Aber durch diese Unstimmigkeiten braucht sich niemand entmutigen zu lassen. Kant zeigt an seinen Beispielen der inkongruenten Körper usw. auf jeden Fall soviel, daß die Gegenstände der äußeren Anschauung Eigenschaften aufweisen, die mit den Begriffen der leibnizianischen Metaphysik nicht faßbar sind. Der Widerstreit mit diesen Begriffen ist also unvermeidlich. Die Frage ist nur, wie er erklärt werden kann, und hier übereilt sich Kant mit der Folgerung, daß die besonderen Eigenschaften der äußeren Gegenstände nur verständlich sind, wenn ein von ihnen unabhängiger Raum den Dingen vorhergeht und sie daher bloße Erscheinungen sind. Es ist ebensowohl möglich, daß die Besonderheiten den Dingen an sich zukommen, und zwar aufgrund ihrer Räumlichkeit, derentwegen sie nur in Gemeinschaft existieren können und Teile sind, die nur durch ihr Ganzes, die Welt, möglich sind. Zwar ist die Metaphysik der Leibnizianer dann unhaltbar. Aber warum soll sie nicht falsch sein können? Selbst wenn man einmal einräumen wollte, daß diese Metaphysik dem Verstande wesensmäßig ist, daß er also notwendig in ihren Begriffen denken muß, so folgt aus Kants Beispielen zunächst lediglich, daß die sinnliche Anschauung die Dinge anders vorstellt, als der reine Verstand sie denkt. Sie ist demnach ein eigenständiger Erkenntnisquell, und da sich ihre Vorstellungen nicht bloß logisch, hinsichtlich ihrer Deutlichkeit, sondern inhaltlich von denen des Verstandes unterscheiden, so kann man ihr nicht nur „das verächtliche Geschäft, die Vorstellungen des letzteren zu verwirren und zu verunstalten", zuschreiben, sondern sie bedingt eine eigene Gegenstandswelt (B 332. 60 ff. Mund. sens. § 7). Aber damit ist noch nichts darüber gesagt, welche der beiden Welten die „wahre" Welt der Dinge an sich ist, ob der mundus intelligibilis oder der mundus sensibilis.

Doch Kant ist auch in seiner kritischen Zeit so weit Leibnizianer geblieben, daß er an der rationalistischen Grundthese festgehalten hat, daß der (reine) Verstand die Dinge denkt, wie sie sind (obgleich er allein nichts *erkennt*, weil dazu diskursives Denken nicht ausreicht). Wenn daher die Sinnlichkeit mit dem Verstande nicht übereinstimmt und sich seinen Begriffen widersetzt, dann können ihre Vorstellungen nicht die Dinge an sich wiedergeben, sondern nur subjektiv bedingte Erscheinungen sein (Prol. § 13. Anfangsgr. d. Naturw. IV 484. KrV B 336. Vgl. B 186. 313 f. 526). Indessen hätte es für Kants weitere Absichten (zumindest die theoretischen, wenn man die praktischen hier außer acht läßt) genügt, überhaupt zwei heterogene Erkenntnisquellen anzunehmen. Ihre Bewertung hätte er auch umkehren und der Sinnlichkeit die Beziehung auf die Dinge an sich zuschreiben können. Dann läge die Schuld in den Fällen, in denen die sinnliche Anschauung von den reinen Begriffen des Verstandes abweicht, allein beim Verstande, der nicht etwa durch die Natur der Sinnlichkeit eingeschränkt und von der Erkenntnis der Dinge an sich abgehalten würde, sondern der die Dinge, die ihm die Sinnlichkeit präsentierte, wie sie an sich sind, mit seinen Begriffen unangemessen interpretierte. Diese Auffassung wäre prima facie die einleuchtendere gewesen; denn wenn die Sinnlichkeit wirklich ein rezeptives, der Verstand aber ein spontanes Vermögen ist, dann wird man doch die Fehlerquelle zunächst in dem spontanen und nicht in dem bloß passiven Vermögen suchen – ganz im Sinne der alten Sensualisten vom Schlage Epikurs.

§ 8. *Noumenon und Ding an sich*

Freilich übernimmt Kant kaum je etwas vollkommen unreflektiert. Man muß also nach den Gründen forschen, die ihn zu der Annahme geführt haben mögen, daß, wenn wir durch den reinen Verstand Objekte erkennen könnten, wir sie so erkennen würden, wie sie an sich selbst sind, so daß die Noumena, als Gegenstände des reinen Verstandes, wenn sie möglich wären, Dinge an sich sein würden (B 310). Nimmt man

Noumenon rein „im negativen Verstande", d. h. als ein Ding, „sofern es nicht Objekt unserer sinnlichen Anschauung ist, indem wir von unserer Anschauungsart desselben abstrahieren" (B 307), so führt kein Weg zum Ding an sich. Kant gelangt zu diesem negativen Begriff des Noumenon, weil das reine Denken an sich nicht auf die sinnliche Anschauung eingeschränkt ist, sondern auf „Objekte überhaupt" geht, „ohne noch auf die besondere Art (der Sinnlichkeit) zu sehen, in der sie gegeben werden mögen" (B 309). Daher lassen sich problematisch (d. h. widerspruchsfrei) Gegenstände denken, die uns nicht durch die Sinnlichkeit gegeben werden können, sondern reine Verstandesgegenstände sind. So weit wäre auch nichts einzuwenden. Aber Kant begnügt sich nicht damit. Er hält den bloß problematischen Begriff eines Noumenon ohne weiteres für einen Begriff vom Ding an sich, der notwendig ist, „um die sinnliche Anschauung nicht bis über die Dinge an sich selbst auszudehnen, und also, um die objektive Gültigkeit der sinnlichen Erkenntnis einzuschränken" (B 310). Diese Annahme ist jedoch ganz grundlos. Gewiß bedeutet es eine Einschränkung der sinnlichen Anschauung, wenn der reine Verstand sich weiter erstreckt als sie. Aber diese Einschränkung betrifft nicht die Daseinsweise ihrer Gegenstände, ob sie Dinge an sich oder Erscheinungen sind. Sie besagt nur, daß die Anschauung nicht beanspruchen kann, *alle* Gegenstände zu enthalten, die sich *denken* lassen, sondern daß darüber hinaus noch andersartige, nichtsinnliche Gegenstände wenigstens problematisch denkbar sind. Wollte man aus dieser Möglichkeit allein auf den bloßen Erscheinungscharakter der Sinnendinge schließen, so verführe man wie jemand, der sämtliche Hunderassen, die es auf der Erde gibt, aufgezählt hat und dann, nur weil man die Möglichkeit nicht ausschließen kann, daß es auf dem Mars noch ganz andersartige Hunde gibt, behauptet, die irdischen Hunde seien nur Erscheinungen, während die „wahren" Hunde auf dem Mars zu suchen seien. Freilich steht es uns offen, auch dies noch problematisch zu denken: daß nur Noumena Dinge an sich sein würden, so daß alles Sinnliche nur Erscheinung sein kann; denn „denken kann ich, was ich will, wenn ich mir nur nicht selbst widerspreche" (B XXVI Anm.). Dadurch käme in der Tat die von Kant genannte Einschränkung der objektiven Gültigkeit der sinnlichen Erkenntnis zustande. Aber diese Einschränkung wäre selbst nur problematisch und könnte allenfalls den problematischen Idealismus der Skeptiker begründen, nicht aber Kants transzendentalen Idealismus, der assertorisch ist. Kant möchte durch einen bloß problematischen Begriff eine assertorische Einschränkung bewirken, und das ist unmöglich.

Die Ursache für Kants Vorgehen sehe ich darin, daß er zwei ganz verschiedene Gründe, die uns zur Annahme eines nichtsinnlichen Gegenstandes bestimmen können, und damit auch zwei verschiedene Begriffe vom nichtsinnlichen Gegenstand identifiziert. Der eine Grund ist der eben genannte: die weitere Erstreckung der reinen Verstandesbegriffe über die Sphäre der sinnlichen Anschauung hinaus. Dies führt zur problematischen Annahme eines nichtsinnlichen Gegenstandes als Noumenon. Der zweite Grund ist dieser: *wenn* einmal sicher bewiesen ist — und dies glaubte Kant in der „Transzendentalen Ästhetik" geleistet zu haben —, daß alle Sinnendinge nur Erscheinungen sind, dann muß es Dinge geben, *von denen* unsere sinnlichen Anschauungen Erscheinungen sind, und diese Dinge können an sich selbst und unabhängig von unserer Anschauung nicht sinnlich sein (weil alles Sinnliche eben Erscheinung ist) (A 251 f. B 306). Man erhält so einen Begriff vom Nichtsinnlichen, der wirklich Kants Absichten erfüllt; denn er ist erstens ein (negativer) Begriff vom Ding an sich, zweitens ein notwendiger Begriff, weil ohne ihn nichts als Erscheinung gedacht werden kann[61a], und er wird drittens assertorisch gebraucht, da ja der Erscheinungscharakter der Anschauungen als sicher bewiesen angenommen wird. Dieser Begriff ist daher auch geeignet, Kants assertorischen Idealismus zwar nicht zu begründen, denn der Beweis muß vorhergehen; aber er ist doch ein unumgänglicher Bestandteil als notwendiger „Grenzbegriff, um die Anmaßung der Sinnlichkeit einzuschränken" (B 310f). Jedoch besteht keinerlei Veranlassung, diesen Begriff von einem nichtsinnlichen Gegenstand als Ding an sich mit jenem anderen Begriff von einem nichtsinnlichen Gegenstand als Noumenon zu identifizieren. Denn was nicht sinnlich ist, muß darum noch nicht intelligibel sein, und selbst wenn wir uns nur diese zwei Erkenntnisvermögen (Sinnlichkeit und Verstand) denken könnten, so bliebe trotzdem die Möglichkeit, daß das Ding an sich nicht nur nicht sinnlich, sondern auch nicht intelligibel und folglich gar kein möglicher Gegenstand für eine uns irgend denkbare Erkenntnis wäre (und zwar in diesem Fall nicht einmal ein problematischer, weil es ein Widerspruch wäre anzunehmen, wir könnten uns einen

---

[61a] Prauss (1974, S. 93) bestreitet, daß das Ding an sich ein notwendiger Begriff sei, der sich analytisch aus dem Begriff der Erscheinung ergebe. Denn weil in ihm gerade das Nichterscheinungssein gedacht werde, so führe es zum Widerspruch, wenn er im Begriff der Erscheinung enthalten sein solle. M. E. vernachlässigt Prauss hier, daß „Erscheinung" ein relationaler Begriff ist (x ist Erscheinung von y für z), in dem eine Beziehung zwischen unterschiedenen Gegenständen gedacht wird, denen durchaus einander widersprechende Prädikate zuerkannt werden dürfen. Ein Begriff ist nur dann widersprüchlich, wenn er *demselben* Gegenstand widersprechende Prädikate zuschreibt.

Gegenstand überhaupt noch für irgendein Vermögen als erkennbar vorstellen, wenn wir uns nur zwei Erkenntnisvermögen denken könnten und keines von beiden den Gegenstand erreichte). Es ist also durchaus möglich, daß es uns für die Erkenntnis der Dinge an sich gar nichts nützen würde, selbst wenn wir über einen anschauenden Verstand (der Noumena *erkennte*) verfügten, und deshalb ist zwar nicht der Grenzbegriff eines *nichtsinnlichen* Dinges an sich, wohl aber der Begriff eines *intelligiblen* Dinges an sich „willkürlich erdichtet".

Wenn Kant trotzdem diesen Begriff gebraucht und somit die negativen Begriffe vom Ding an sich und vom Noumenon als nichtsinnlicher Gegenstände identifiziert, so hat dies seinen Grund offenbar darin, daß er einer Zweideutigkeit des Ausdrucks „Ding an sich" erlegen ist. Dies tut sich auch darin kund, daß er „Ding an sich" ohne genauere Unterscheidung mit „Ding überhaupt" gleichsetzt[62]. Er hat vermutlich etwa folgendermaßen gedacht: „Ding (Gegenstand, Objekt)" ist ein reiner Verstandesbegriff. Daher sind Dinge überhaupt nur durch einen Verstand möglich, und dieser allein bestimmt, was einem Dinge an sich notwendig zukommt. Folglich können Dinge an sich nur Noumena sein, und wenn die sinnliche Anschauung, wie das Beispiel der inkongruenten Körper lehrt, vom reinen Verstandesbegriff abweicht, so gibt das „einen guten bestätigenden Beweisgrund" ab für ihre Subjektivität (Anfangsgr. d. Naturw. IV 484). Der Gedankengang enthält eine Quaternio terminorum. „Ding an sich" kann einmal bezeichnen, was im bloßen, reinen Begriff eines Gegenstandes überhaupt notwendig gedacht wird, unabhängig davon, wie er in der konkreten Anschauung realisiert sein mag. Zum anderen bezeichnet es das, was unabhängig vom erkennenden Subjekt existiert. Beide Bedeutungen sollte man sorgsam auseinanderhalten. In der ersten (die etwa dem Platonischen αὐτὸ καθ' αὑτό, bezogen auf einen Begriff, entspricht) meinen wir das, was erfüllt sein muß, damit wir etwas überhaupt ein Ding, einen Gegenstand, ein Objekt nennen können (nämlich Einheit des Mannigfaltigen). Nimmt man an, daß dieser Begriff (das Dingsein) aus dem reinen Verstande entspringt und seine alleinige, originäre Schöpfung ist, dann gilt in der Tat, daß es ohne einen Verstand keine

---

[62] B XXVII. 410. In B 298 schreibt Kant: „Der transzendentale Gebrauch eines Begriffs in irgendeinem Grundsatze ist dieser: daß er auf Dinge *überhaupt* und *an sich selbst* . . . bezogen wird." In seinem Handexemplar hat er „Dinge überhaupt und an sich selbst" ersetzt durch die vorsichtigere Formulierung „Gegenstände, die uns in keiner Anschauung gegeben werden, mithin nicht sinnliche Gegenstände" („Nachträge" CXVII (Erdmann. Kiel 1881)). Ihm sind also selbst Bedenken gekommen.

„Dinge" geben kann, weil es von ihm allein abhängt, daß etwas überhaupt zum „Ding" wird (Vgl. B 138). Denkt man sich nun einen Verstand, der selbst anschauen könnte, so würde er Gegenstände hervorbringen (Noumena im positiven Verstande), die keinerlei Bestimmungen enthielten, als die zum reinen Denken eines Gegenstandes überhaupt erforderlich sind, weil eben der pure Verstand nichts weiter vermag, als Begriffe zu erzeugen, die notwendig sind, damit überhaupt etwas als Gegenstand vorgestellt werden kann (B 304. 158. 106). Wenn also der Verstand sich selbst seine eigene Anschauung machen könnte, dann müßten deren Gegenstände seinen reinen Begriffen vollkommen adäquat sein und den bloßen Begriff in voller Reinheit anschaulich darstellen, so daß eine Welt entstünde, die das Allgemeine als einzelnen Gegenstand in konkreter Anschauung darböte, also eine Art Platonischen Ideenreiches wäre. Von einer solchen intelligiblen Welt läßt sich nun mit Recht behaupten, daß sie eine Welt der Dinge an sich wäre; denn diese enthielten ja nichts weiter, als was jedem Dinge überhaupt zukommen muß, sofern es an sich ein „Ding" sein will; es wäre gleichsam eine Welt der reinen Gegenständlichkeit als solcher. Wenn dann die *sinnliche* Anschauung Bestimmungen enthält, die in jener intelligiblen Welt gar nicht vorkommen könnten, weil sie der *reine* Verstand nicht denken kann, so ist man ebenfalls berechtigt zu sagen, daß die Sinnlichkeit die Dinge nicht so darstellt, wie sie an sich selbst sind. Aber das bedeutet in keiner Weise, daß ihre Gegenstände bloß Erscheinungen sind. Denn der Gegensatz zum Ding an sich als Noumenon im positiven Verstande ist gar nicht Erscheinung, sondern eben Sinnesgegenstand (Ästheton) oder – allgemeiner – Gegenstand einer nichtintellektuellen Anschauung[63]. Der Gegensatz zur Erscheinung ist das Ding an sich als dasjenige, was unabhängig vom erkennenden Subjekt existiert. Das „an sich" bedeutet im ersten Falle soviel wie „Ding schlechthin", „reines Ding", „bloß Ding", ohne alle Bestimmungen, die Dingen sonst noch, außer ihrem bloßen Dingsein, zukommen mögen. Im zweiten Falle dagegen bedeutet es „eigenständiges, für sich allein bestehendes Ding", ohne alle Bestimmungen, die ihm nur durch das erkennende Subjekt

---

[63] Man muß unterscheiden: Zum Ding *an sich* als Noumenon im positiven Verstande (Gegenstand einer intellektuellen Anschauung) ist der Gegensatz Sinnesgegenstand oder Gegenstand einer nichtintellektuellen Anschauung. Läßt man die Fiktion einer intellektuellen Anschauung beiseite, dann sind Gegenstände nur noch durch das Zusammenwirken von Sinnlichkeit und Verstand, d. h. nur noch als Sinnesgegenstände möglich. Dann stehen sich gegenüber der reine Begriff „Ding *überhaupt*" als bloße logische Form zur Bestimmung eines gegebenen Mannigfaltigen und „unbestimmte Anschauung" als das bestimmbare Mannigfaltige.

beigelegt werden. Die beiden Begriffe haben ursprünglich nichts miteinander zu tun, und sie zu verbinden besteht kein begründeter Anlaß. Zwar folgt aus der Annahme, daß Dinge überhaupt nur durch einen Verstand möglich sind, die Konsequenz, daß die Dinge an sich nur „Dinge" sein können, wenn sie dem Verstande zugänglich sind. Aber erstens brauchen sie deswegen nicht *bloß* Dinge zu sein, wie es die Noumena wären; sie könnten außer den Bestimmungen ihrer bloßen Gegenständlichkeit noch eine Fülle anderer Bestimmungen aufweisen, so daß sie, als eine der Möglichkeiten, auch unsere Erfahrungsgegenstände sein könnten. Zweitens muß durchaus die Möglichkeit zugelassen werden, daß sie gar keine „Dinge" im Sinne des Verstandesbegriffs sind, sondern etwa das unbestimmte Mannigfaltige der bloß sinnlichen Anschauung oder — falls dessen Erscheinungscharakter anderweitig bewiesen wäre — etwas völlig Heterogenes, das weder unbestimmte Anschauung noch reiner Verstandesgegenstand noch Erfahrungsgegenstand wäre. Der Spekulation sind hier keine Grenzen gesetzt. Genaugenommen führt es sogar zum Widerspruch, wenn man die Dinge an sich Noumena, ja überhaupt „Dinge" nennt. Denn wie soll etwas, das nur durch den Verstand möglich ist, als unabhängig vom Subjekt gedacht werden können? Man müßte sich dann entweder, wie Kants Nachfolger, zum absoluten Idealismus entschließen oder auch außerhalb der Synthesis des Verstandes „Dinge" zulassen. Auf jeden Fall aber kann der Nachweis, daß etwas (wie die sinnliche Anschauung) den reinen Verstandesbegriffen nicht vollkommen adäquat ist, keinerlei (auch nicht „bestätigende") Beweiskraft für dessen bloßen Erscheinungscharakter haben; denn der Verstand bestimmt zwar allenfalls, was an sich ein Ding ist, nicht aber, was ein Ding an sich ist, zumindest solange dieses für unerkennbar erklärt wird und nur als ein negativer Grenzbegriff gelten soll, der kein bestimmtes Objekt bezeichnet.

Daß Kant die beiden verschiedenen Begriffe vom Ding an sich vermengt und daher Ding an sich und Noumenon nicht gebührend unterscheidet, wird bestätigt durch eine gewisse Unsicherheit hinsichtlich der (problematischen) Reichweite der reinen (unschematisierten) Kategorien. Teils nimmt Kant an, daß die *reinen* Verstandesbegriffe auch für die Dinge an sich gelten (Prol. § 13. Anfangsgr. d. Naturw. IV 484), teils hält er dies für problematisch (B 314), teils bestreitet er es sogar (B 307 ff. 342 ff.). Es kommen auch direkt widersprüchliche Sätze vor wie der folgende: „... so denkt er (sc. der Verstand) sich einen Gegenstand an sich selbst, aber nur als transzendentales Objekt, das die Ursache der Erscheinung (mithin selbst nicht Erscheinung) ist, und weder als Größe, noch als Realität, noch als Substanz usw. gedacht werden kann (weil diese Begriffe immer sinnliche Formen erfordern, in denen sie einen Gegenstand bestimmen;) ..." (B 344). Hier hat Kant das „usw." gerade noch rechtzeitig gesetzt; denn als nächstes hätte „Ursache" folgen müssen. Diese Unstimmigkeiten werden verständlich, wenn man bedenkt, daß die reinen Kategorien für Noumena Gültigkeit haben, während wir dies für die Dinge an sich nicht wissen, Kant aber beides identifiziert. So erklärt sich, warum er ihre Geltung für die Dinge an sich teils annimmt, teils aber für problematisch hält. Daß er sie auch ganz bestreiten kann, liegt daran, daß Begriffe, durch die der Verstand unmittelbar anschauen, also Noumena *erkennen* würde, keine diskursiven und insofern andersartige Begriffe sein müßten als unsere Kategorien (B 311f). Kant scheint aber nicht zu bedenken, daß dies nur den Umfang der Kategorien betrifft, kraft dessen sie analytischer Erkenntnisgrund alles unter ihnen Enthaltenen sind. Ihr synthetischer Inhalt müßte in jedem Fall erhalten bleiben. Man kann also sagen, daß es in einer intelligiblen Welt etwas geben müßte, das Substanz wäre; denn das ist ein notwendiger Begriff des reinen Verstandes, um überhaupt Gegenstände zu denken, und die intelligible Welt wäre ja nichts anderes als eine Welt, in der die reinen Verstandesbegriffe unmittelbar anschaulich-gegenständlich würden. Nur wäre „Substanz" kein conceptus communis mehr, der als Teilvorstellung (Merkmal) verschiedene andere analytisch *unter* sich enthielte; sondern sein gesamter Umfang müßte *in* seinem Inhalt als synthetische Vorstellung eines Ganzen zugleich mit enthalten sein[64].

Wenn man auf das Ganze des Systems sieht, dann hätte Kant die Unstimmigkeiten leicht vermeiden können. Zum Teil beruhen sie auch bloß auf einer Ungenauigkeit des Ausdrucks, die allerdings Unsicherheit anzeigt. (So würde z. B. in dem zitierten Satz (B 344) der Widerspruch verschwinden, wenn man statt „gedacht" „erkannt" schreibt). Einiges hat Kant in der zweiten Auflage selbst verbessert, und die „Nachträge" enthalten weitere Korrekturen. Nur an der Identifikation von Ding an sich und Noumenon hat er festgehalten, jedoch ganz ohne Not, wenn er folgendermaßen vorgegangen wäre: Wenn die sinnliche Anschauung nur Erscheinungen enthält, dann müssen wir außer den Sinnesgegenständen noch Dinge an sich annehmen, die wir allerdings nur negativ bestimmen

---

[64] Vgl. KU V 407. Reich 1948. 35f. Natürlich darf man nicht den Fehler Platons wiederholen, sich ein solches Verhältnis in irgendeiner Weise anschaulich vergegenwärtigen zu wollen; denn wir besitzen eben keinen anschauenden Verstand und können ihn nur als Gegenbegriff zu unserem diskursiven bestimmen.

können. Infolgedessen gelten die *schematisierten* Kategorien, ebenso wie Raum und Zeit, nicht von Dingen überhaupt, sondern sind in ihrer Gültigkeit auf Erscheinungen eingeschränkt. Die *reinen* Kategorien dagegen, die gar nichts Sinnliches enthalten, gelten von Gegenständen überhaupt. Das bedeutet zwar nicht, daß ein Satz beweisbar wäre wie: „Alles, was da ist, existiert als Substanz, oder eine derselben anhängende Bestimmung" (B 315). Wohl aber ist der Satz beweisbar: Alles, was *gegenständlich* ist (im Sinne des Verstandesbegriffs), ist entweder Substanz oder anhängende Bestimmung. Denn er folgt analytisch, weil die Kategorie der Substanz notwendig zum Denken eines Gegenstandes überhaupt gehört. Kant hätte also zu den bereits getroffenen Unterscheidungen im Gebrauch der Kategorien noch eine weitere einführen sollen, nämlich zwischen dem transzendentalen und dem absoluten Gebrauch. Im transzendentalen Gebrauch urteilen wir über alle Dinge, sofern sie „Gegenstände" sind, im absoluten ohne diese Einschränkung über schlechthin „alles, was da ist". Daß Kant diese Unterscheidung nicht macht, liegt offenbar daran, daß er die Möglichkeit nicht erwägt, daß es etwas geben könnte, was gar kein „Ding" ist. Daher auch ist ihm der transzendentale Gebrauch der Kategorie zugleich immer schon ihr Gebrauch vom Ding an sich. Wenn man die Unterscheidung aber macht, so erhält man vier Arten, die Begriffe zu gebrauchen: empirisch ist der Gebrauch, wenn man sie auf die Erscheinungswelt, transzendent, wenn man sie auf Dinge außerhalb der Erscheinungswelt (B 352f. 593), transzendental, wenn man sie auf Dinge überhaupt, und absolut, wenn man sie auf alles überhaupt (ob Ding oder nicht) anwendet. Von diesen sind nur der empirische und der transzendentale Gebrauch gegründet. Jedoch ist der transzendentale nur von den *reinen* Kategorien gestattet, und da wir dann von aller Anschauung abstrahieren, so liefert er keine Erkenntnis irgendeines angebbaren Objekts, sondern nur der logischen Form eines Objekts überhaupt, d. h. es sind keine synthetischen, sondern nur analytische Aussagen möglich. Wir können also zwar a priori urteilen: wenn es Dinge gibt, müssen sie Substanzen sein; aber nicht: ob es überhaupt Dinge gibt und woran man ihre Substantialität erkennen würde[65]. Das bisher Gesagte würde assertorisch gelten (*wenn* der Erscheinungscharakter der Sinnlichkeit feststeht). Nun steht es uns frei, *problematisch* anzunehmen, daß es auch außerhalb des Verstandes „Dinge" gibt, d. h. solche, die den Verstandesbegriffen gemäß

---

[65] Vgl. B 303—5 mit „Nachträgen" (in der Ausgabe von R. Schmidt, Hamburg: Meiner 1956, S. 296 ff).

strukturiert, aber nicht erst durch den Verstand hervorgebracht sind, also bleiben würden, auch wenn man allen Verstand wegnähme. Dann können wir uns widerspruchsfrei, aber auch nur problematisch denken, daß das vom Subjekt Unabhängige (das wir als Gegenbegriff zur Erscheinung zwar assertorisch, aber nur negativ bestimmt setzen mußten) „Dinge" sind. In diesem Fall gelten die reinen Kategorien, da sie von Dingen überhaupt gelten, auch von den Dingen an sich, und wir können z. B. sagen, daß die Dinge an sich Ursachen sind, ohne natürlich angeben zu können, wie sie wirken. Nehmen wir ferner an, daß *jede* Art sinnlicher Anschauung (also auch eine andersartige als unsere) nur Erscheinung ist, dann müßten die Dinge an sich Gegenstände einer intellektuellen Anschauung, d. h. Noumena (im positiven Verstande) sein, und dann erst können wir uns das „transzendentale Objekt" als Ding an sich denken und das Ding an sich als „unabhängiges Ding" mit dem Ding an sich als „reinem Ding" identifizieren[66]. Das alles geschieht jedoch unter theoretischem Aspekt vollkommen willkürlich, indem wir gleichsam den „leeren Raum", den wir mit dem negativen Begriff eines unabhängigen Dinges an sich bezeichnen, mit positiven Annahmen beliebig besetzen (Vgl. B 315. 345). Aber das ist auch alles, was Kant für seine praktische Philosophie benötigt, und er hätte vermutlich viel von dem späteren Streit um das Ding an sich verhindern können, wenn er beim Übergang vom Ding an sich zum Noumenon behutsamer vorgegangen wäre[67].

[66] Das „transzendentale Objekt" als reiner diskursiver Verstandesbegriff ist der abstrakte Begriff von einem Objekt überhaupt (Einheit des Mannigfaltigen einer Anschauung überhaupt). Denkt man sich diesen Begriff unmittelbar anschauend, so ergäbe das das abstrakte „Objekt überhaupt" in concreto, als einzelnes vorgestellt, d. h. der gesamte Umfang des Begriffs, also alles, was „Objekt" ist, wäre nicht analytisch *unter* ihm, sondern als synthetisches Ganzes *in* ihm enthalten. Da ferner die Gegenstände nur nach dem reinen Begriff gebildet wären, so müßte allein der Inhalt schon die Größe und Beschaffenheit des Umfangs bestimmen. Der Umfang bestünde also nur aus dem, was der reine Verstand nach seinen eigenen Gesetzen der Reflexion selbst wiederum als Objekt denken muß, um überhaupt ein Objekt denken zu können. Sieht man dieses Noumenon als das Ding an sich an, so wäre das Ding an sich zugleich auch das „reine Ding" und das „Ding überhaupt", das, da es alle seine Bedingungen in sich enthält, außerdem die Vernunftidee der unbedingten Totalität erfüllen würde.

[67] Man gewinnt manchmal den Eindruck — so wenn Kant von der „bloß intelligiblen Ursache der Erscheinungen" spricht (B 522) —, daß er das Ding an sich deshalb intelligibel nennt, weil wir ja nur durch den reinen Verstand zur Vorstellung von einem unabhängigen Ding als Gegenbegriff zur Erscheinung gelangen können. Aber dieser Begriff ist ausschließlich negativ. Wir bezeichnen damit nur etwas, das *nicht* Erscheinung und somit *nicht* abhängig vom Subjekt ist, ohne die mindeste positive Bestimmung. Wir können also außer „Erscheinung" unter diesen Begriff subsumieren, was immer wir wollen, und er kann ebensowohl ein Begriff vom Nichtintelligiblen sein wie vom Noumenon. Da-

Nur auf eines hätte Kant verzichten müssen: auf den Schluß von der Nichtintelligibilität auf die Subjektivität. Und darum allein ging es uns hier. Wir hatten versucht, die Diallele des ersten und zweiten Raum-Arguments dadurch zu umgehen, daß wir nach einem vom zweiten Raum-Argument unabhängigen Beweis für die Apriorität des Raumes suchten. Dabei waren wir auf Kants vorkritisches Argument der inkongruenten Körper gestoßen. Es hatte sich jedoch gezeigt, daß dieses Argument nicht notwendig zur Annahme führt, daß der Raum den Dingen zugrunde liegen müsse, sondern daß es allenfalls beweist, daß er Bestimmungen enthält, die dem reinen Verstand nicht faßbar sind. Da Kant aber in seiner kritischen Zeit das Argument so verwendet, daß er aus dieser Nichtintelligibilität unmittelbar, d. h. ohne den Umweg über die Apriorität des Raumes gegenüber den äußeren Dingen, auf dessen Erscheinungscharakter schließt, haben wir auch diesen Schluß erwogen und festgestellt, daß er unberechtigt ist.

§ 9. Die zweite Deutung des ersten Raum-Arguments

Damit sind wir mit dem ersten Versuch, die Diallele zu vermeiden, nicht zum Ziele gekommen. Es bleibt die zweite Möglichkeit, nämlich eine andere Interpretation des ersten Raum-Arguments zu finden. Unsere bisherige Interpretation war, daß Kant von der Annahme ausgehe, daß die äußeren Dinge als Bestimmungen des Raumes angesehen werden müßten, dieser aber nicht als selbständige Substanz gedacht werden könne. Als Lösung der Schwierigkeit ergab sich dann, daß der Raum nur eine subjektive Anschauungsform und deshalb das Verhältnis Raum-äußere Dinge nur ein Fundierungsverhältnis zwischen Vorstellungen (Erscheinungen) als Bestimmungen des Subjekts sei, also zwischen bloßen Akzidenzien, bei denen „die Form vor den Dingen selbst vorhergehen und dieser ihre Möglichkeit bestimmen" könne (B 323). Diese Deutung mag sehr scholastisch klingen. Es scheint mir aber sicher, daß Kant *überhaupt* in einer solchen Weise gedacht hat. Das wird belegt sowohl durch seine

gegen ist „Noumenon" eben nicht rein negativ, sondern enthält außer der Nichtsinnlichkeit noch die positive Bestimmung: möglicher Gegenstand für einen (anschauenden) Verstand. Wollte aber jemand diese Bestimmung allein daraus für das Ding an sich ableiten, daß ja auch „unabhängiges Ding", obzwar nur ein negativer, so doch ein *Begriff* sei und es daher durch einen Verstand müsse erkannt werden können, so muß man ihm entgegenhalten, daß wir auch vom „Nichtintelligiblen" und vom „Nichtbegrifflichen" einen Begriff bilden können.

vorkritischen Schriften als auch durch Stellen der „Kritik der reinen Vernunft" wie diese:

> „Dinge also, als Erscheinungen, bestimmen wohl den Raum, d. i. unter allen möglichen Prädikaten desselben (Größe und Verhältnis) machen sie es, daß diese oder jene zur Wirklichkeit gehören; aber umgekehrt kann der Raum, als etwas, welches für sich besteht, die Wirklichkeit der Dinge in Ansehung der Größe oder Gestalt nicht bestimmen, weil er an sich selbst nichts Wirkliches ist" (B 459. Vgl. 225).

Ob allerdings diese Denkweise auch bei der Abfassung des ersten Raum-Arguments tatsächlich zugrunde lag, will ich hier nicht entscheiden. Sie mußte nur als eine mögliche Interpretation berücksichtigt werden; denn wenn man einen Beweis kritisieren will, sollte man sich bemühen, keine Deutungsmöglichkeit auszulassen.

Freilich liefert diese Auslegung nur einen indirekten Beweis oder sogar nur eine Hypothese zur Erklärung einer Schwierigkeit, jedoch nicht den direkten Beweis, den Kant gegeben zu haben glaubte[68]. Wir werden uns daher jetzt nach einer Prämisse umsehen, aus der die Subjektivität des Raumes direkt gefolgert werden kann. Dadurch ließe sich auch das zweite Raum-Argument auf seine andere Funktion einschränken. Wir haben es oben nur erörtert als Beweis der Apriorität des Raumes gegenüber den äußeren Dingen, d. h. daß er ihnen als Bedingung ihres Daseins zugrunde liege und keine von ihnen abhängende Bestimmung sei. Ein solcher Beweis war nötig, weil ja die Subjektivität des Raumes aus seiner Apriorität gefolgert werden sollte, diese aber nicht unmittelbar gegeben, sondern in der einzig uns erkennbaren sinnlichen Welt der Raum eine den Dingen inhärierende Bestimmung ist. Daß es sich in Wahrheit anders verhalte, so daß die Dinge den Raum bestimmen, dafür haben wir das „Gedankenexperiment" des zweiten Raum-Arguments als direkten Beweisversuch gewertet und das Argument der inkongruenten Körper als indirekten. Wenn nun aber die Subjektivität des Raumes auf anderem Wege sicher-

---

[68] B 534. — Der dort gegebene indirekte Beweis entspricht genau dem oben behandelten Argument der inkongruenten Körper, nur demonstriert am Beispiel der Antinomie der reinen Vernunft. Auch hier ist die Voraussetzung erforderlich, daß der reine Verstand und die reine Vernunft die Dinge so erkennen würden, wie sie an sich existieren (Vgl. B 526). Ich werde weiter unten (in § 18) zeigen, daß diese Voraussetzung zur Lösung der Antinomie ganz unnötig ist — selbst wenn man das Zugeständnis macht, daß Kants Antinomie-Beweise richtig sind, so wie wir ja auch oben nicht untersucht haben, ob der reine Verstand tatsächlich „leibnizianisch" denken muß.

gestellt ist, dann ist ein Beweis seiner Apriorität gegenüber den Dingen nicht eigens erforderlich. Denn es ist klar, daß die Vorstellung des Raumes, wenn sie im Subjekt ihren Ursprung hat, das Dasein der räumlichen Dinge als Erscheinungen bedingt. Dagegen bleibt das andere Problem, das durch das zweite Raum-Argument gelöst werden soll und das wir später erörtern werden: wenn die Raumvorstellung, obwohl sie subjektiv ist, synthetische Urteile a priori über die Gegenstände der Erfahrung ermöglichen soll, dann muß sie als *notwendige* Vorstellung, deren das Subjekt bedarf, um überhaupt Gegenstände erfahren zu können, erwiesen werden[69].

Auf der Suche nach einer Prämisse, aus der sich die Subjektivität des Raumes direkt folgern läßt, hat man sich vornehmlich an den Satz aus der Dissertation von 1770 gehalten: „Denn durch Form oder Gestalt treffen die Gegenstände die Sinne nicht."[69] · Man konnte dann mit Recht entgegnen, dies sei eine durch nichts bewiesene bloße Behauptung[70]. Es lassen sich überdies eine ganze Reihe weiterer Einwendungen gegen den Satz vorbringen, die ich hier übergehe, weil ich nicht glaube, daß Kant den Satz je als Prämisse für seinen Subjektivitätsbeweis angesehen hat. In der „Kritik der reinen Vernunft" kommt er meines Wissens nirgends vor (denn daß in B 34 dasselbe gesagt sei, wage ich zu bezweifeln). Und selbst in der Dissertation, wo er allerdings im ersten Raum-Argument wieder auftaucht, dient er nicht als eigentlicher Beweisgrund, sondern nur als Bestätigung, eingeführt durch „sicuti etiam" (§ 15, A). Man tut also gut daran, den Satz nicht in Anspruch zu nehmen.

Dagegen könnte Kant im ersten Raum-Argument folgendes in Gedanken gehabt haben: Wenn ich Dinge außer mir und außer einander wahrnehmen will, dann muß ich überhaupt die *Möglichkeit* haben, räumlich anzuschauen. Es muß in mir gleichsam die Disposition zu einer möglichen Raumanschauung vorhanden sein, weil ich sonst gar nichts Räumliches wahrnehmen würde, so wie ich auch keine ultraviolette Farbe sehe, weil mein Auge dafür nicht eingerichtet ist. Also liegt doch der „Grund der Möglichkeit", daß *ich* die Dinge räumlich anschaue, wenn ich von ihnen affiziert werde, in mir, wie immer die Dinge selbst beschaffen sein mögen. Wenn Erkenntnis ein Vermögen des Subjekts ist, dann muß der Grund ihrer Möglichkeit im Subjekt gesucht werden, das die Dinge immer nur so rezipieren kann, wie seine Sinnlichkeit durch die Affektion

---

[69] Vgl. unten § 13.
[69] „Nam per formam seu speciem obiecta sensus non feriunt" (Mund. sens. § 4).
[70] Vgl. Vaihinger 1881/92, Bd. II, S. 165. 71ff.

modifiziert wird. Und das gilt für das gesamte rezeptive Vermögen (Sinnlichkeit), also nicht nur für die Empfindung, sondern in gleicher Weise für die Anschauung. Folglich muß die Raumvorstellung ihrer Möglichkeit nach oder als Möglichkeit auch vor und unabhängig von aller wirklichen Erfahrung a priori im Subjekt zugrunde liegen und wird uns nicht erst in der Erfahrung von den Gegenständen selbst ursprünglich übermittelt. Vielmehr ist die Affektion durch die Gegenstände nur die „Gelegenheitsursache ihrer Erzeugung" oder Verwirklichung durch das Subjekt (B 118). Wollte aber jemand sagen, diese Vorstellung, die bloß eine Modifikation unserer Sinnlichkeit ist, sei den Objekten selbst, die sie auslösen, völlig ähnlich, so daß also die Dinge an sich auch räumlich seien: so wäre das „eine Behauptung, mit der ich keinen Sinn verbinden kann, so wenig, als daß die Empfindung des Roten mit der Eigenschaft des Zinnobers, der diese Empfindung in mir erregt, eine Ähnlichkeit habe"[71].

An diesem Gedankengang ist unbestreitbar, daß der Grund der Möglichkeit der Raumvorstellung, als einer Vorstellung, im Subjekt liegen muß; denn wir stellen nur das vor, was wir vorstellen *können*. Aber dadurch ist noch nicht das mindeste darüber bestimmt, worin dieser Grund der Möglichkeit besteht. Gewiß ist es sehr wohl möglich, daß wir die Vorstellung des Raumes anläßlich der Affektion allererst erzeugen, so daß die affizierenden Objekte selbst unräumlich wären. Aber es ist ebensowohl denkbar, daß dies nicht der Fall ist. Die Disposition zur Raumanschauung, die zweifellos vorliegen muß, könnte auch in einer Rezeptivität im strengen Sinne einer absolut passiven Aufnahmefähigkeit des Gegebenen bestehen. Und zwar könnte diese Rezeptivität vollkommen unbestimmt sein, so daß unsere Aufnahmefähigkeit uneingeschränkt wäre. Auch dann wären wir berechtigt zu sagen, daß die Raumvorstellung als Möglichkeit a priori in uns zugrunde läge. Aber diese Möglichkeit wäre gänzlich unbestimmt, d. h. eine aus unendlich vielen, so daß wir niemals, so sehr wir auch in uns forschen möchten, a priori wissen könnten, welcherart Vorstellungen wir haben werden, ähnlich wie man es auch der Flasche selbst nicht ansehen kann, ob sie Öl oder Essig enthalten wird. In diesem Fall läge der Grund, daß wir die Dinge immer nur räumlich-zeitlich anschauen, darin, daß die Dinge, die wir wahrnehmen, an sich selbst genau so beschaffen sind, wie wir sie anschauen; denn eine schlechthin unbestimmte Rezeptivität könnte am Rezipierten weder Bestimmungen hinzu-

---

[71] Prol. § 13, Anmerkung II. Vgl. zur Parallelität von Anschauung und Empfindung noch KrV B 44, zum ganzen Argument besonders Üb. e. Entdeck. VIII 221–3.

fügen noch wegnehmen noch verändern. Sie wäre aber auch in der Lage, mit der gleichen Akribie ganz andersgeartete Dinge wahrzunehmen. Die Tatsache, daß wir uns von solchen andersartigen Dingen, die unräumlich und unzeitlich wären, nicht die blasseste anschauliche Vorstellung machen können, obwohl die Möglichkeit dazu in uns liegen müßte, wäre kein Gegenbeweis, sondern würde vielmehr den rein rezeptiven Charakter unserer Sinnlichkeit bestätigen, die eben nicht in der Lage wäre, irgend etwas spontan hervorzubringen oder zu aktualisieren, bevor es ihr in der Erfahrung gegeben wurde.

Man kann also aus dem Satz, daß, wenn wir räumlich anschauen, die Möglichkeit dazu a priori in uns liegen muß, nicht auf die Subjektivität der Raumvorstellung und den Erscheinungscharakter der Räumlichkeit schließen. Denn der Satz besagt letztlich nicht mehr, als daß, was wirklich ist, möglich sein mußte, und er enthält keinerlei nähere Bestimmung des Möglichkeitsgrundes. Er reicht daher nicht aus zum Beweis, daß die Raumvorstellung uns nicht von den Dingen oktroyiert, sondern von uns selbst ursprünglich erzeugt werde. Dazu müßte erst des näheren nachgewiesen werden, worin ihr Möglichkeitsgrund besteht, so daß sich nicht nur angeben ließe, daß, sondern auch, auf welche Weise sie in uns möglich ist und zustande kommt. Das würde jedoch noch ganz andere Prämissen erfordern, wie ja auch hinter der Aussage, daß es keinen Sinn gäbe, den Zinnober selbst rot zu nennen, eine bestimmte und ausführliche optische Theorie steht.

§ 10. Andere Argumente

Ich erwähne noch zwei weitere Argumente für die Idealität des Raumes. Das eine hat Kant erst in der zweiten Auflage der „Kritik der reinen Vernunft" als Bestätigung hinzugefügt. Es geht aus von der Feststellung, daß der Raum nichts als bloße Verhältnisse enthält, und folgert:

> „Nun wird durch bloße Verhältnisse doch nicht eine Sache an sich erkannt: also ist wohl zu urteilen, daß, da uns durch den äußeren Sinn nichts als bloße Verhältnisvorstellungen gegeben werden, dieser auch nur das Verhältnis eines Gegenstandes auf das Subjekt in seiner Vorstellung enthalten könne, und nicht das Innere, was dem Objekte an sich zukommt" (B 67).

Ich kann mir diesen Satz nur durch eine Unachtsamkeit Kants erklären, da er doch höchstens das Gegenteil beweisen könnte. Denn der Raum enthält nichts als *räumliche* Verhältnisse. Wenn er also ein Verhältnis zwischen Gegenstand und Subjekt anzeigt, dann nur ein räumliches. Ein solches sollte aber gerade zwischen Subjekt und Gegenstand an sich nicht bestehen. Daß es aber nicht an sich besteht, sondern nur auf Grund eines ganz andersartigen, unräumlichen Verhältnisses zwischen Ding und erkennendem Subjekt, das läßt sich wohl schwerlich daraus erkennen, daß der Raum eine Verhältnisvorstellung ist. Die Frage ist doch nicht, was die Raumvorstellung enthält, ob innere oder äußere Bestimmungen, sondern ob das, was sie enthält, den Dingen selbst zugeschrieben werden darf oder nicht. Auch wenn sie nur Verhältnisse, also äußere Bestimmungen, enthält, so ist damit noch nichts entschieden, sondern die Frage lautet: Stehen die Dinge an sich in diesen Verhältnissen oder nur im Verhältnis auf das Subjekt und dessen Sinnlichkeit? (Vgl. B 69 mit Anm.) Denn Verhältnisse können ebenso wie andere Bestimmungen an sich bestehen oder ihrerseits nur in Relation auf etwas anderes. Wenn z. B. jemand zwei Telegraphenstangen sieht, von denen ihm die eine kleiner erscheint, so kann er mit Recht fragen, ob es sich an sich so verhalte oder nur relativ auf seinen Standort als Betrachter, so daß es sich um eine perspektivische Verzerrung handeln würde. Zur Entscheidung dieser Frage bedarf es mehr als der bloßen Feststellung, daß Kleinersein ein Verhältnis ist; denn es ist hier kein Verhältnis zu einem Betrachter, sondern zur anderen Telegraphenstange, wie ebenso auch der Raum an sich kein Verhältnis eines Gegenstandes zu einem erkennenden Subjekt als solchem ausdrückt, sondern zu anderen Dingen überhaupt, sie seien nun Erkenntnissubjekte oder nicht. Wollte man allein aus der Tatsache, daß der Raum nur Verhältnisse enthält, seine Idealität beweisen, müßte man die Voraussetzung machen, daß die Dinge an sich überhaupt in gar keinen Verhältnissen stehen können, womit man das ganze Argument ad absurdum geführt hätte; denn dann können sie auch in keinem Verhältnis zum Subjekt stehen, und der Raum wäre nicht Erscheinung, sondern Fiktion.

Freilich, der zitierte Satz erweckt den Eindruck, als ob er tatsächlich eine derartige Implikation der Verhältnislosigkeit der Dinge an sich enthalte. Es regt sich der Verdacht, daß Kant wiederum in unzulässiger Weise mit dem Ausdruck „Ding an sich" operiert und auch die dritte Bedeutung, die er haben kann, nicht gebührend von den beiden übrigen unterscheidet (Vgl. Bemerk. z. Jakob VIII 153f). Denn außer „reines Ding" und „vom Subjekt unabhängiges Ding" kann „Ding an sich" auch noch heißen: „das Ding für sich allein, d. h. unabhängig von allen anderen Dingen nur nach seinen inneren Bestimmungen betrachtet". Diese letztere Bedeutung nun ist mit derjenigen, auf die es hier allein ankommt, nämlich des vom Subjekt unabhängigen Dinges, keineswegs einerlei. Es ist nicht einzusehen, warum wir, wenn wir ein Ding bloß als unabhängig vom erkennenden Subjekt als solchem erwägen wollen, es deshalb auch als überhaupt und in jeder Beziehung von anderen Dingen unabhängig lediglich nach seinem Inneren betrachten müssen. Man kann daher zwar sagen, daß wir im Raum keine Dinge an sich vorstellen, wenn damit gemeint ist, daß wir sie nicht für sich allein, bloß nach ihrem Inneren, vorstellen. Aber das bedeutet nicht, daß wir in ihm keine Dinge an sich im Sinne des vom Subjekt Unabhängigen erkennen.

Kant strapaziert hier einen Gedanken, den er ursprünglich anders verwendet. Man kann nämlich argumentieren: Zum bloßen Begriff eines Verhältnisses überhaupt gehören Dinge, die im Verhältnis stehen, als dessen Subjekte oder Träger. Ohne irgend etwas anzunehmen, *das* sich verhält, kann man sich kein Verhältnis denken. Die Dinge nun, die sich verhalten, müssen ihrem gegenseitigen Verhältnis, weil sie es erst ermöglichen, vorgegeben sein und daher außer der jeweiligen Verhältnisbestimmung schon andere Bestimmungen enthalten. Das bedeutet, daß man, wenn man alle Verhältnisse in Gedanken aufhebt, doch noch etwas übrigbehält, nämlich die letzten Träger aller Verhältnisse, und das müssen Dinge sein, die nur noch schlechthin innere Bestimmungen aufweisen. Da nun der Raum nichts schlechthin Innerliches zuläßt, sondern nur komparativ Innerliches, so daß alles Räumliche sich letztlich in lauter Verhältnisse auflöst, so können die räumlichen Verhältnisse keine an sich bestehenden Verhältnisse sein, weil dann wirkliche Verhältnisse ohne Dinge, die sich in ihnen verhalten, denkbar sein müßten. Die räumlichen Verhältnisse sind daher nur Erscheinung, d. h. Bestimmungen des Erkenntnissubjekts (B 339—42). Der Vorteil dieser Argumentation ist, daß sie die Dinge an sich nicht selbst in ein räumliches Verhältnis zum Subjekt setzt oder sie aller Relationen beraubt, sondern die Idealität des Raumes wird daraus gefolgert, daß die räumlichen Verhältnisse keine eigentlichen Träger haben können und damit dem Verstandesbegriff von Verhältnissen überhaupt widerstreiten. (Der äußere Sinn enthält daher gar keine wirklichen Verhältnisse zwischen selbständigen Dingen in seiner Vorstellung, also auch nicht das „eines Gegenstandes auf das Subjekt".) Gleichwohl ist das Argument auch in dieser Fassung kein schlüssiger Beweis. Denn mag auch die Forderung nach schlechthin innerlich bestimmten letzten Verhältnisträgern eine berechtigte Forderung leibnizianischer Metaphysik oder auch des reinen Verstandes sein, so ergibt sich höchstens ein weiteres Beispiel der Inkongruenz von Sinnlichkeit und Verstand (und in diesem Zusammenhang steht das Argument bei Kant ja auch ursprünglich, nämlich in der Erörterung über die „Amphibolie der Reflexionsbegriffe"). Diese Inkongruenz gestattet jedoch, wie wir gesehen haben, keine Rückschlüsse auf die Idealität der Gegenstände des einen oder anderen Vermögens[72].

Das letzte Argument für die Idealität des Raumes erwähnt Kant nur beiläufig und scheint es nicht weiter ernst zu nehmen. Es erfreut sich aber sonst einiger Popularität[73]. Ich meine die Überlegung, daß, gerade wenn die Dinge an sich selbst räumlich sein sollten, sie für uns doch immer nur Erscheinungen sein können, „da ihre Eigenschaften nicht in meine Vorstellungskraft hinüber wandern können" (Prol. § 9). Grob gesagt: der Kölner Dom paßt nicht in meinen Kopf, folglich kann das, was mir unmittelbar gegeben ist, nur ein Vorstellungsbild von ihm sein, von dem ich nicht sagen kann, ob es dem Gegenstand entspricht oder nicht. Auf diese Weise ließe sich jedoch nur eine problematische Idealität begründen; denn es bleibt durchaus offen, ob nicht das Vorstellungsbild, das wir vom Raume haben, unmittelbar von der Beschaffenheit der Gegenstände selbst abhängt und somit empirischen Ursprungs ist. Im Grunde besagt das Argument lediglich, daß das einzige, das uns unmittelbar zugänglich ist, Vorstellungen sind, die nur in uns existieren. In diesem Sinne ist es ganz richtig, daß unsere Anschauung vom Raum immer nur subjektiv ist. Aber es ist natürlich nicht diese Subjektivität des Daseins, die jeder Vorstellung als solcher, nämlich als Bestimmung des Subjekts, anhängt, um derentwillen Kant Beweise vorträgt. Was er sichern möchte, ist die Subjektivität des *Ursprungs* der Raumvorstellung, d. h. daß diese Vorstellung nicht nur

[72] Was Kant an der zitierten Stelle der „Transzendentalen Ästhetik" (B 67–69) des ferneren über den inneren Sinn ausführt, dient vornehmlich dem Nachweis des Paradoxons, daß das Subjekt nicht nur zu anderen Dingen, sondern auch zu sich selbst in einem Affektionsverhältnis steht. Aus dieser Tatsache, daß wir uns nicht unmittelbar spontan anschauen, sondern uns auch zu uns selbst rezeptiv verhalten, folgert Kant dann sogleich, daß wir uns nicht erkennen, wie wir sind, sondern nur, wie wir uns erscheinen. Ich sehe darin eine Bestätigung unserer Kritik im vorigen Paragraphen, daß Kant ohne weiteres einen sehr prägnanten Begriff von Rezeptivität voraussetzt. Denn zwar setzt Affektion notwendig eine Affizierbarkeit voraus, aber das ist nicht gleichbedeutend mit einer Transformation oder Adaptation des Gegenstandes an eine vorgegebene bestimmte Form der Rezeptivität.
[73] Es gehört seit den Kyrenaikern zu den Standardargumenten skeptisch ausgerichteter Theorien. Vgl. Mannebach 1961, Fragm. 210ff. Sextus Empiricus, Adv. Mathem. VII 354ff. Pyrrh. Hypot. I 72ff.

im Subjekt existiert, sondern auch aus ihm entspringt und den (unmittelbaren) *Grund* ihres Daseins allein in der Beschaffenheit des Subjekts, nicht aber in der Beschaffenheit des Objekts hat.

Freilich scheint in diesem Punkt Gewißheit nicht erreichbar. Ich sehe keinen Weg, wie man den subjektiven Ursprung und damit die Idealität irgendeiner Vorstellung beweisen will, solange man an dem Satz festhält, daß wir nichts als unsere Vorstellungen haben und die Dinge an sich nicht erkennen können. Die bloße Feststellung, daß wir räumlich anschauen, sagt nichts aus über den Ursprung dieser unserer Vorstellung. Um dessen Subjektivität zu beweisen, müßten wir entweder unmittelbar wahrnehmen können, wie wir aus Unräumlichem Räumliches machen, oder wir müßten wenigstens zeigen können, daß die Dinge an sich nicht räumlich sein können. Beides aber setzt eine Kenntnis der Dinge an sich voraus, und die Möglichkeit einer solchen Kenntnis ist nicht beweisbar. Denn das Ding an sich ist der Gegenstand, wie er unabhängig von seiner Erkenntnis durch das Subjekt beschaffen ist. Wollen wir uns nun über diese Beschaffenheit Gewißheit verschaffen, so müßten wir in irgendeiner Weise imstande sein, den Gegenstand zu erkennen, ohne ihn zu erkennen; denn wir müssen ja wissen, wie er ist, wenn wir ihn nicht erkennen. Daß diese Einsicht in eine Unmöglichkeit, obwohl sie in verschiedenen Variationen bis in die antike Sophistik zurückreicht[74], immer wieder vernachlässigt und der Beweis eines Idealismus angetreten worden ist, hat zum Teil seinen Grund wohl darin, daß man bewußt oder uneingestanden Sinnlichkeit und Verstand gegeneinander ausgespielt und sich dadurch die Möglichkeit geschaffen hat, die Unabhängigkeit vom Subjekt überhaupt durch die Unabhängigkeit bloß vom einen oder anderen Erkenntnisvermögen zu ersetzen. Wie wir gesehen haben, erhält auch Kant ein solches Vorurteil zugunsten des reinen Verstandes aufrecht. Zwar ist es eines seiner Hauptanliegen zu zeigen, daß wir durch den reinen Verstand die Dinge an sich nicht erkennen. Aber die Begründung ist nicht, daß die reinen Verstandesbegriffe im Hinblick auf die Dinge an sich falsch sein könnten, sondern daß wir durch sie gar nichts erkennen, weil sie ohne sinnliche Anschauung „leer" sind. Das gestattet es ihm, dennoch in seiner Argumentation wenigstens an dem negativen Kriterium festzuhalten, daß die Dinge an sich den reinen Verstandesbegriffen nicht widerstreiten können − eine Annahme, deren Beweis er schuldig geblieben ist und schuldig bleiben mußte, weil er immer in einen Zirkel geführt hätte; denn der Beweis wäre selbst Verstandeserkenntnis.

[74] Vgl. Gorgias, Fragm. 3 (Diels-Kranz 1959, Bd. II, S. 281f).

II. Die Subjektivität der Anschauungsformen und die Möglichkeit apriorischer Erkenntnis

§ 11. Der Idealismus der Anschauung als Hypothese

Zweifellos hat Kant die Bedeutung seiner Lehre von der Subjektivität der Anschauungsformen für einen Beweis der Möglichkeit synthetischer Urteile a priori überschätzt. Man kann fragen, ob diese Lehre nicht wenigstens als Hypothese einige Vorteile bringt; denn obgleich sie sich nicht beweisen läßt, so läßt sie sich aus den gleichen Gründen doch auch nicht widerlegen, und so könnte sie immerhin eine brauchbare Hypothese zur Erklärung apriorischer Erkenntnis abgeben. Allerdings muß angemerkt werden, daß uns in dieser Frage an einer Hypothese wenig gelegen sein kann. Hypothesen erfüllen ihren Zweck, wenn es sich um die Erklärung gegebener Fakten handelt. Das einzige Faktum jedoch, das uns auf der Suche nach einer Möglichkeit synthetischer Urteile a priori gegeben ist, ist die Tatsache, daß wir fortwährend solche Urteile fällen. Dieses ist es aber nicht, was gemeint ist mit der Frage nach ihrer Möglichkeit. Man will nicht wissen, warum wir solche Urteile fällen – hierin wird man sein Augenmerk auch auf ihre praktische Unverzichtbarkeit lenken müssen –, vielmehr erwartet man Aufklärung darüber, ob sie wahr sind. Kantisch ausgedrückt: das Problem ist nicht, wie diese Urteile als Naturanlage möglich sind, sondern wie sie als Wissenschaft möglich sind (vgl. B 21f). Ihre Wahrheit nun ist keineswegs ein Faktum, sondern selbst nur eine Hypothese, und da kommt alles darauf an, einen Beweis zu finden, um diese Hypothese allererst zu einem Faktum zu machen. Das Erfinden weiterer Hypothesen zu ihrer Stützung bringt uns keinen Schritt weiter.

Trotzdem möchte ich jetzt die Lehre von der Subjektivität der Anschauungsformen hypothetisch erwägen, um zu zeigen, daß man sie, sofern es um synthetische Urteile a priori geht, vernachlässigen kann, weil sie zur Lösung des Problems nichts beiträgt. Dies gilt insbesondere im Zusammenhang der Kantischen Theorie, wo sie ein unnötiger Ballast ist. Sie kann weder die Mathematik als apriorische Wissenschaft verständlicher machen, noch ist sie eine notwendige Voraussetzung der These von der synthetischen Funktion des Verstandes, noch ist die Argumentation der „Transzendentalen Dialektik" auf sie angewiesen. Das bedeutet einerseits, daß Kant, unbeschadet seines gesamten Grundlegungsvorhabens einschließlich der Aufdeckung des transzendentalen Scheins der reinen Vernunft, auf den Idealismus der sinnlichen Anschauung hätte verzichten können, wodurch er seiner Erkenntnislehre eine wesentlich weiter reichende Bedeutung verschafft und die Auseinandersetzung mit ihr von vornherein auf ein fruchtbareres Feld gelenkt hätte. Das bedeutet andererseits aber auch, daß man Kants Beweis der Möglichkeit synthetischer Urteile a priori nicht schon durch Kritik seiner Subjektivitätsbeweise für Raum und Zeit widerlegen kann, weil nicht einmal die Lehre von der Synthesis des Verstandes, geschweige denn der Grundgedanke der Transzendentalen Deduktion von einer solchen Kritik berührt werden.

Natürlich darf man die folgenden Überlegungen nicht so verstehen, als sollten sie die „transzendentale Realität" von Raum und Zeit belegen. Es geht mir lediglich um den Nachweis, daß die Annahme ihrer Idealität keinerlei Vorteile für die Begründung apriorischer Erkenntnis bietet, so daß man diese Frage in dieser Absicht auf sich beruhen lassen kann. Dadurch wird die grundsätzliche kritische Bedeutung der Frage nicht angetastet. Es ist für die Beurteilung der Reichweite unserer Erkenntnis sicher nicht gleichgültig, ob die räumlich-zeitliche Welt bloße Erscheinung ist oder nicht. Nur hilft es uns nicht weiter, wenn wir wissen wollen, ob wir über diese Welt a priori urteilen können. Die kritisch einschränkende Funktion des Kantischen Idealismus soll hier – allerdings wegen seiner Unbeweisbarkeit nur als problematische Einschränkung – nicht aufgehoben werden, wohl aber seine positiv begründende Funktion. Ich behaupte also nicht: wenn wir über die räumlich-zeitlichen Dinge a priori urteilen können, so urteilen wir damit auch über die Dinge an sich; sondern: auch wenn die räumlich-zeitlichen Dinge nur Erscheinungen sind, können wir über sie nicht sicherer a priori urteilen, als wenn wir sie für die Dinge an sich ausgeben.

§ 12. Formale Vorerwägung

Daß es sich in der Tat so verhält, kann man sich zum voraus durch folgende formale Überlegung vor Augen führen: Die Annahme, Raum und Zeit seien Eigenschaften der Dinge an sich, berechtigt nach Kant deshalb niemals zu synthetischen Aussagen a priori, weil sie sich nur auf Erfahrung stützen könnte (Prol. § 9). Nun darf der Satz, daß Raum und Zeit nur subjektive Anschauungsformen seien, wenn er zum Beweis der Möglichkeit synthetischer Urteile a priori dienen soll, ebenfalls nur empirisch sein. Wenn es um die mögliche Wahrheit synthetischer Urteile a priori *überhaupt* geht, dann darf zu ihrem Beweis nicht selbst schon ein solches Urteil vorausgesetzt werden. Die Prämissen müßten entweder analytische Urteile oder Urteile a posteriori sein. Nun ist die Behauptung, daß Raum und Zeit subjektive Anschauungsformen seien, ohne Frage synthetisch. Also darf sie sich nur auf Erfahrung gründen, woraus folgt, daß sie, in Absicht auf die Begründung der Möglichkeit synthetischer Urteile a priori, gegenüber der Gegenthese, daß Raum und Zeit Eigenschaften der Dinge an sich seien, gar keinen Vorzug haben *darf*.

Unter diesem Gesichtspunkt war es eigentlich von vornherein abwegig, die Subjektivität der Anschauungsformen erst durch einen Schluß beweisen zu wollen. Ein solcher Beweis hätte allenfalls *auf Grund* und *nach* der Sicherung apriorischer Erkenntnismöglichkeit in Angriff genommen werden dürfen, aber nicht zu ihrem Zwecke. Es sei denn, es wäre gelungen, ihn aus einem analytischen Prinzip zu führen. Als einen solchen Versuch könnte man das Argument werten, daß, wenn wir räumlich-zeitlich anschauen, der Grund der Möglichkeit dazu in uns liegen müsse. Wir haben aber gesehen, daß dieser Schluß nicht stichhält, weil man analytisch zwar von der Wirklichkeit auf die Möglichkeit, nicht aber auf den Möglichkeits*grund* schließen kann. Dazu sind synthetische Prämissen erforderlich, womit sich Kants Ansicht bestätigt, daß man zum Beweis synthetischer Sätze wiederum synthetische Sätze braucht[75]. Für Kant hätte eigentlich die Feststellung, daß es sich um eine synthetische Annahme handelt, genügen müssen, um die Annahme der Subjektivität der Anschauungsformen als möglichen Beweisgrund synthetisch-apriorischer Erkenntnis zu verwerfen. Denn soll sie a priori begründet werden, gerät man in einen Zirkel; soll sie a posteriori gelten, reicht sie nicht zu: Gegeben ist das Faktum, daß wir räumlich-zeitlich anschauen. Diese Erkenntnis ist empirisch, und sie bleibt empirisch, auch wenn Raum und Zeit subjektiven Ursprungs sein sollten; denn wir können auch dann keinen Grund dafür angeben, warum wir gerade diese und keine anderen Anschauungsformen haben, sind also auf das bloße Faktum angewiesen (B 146. Vgl. oben S. 29f). Wollen wir über dieses Faktum etwas beweisen, das nicht in ihm

---

[75] Prol. IV 268. Vgl. oben S. 22f.

unmittelbar mitgegeben ist, also a priori durch einen Schluß, so brauchen wir einen allgemeinen Satz, unter den wir das Faktum subsumieren können, und dieser Satz muß a priori gewiß und synthetisch sein; denn ist er entweder empirisch oder analytisch, dann kann er uns in beiden Fällen nichts über das hinaus, was im Gegebenen liegt, mit Sicherheit lehren. Wir müssen also, um den Beweis zu führen, bereits wissen, wie wir a priori synthetisch urteilen können. Man kann die Schwierigkeit auch kürzer so fassen: Raum und Zeit sind, jedenfalls für die reflektive Erkenntnis, Erfahrungsgegenstände; wie wir aber über Erfahrungsgegenstände irgend etwas durch einen Schluß mit Sicherheit beweisen können, ist gerade das, was in Frage steht. Wenn wir uns daher nicht sogleich im Zirkel bewegen wollen, müssen wir annehmen, daß die Subjektivität der Anschauungsformen unmittelbar in dem Faktum, daß wir überhaupt räumlich-zeitlich anschauen, mitgegeben ist. Die Erkenntnis ist dann empirisch und bedarf keines Schlusses zu ihrem Beweise. Trotzdem ist sie zur Begründung apriorischer Erkenntnis ebensowenig geeignet. Denn aus einer empirischen Erkenntnis läßt sich niemals die „Notwendigkeit und strenge Allgemeinheit" gewinnen, die apriorischen Erkenntnissen eignen soll (B 3 f).

Man möchte vielleicht einwenden, durch manch leidvolle Erfahrung mißtrauisch geworden, daß Kant nicht behauptet habe, aus der Subjektivität der Anschauungsformen *allein* die Möglichkeit synthetisch-apriorischer Erkenntnis beweisen zu können. Man dürfe die „Transzendentale Ästhetik" niemals ohne die „Transzendentale Analytik" erwägen. So sei z. B. der Satz „Der Raum kann immer nur als Akzidens, niemals als Substanz existieren", den wir oben als eine eventuelle Prämisse des Kantischen Subjektivitätsbeweises vermutet haben, gewiß ein synthetischer Satz a priori, der einen reinen Verstandesbegriff auf eine gegebene Anschauung anwende. Wie dies aber möglich sei, lehre die „Transzendentale Analytik", und so erweise sich ein anfangs zirkulär scheinendes Vorgehen nach Lektüre des ganzen Werkes als rechtmäßig. Dazu bemerke ich zuvörderst, daß mir in diesem Kapitel nicht daran gelegen ist, die Beweisbarkeit der Subjektivität von Raum und Zeit schlechthin zu bestreiten. Die Gründe, warum ich sie für unbeweisbar halte, habe ich im vorigen Kapitel dargelegt. Hier erwäge ich nur hypothetisch, ob die Annahme dieser Subjektivität eine taugliche Prämisse ist, um daraus die Möglichkeit synthetischer Urteile a priori abzuleiten. Ich will daher — wiederum hypothetisch — einmal zugestehen, daß die Prämissen, aus denen die Subjektivität gefolgert werden kann, ihrerseits aufgrund der Überlegungen der „Transzendentalen Analytik" bewiesen werden können. Ich frage jedoch:

Ist dieser Beweis nur mit oder auch ohne die Annahme der Subjektivität der Anschauungsformen möglich? Nimmt man nämlich an, daß Sätze wie der genannte durch die „Transzendentale Analytik" allein zureichend bewiesen werden können, dann verschwindet zwar der Zirkel, aber man gesteht gleichzeitig ein, daß Kants Subjektivitätsbeweise für seine Begründung synthetisch-apriorischer Erkenntnis überflüssig sind. Das ist gerade die These, die ich in diesem Kapitel verteidigen möchte. Ich behaupte, daß die Subjektivität von Raum und Zeit eine ungeeignete, aber auch entbehrliche Voraussetzung des Kantischen Begründungsversuchs ist. Kant selbst war jedoch zweifellos der Ansicht, daß der Beweisgang der „Analytik" nur durchführbar ist, wenn Raum und Zeit subjektive Anschauungsformen sind. Damit wird ihre Subjektivität zwar nicht zur zureichenden, aber doch zur notwendigen Voraussetzung seines Beweises der Möglichkeit synthetischer Urteile a priori, und dann stellt sich unumgänglich die obige Aporie ein. Denn ob zureichend oder nicht: wenn eine *notwendige* Prämisse den Schlußsatz voraussetzt, dann wird der Beweis zirkulär, oder wenn eine *notwendige* Prämisse nur empirisch gesichert ist, dann ist der ganze Beweis nur empirisch gesichert.

§ 13. *Kants Beweis für die Notwendigkeit der Raum-Zeit-Vorstellung*

Die formale Überlegung bestätigt sich, wenn man Kants Argumentation des näheren betrachtet. Der Verstand, als das Vermögen zu urteilen, ist angewiesen auf eine ihm gegebene Anschauung, um seinen Begriffen und Urteilen objektive Realität zu verschaffen. Soll er dennoch a priori urteilen können, so schien dies für Kant nur so weit möglich und gewährleistet, wie auch das Gegebene subjektiven Ursprungs ist. Nun ist klar, daß die Subjektivität allein dem Verstand nicht die nötige Sicherheit verschaffen kann, um über irgendeinen gegebenen Gegenstand a priori zu urteilen. Ich kann z. B., auch wenn der Raum subjektiv ist, nicht einmal mit Sicherheit sagen, daß ein Gegenstand, den ich wahrnehme (z. B. ein Haus), eine Rückseite hat. Denn es wäre ja möglich, daß, während ich um das Haus herumgehe, die subjektive Raumanschauung sich gleichsam wie ein Nebel auflöst und mir der Gegenstand in einer ganz anderen Anschauung, vielleicht sogar als Ding an sich selbst, erscheint. Um diese Möglichkeit auszuschließen, muß gezeigt werden, daß Raum und Zeit, bezogen auf mögliche Erkenntnis überhaupt, *notwendige* Vorstellungen sind. Sie müssen Bedingungen der Möglichkeit, daß uns überhaupt etwas in einer

Anschauung gegeben werden kann, sein, so daß wir also ohne sie nichts anschauen und folglich nichts erkennen können. Nur so läßt sich behaupten, daß „alle Dinge, als Erscheinungen, in Raum und Zeit sind" (B 43. 52) — der Satz, der in der „Transzendentalen Analytik" vorausgesetzt wird. Das Problem ist analog der Frage nach einer Deduktion der Kategorien, weshalb denn auch Kant von seiner „transzendentalen Deduktion der Begriffe im [soll wohl heißen: von] Raum und Zeit" spricht (Prol. § 12. KrV B 120f).

Kant führt den Beweis im zweiten Raum- und Zeit-Argument. Betrachtet man das Argument in dieser Funktion, ergibt sich eine Besonderheit. Alles, was wir im vorigen Kapitel über den Raum gesagt haben, galt entsprechend auch für die Zeit. Ich konnte mich der Kürze halber auf eine Anschauungsform beschränken. Hier dagegen, wo es nicht um die Subjektivität, sondern um die Notwendigkeit der Raum- und Zeitvorstellung geht, muß eine Unterscheidung, die Kant zwischen beiden macht, wenigstens erwähnt werden. Während nämlich die These über die Zeit lautet: „Die Zeit ist eine notwendige Vorstellung, die *allen* Anschauungen zum Grunde liegt", heißt sie über den Raum nur: „Der Raum ist eine notwendige Vorstellung a priori, die allen *äußeren* Anschauungen zum Grunde liegt" (B 46. 38). Dahinter steht der Gedanke, daß die Zeit als Form des inneren Sinnes mittelbar auch die Form der äußeren Anschauungen sei, während dies umgekehrt nicht gelte (B 50f). Ich lasse es hier unerörtert, ob diese Differenzierung mit der in der zweiten Auflage eingefügten „Widerlegung des Idealismus" noch vereinbar ist oder ob es daraufhin nicht wie von der Zeit, daß sie unmittelbar die Bedingung der inneren, mittelbar der äußeren Erscheinungen sei, ebenso auch vom Raume hätte heißen müssen, daß er unmittelbar die Bedingung der äußeren, mittelbar der inneren Erscheinungen sei[76]. In unserem Zusammenhang ist diese Frage nicht so schwerwiegend, die Form des Kantischen Beweises wird davon nicht betroffen. Ich werde daher auf die Unterscheidung keine Rücksicht nehmen und mich so ausdrücken, daß Raum und Zeit zusammen die Bedingung aller Erscheinungen sind. Man kann sich jedoch die besondere Einschränkung hinsichtlich des Raumes überall ohne Schwierigkeit hinzudenken, so daß der Raum immer nur als die notwendige Bedingung *äußerer* Erscheinungen erwiesen wird. Dabei sollte man allerdings daran denken, daß der Ausdruck „äußere Erscheinung" dann nicht im eigentlichen räumlichen Sinne verstanden werden

---

[76] B 274ff. XL Anm. Vgl. unten S. 160f.

darf; denn dann wird der Satz analytisch und bedarf zu seinem Beweise keines „Gedankenexperiments", kann aber auch selbst nichts beweisen. Das „äußere" darf nur in übertragener Bedeutung genommen werden und einen Gegenstand nicht schon als räumlich bezeichnen, sondern lediglich als von mir (meinem Selbst, Seele, Bewußtsein) unterschieden. Daß er dann immer räumlich erscheinen muß, soll gerade erst bewiesen werden. Kants These läßt sich eindeutiger so wiedergeben: der Raum ist die Bedingung aller Erscheinungen, sofern sie als von meinem Selbst (und so auch voneinander) unterschiedene Gegenstände angeschaut werden. Entsprechend ist die Zeit, als Form des „inneren Sinnes", die (unmittelbare) Bedingung aller Erscheinungen, sofern ich in ihnen mich selbst anschaue[77].

Der Beweis, daß Raum und Zeit im genannten Sinne notwendige Vorstellungen sind, ist in dem bereits behandelten „Gedankenexperiment" enthalten, und zwar in seinem ersten Teil, wo es heißt, daß „man sich niemals eine Vorstellung davon machen kann, daß kein Raum sei", bzw. daß „man in Ansehung der Erscheinungen überhaupt die Zeit selbst nicht aufheben kann" (B 38. 46). Ich ziehe die Äußerungen zusammen: man kann sich keine anschauliche Vorstellung davon machen, daß kein Raum und keine Zeit sei, wobei der Ton auf „anschaulich" liegt, da Kant die *begriffliche* Aufhebbarkeit von Raum und Zeit nicht bestreitet, sondern selbst den Begriff einer Anschauung, die von der menschlichen abweicht, bildet[78]. Soll nun die Aussage nicht bloß mit anderen Worten die These wiederholen, so muß man dahinter den ernsthaft durchgeführten Versuch sehen, sich einen unräumlichen und unzeitlichen Gegenstand anschaulich vorzustellen, mit dem Ergebnis, daß dies unmöglich ist, also in der Tat ein Experiment. So verstanden, ist die Aussage sicher richtig. Es scheint bisher noch niemanden gegeben zu haben, der unräumlich-unzeitlich anschauen konnte. Aber zu mehr als dieser Feststellung berechtigt das Experiment auch nicht. Wie alle Experimente so können auch Gedankenexperimente

---

[77] Vgl. A 373. — Diese Bemerkung gilt nicht für das oben im vorigen Kapitel über das erste und zweite Raum-Argument Gesagte. Der Text des ersten Raum-Arguments läßt einen unräumlichen Sinn des Ausdrucks „äußerlich" gar nicht zu, da Kant definiert: „auf etwas außer mich ... (d. i. auf etwas in einem anderen Orte des Raumes, als darinnen ich mich befinde)"; „als außer und neben einander, mithin nicht bloß verschieden, sondern als in verschiedenen Orten vorstellen". Und beim zweiten Raum-Argument ging es im vorigen Kapitel gerade um die Apriorität des Raumes gegenüber den *räumlichen* Dingen. Wir mußten daher stets in Rechnung stellen, daß die Erkenntnis, daß alles Äußere räumlich sei, für sich allein nur analytisch war.

[78] Vgl. oben S. 29. 38.

solcher Art keine apriorische, sondern nur empirische Gewißheit verschaffen. Aus dem bisherigen Mißlingen kann nicht die Unmöglichkeit gefolgert werden. Die bloße Tatsache, daß wir es uns nicht vorstellen können, kann uns unsere obige Befürchtung nicht zerstreuen, das Haus könnte keine Rückseite haben. Denn woher sollen wir die Gewißheit nehmen, daß, obgleich es bisher nie eingetreten ist, sich der „Raum-Zeit-Nebel" nicht dennoch plötzlich auflösen und eine ganz andere Art der Anschauung freigeben könnte? Daß wir uns selbst in der Phantasie von solch einer anderen Anschauungsart nicht die geringste Ahnung machen können und uns sogar eine Aufhebung von Raum und Zeit immer nur als Veränderung, also zeitlich, vorstellen können, ist kein Indiz für die Notwendigkeit der Raum-Zeit-Vorstellung. Denn wenn die Sinnlichkeit ein rezeptives Vermögen sein soll, dann darf sie gar nicht in der Lage sein, irgendeine Vorstellung spontan zu erzeugen, sondern bleibt angewiesen auf Affektion. Da wir aber über die Art der Affektion nichts wissen, so können wir es auch nicht ausschließen, ob nicht in uns noch ganz andere Formen der Rezeptivität schlummern, die nur des erweckenden Impulses harren, um uns eine ganz andere Welt vor Augen zu führen. Keinesfalls genügt die Feststellung: „Ich kann es mir nicht anders vorstellen"; denn dies ist immer ein empirischer Satz, aus dem sich keine Notwendigkeit herauspressen läßt.

Es sei denn, er soll einen Widerspruch anzeigen. Das würde bedeuten, daß der Begriff von einem erkennenden Wesen, das nicht räumlich-zeitlich anschaut, einen Widerspruch enthält – ein Gedanke, den Kant beharrlich zurückweist. Dennoch wäre dies nach seinem eigenen Prinzip, die Notwendigkeit einer Vorstellung zu beweisen, das einzig geeignete Vorgehen. Kant hat selbst den Weg gewiesen, wie ein Notwendigkeitsbeweis denkbar wäre, ohne von vornherein aussichtslos zu erscheinen. Obgleich nämlich eine absolute Notwendigkeit schlechterdings unbeweisbar ist, so ist dadurch nicht ausgeschlossen, daß sich nicht wenigstens eine bedingte Notwendigkeit beweisen läßt, indem man zeigt, daß bestimmte Vorstellungen notwendig sind unter der Bedingung, daß ein Selbstbewußtsein und damit Erkenntnis möglich sein soll. Wendet man dieses Prinzip auf die Anschauungsformen an, so müßten Raum und Zeit als Bedingungen der Möglichkeit eines Selbstbewußtseins erwiesen werden. Das hieße, daß Kant nicht nur die Urteilsformen und Kategorien, sondern auch die Anschauungsformen aus dem Begriff eines identischen Subjekts mannigfaltiger Vorstellungen hätte ableiten müssen, indem er gezeigt hätte, daß die Kategorien allein auf eine räumlich-zeitliche Sinnlichkeit anwendbar sind, sich aus den Urteilsformen also nicht die reinen, sondern unmittelbar die schematisierten Kategorien ergeben. Da diese Ableitung, um den Zirkel zu vermeiden, rein analytisch hätte geschehen müssen, so wäre sie der Beweis, daß die Annahme, die Kategorien erstreckten sich weiter als die sinnliche Anschauung, und damit der Gedanke eines selbstbewußten, erkennenden Wesens ohne Raum-Zeit-Anschauung einen Widerspruch enthält. Das aber bestreitet Kant immer wieder, und während er die Urteilsformen und Kategorien aus dem Begriff des Selbstbewußtseins ableitet oder doch wenigstens ihre Ableitbarkeit behauptet, nimmt er diese Möglichkeit für die Anschauungsformen nicht an, sondern betont, daß sie aus einer heterogenen Quelle vorgegeben sein müssen. Freilich durfte er auch nichts anderes behaupten. Denn abgesehen davon, daß die Ableitung an sich unmöglich sein dürfte: hätte Kant erklärt, daß auch die Anschauungsformen aus der notwendigen Einheit des Selbstbewußtseins herflößen, dann hätte er schwerlich seinen Dualismus der Erkenntnisquellen aufrechterhalten können. Auf diesen Dualismus aber konnte er unter keinen Umständen verzichten, weil er sonst sein eigentliches Ziel, die Metaphysikkritik der „Transzendentalen Dialektik", hätte aufstecken müssen. Man darf nicht vergessen, daß die Frage, die wir hier erörtern, wie apriorisches Urteilen über Gegenstände der Erfahrung möglich ist, letztlich nur ein Nebenprodukt des Kantischen Hauptbemühens um eine Sanierung der Metaphysik ist.

Das ändert jedoch nichts an der Tatsache, daß Kants Lehre von der Notwendigkeit der Raum-Zeit-Anschauung unzureichend begründet und genaugenommen sogar widersprüchlich ist. Man kann nicht einerseits erklären, daß die Form der Sinnlichkeit eine für uns zufällige Einrichtung des Menschen ist, für die wir keine weiteren Gründe angeben und die wir also nur aus Erfahrung kennen können, und andererseits die Notwendigkeit dieser Form beweisen wollen, noch dazu mit nichts anderem als mit dem faktischen Unvermögen, anders vorzustellen.

§ 14. Der Idealismus der Anschauung und der Beweis für die Notwendigkeit der Raum-Zeit-Vorstellung

Aber mag nun Kants Beweis überzeugen oder nicht, so ist doch die Voraussetzung, daß Raum und Zeit subjektiven Ursprungs sind, dazu gar nicht erforderlich. Bewiesen werden soll der Satz, daß alle Dinge, als Gegenstände unserer Anschauung, in Raum und Zeit sind. Betrachtet man diesen Satz zunächst für sich allein und noch unabhängig davon, wie er sich beweisen läßt, so ist er ebensowohl auf Dinge an sich wie auf Erscheinungen anwendbar. Er enthält die Einschränkung, daß er für die Dinge nur unter dem Gesichtspunkt gelten will, daß sie uns in einer Anschauung sollen gegeben werden können. Er urteilt also über die Dinge gar nicht, wie sie an sich selbst und ohne Rücksicht auf das erkennende Subjekt möglich sind, sondern lediglich über die Bedingungen ihrer Erkennbarkeit. Daher darf man ihn auch auf die Dinge an sich beziehen, ohne vorher entschieden zu haben, ob sie räumlich-zeitlich sind oder nicht; denn wenn sie es nicht sein sollten, so ist die Konsequenz nicht, daß der Satz falsch war, sondern daß sie uns dann nicht anschaulich gegeben werden können und daß das, was wir anschauen, nicht die Dinge an sich sein können. So bleibt z. B. der Satz, daß alle für uns sichtbaren Farben von rot bis violett reichen, gültig, auch wenn sich herausgestellt hat, daß Farben nichts als Lichtwellen verschiedener Länge sind und daß es noch mehr Wellenlängen gibt als diejenigen, die den Farben von rot bis violett entsprechen. (Vgl. Prol. § 17)

Obgleich also die These, daß alle Gegenstände unserer Anschauung in Raum und Zeit sind, an sich auch ohne die Annahme der Subjektivität der Anschauungsformen möglich ist, so könnte es doch sein, daß sie nur unter dieser Voraussetzung *beweisbar* wäre, oder besser: daß jeder Beweisversuch ohne diese Voraussetzung unsinnig wäre. Das ist jedoch nicht der Fall; denn weder der Beweis, den Kant tatsächlich gibt, noch derjenige, den er eigentlich hätte geben sollen und den wir als den einzig denkbaren bezeichnet haben, machen die Voraussetzung. Gewiß müssen die Gründe für die mögliche Wahrheit der These im Subjekt gesucht werden, da sie ja nichts über die Möglichkeit der Dinge an sich selbst aussagt, sondern nur über die Bedingungen, die sie erfüllen müssen, damit *wir* sie erkennen können, also etwas, das an uns liegt. Das besagt aber nicht, daß die Raum-Zeit-Anschauung selbst, ihrem Inhalte nach, zuerst in uns entspringen muß. Es muß im Subjekt nur ein Grund der Einschränkung unserer Anschauungsmöglichkeit auf eben diese bestimmten Formen nachgewiesen werden, und dieser Grund kann ebensowohl in der Unfähigkeit bestehen, andere Formen zu rezipieren wie sie zu erzeugen. Kants „Gedankenexperiment" ist ebenso sehr oder wenig beweiskräftig, ob man die Dinge, die wir anschauen, an sich für räumlich-zeitlich hält oder nicht. Die bloße Feststellung, daß wir nicht anders anschauen können, enthält nichts über den Grund des Unvermögens. Man kann ihn darin erblicken, daß wir überhaupt nur subjektiver Anschauungen fähig sind und nur diese Formen hervorbringen können. Er kann aber auch darin liegen, daß wir die Dinge zwar wahrnehmen, wie sie an sich selbst sind, aber immer nur diejenigen, die oder sofern sie räumlich-zeitlich sind, niemals aber andersartige Eigenschaften, die sie etwa noch besitzen, anschaulich erkennen könnten, weil wir dafür keine Rezeptionsmöglichkeit, kein „Organ", haben[79]. Da das „Experiment" hierüber nichts impliziert, so kann es auch, wenn überhaupt, für beide Möglichkeiten als Beweis verwendet werden, d. h. es ist gleichgültig, ob man die eine oder die andere Voraussetzung macht. Auch ein Realist könnte z. B. die Behauptung, daß wir Gegenstände nur ab einer bestimmten Größe wahrnehmen können, dadurch zu stützen suchen, daß wir uns kleinere Gegenstände gar nicht anschaulich vorstellen können, auch nicht in der Phantasie, es sei denn, wir vergrößerten sie in Gedanken. Er wird jedoch gewiß nicht zugestehen, daß alle ausgedehnten Gegenstände nur in unserer Vorstellung existieren und wir sie erst erschaffen; vielmehr will er nur zeigen, daß unsere Aufnahmefähigkeit begrenzt ist, weil wir Dinge, die jenseits jenes Kleinheitsgrades liegen, obgleich es sie zweifellos gibt, gar nicht mehr auffassen können, wenn wir sie nicht durch Lupen oder in Gedanken vergrößern. Kants Argument gewinnt durch die Voraussetzung der Subjektivität von Raum und Zeit auch keineswegs an bloßer Wahrscheinlichkeit; denn das „Experiment" kann uns in keiner Weise besser über die Schranken unseres produktiven als über diejenigen unseres rezeptiven Vermögens a priori belehren.

Bei dem Beweis, den wir anstelle des „Gedankenexperiments" von Kant gefordert hatten, lag die im Subjekt begründete Einschränkung in der Bedingung, daß ein Selbstbewußtsein möglich sein soll. Raum und Zeit sollten dann als Bedingungen der Möglichkeit dieses Selbstbewußtseins erwiesen werden, indem sie aus seinem Begriff analytisch deduziert werden. In diesem Falle *darf* ihre Subjektivität nicht Voraussetzung sein. Denn würde die Ableitung an diese synthetische Bedingung geknüpft, so wäre es das Eingeständnis, daß sie unmöglich ist. Sie müßte, wenn die Subjektivität Voraussetzung sein soll, etwa dieses ergeben: die Kategorien sind nur dann in ihrer Anwendbarkeit auf Raum und Zeit eingeschränkt, wenn Raum und Zeit subjektiven Ursprungs sind; sind sie objektiven Ursprungs, könnten die Kategorien auch auf andere Anschauungsformen anwendbar sein. Dieses an sich schon recht seltsame Ergebnis würde bedeuten, daß Raum und Zeit gar nicht als notwendige Bedingungen des Selbstbewußtseins nachgewiesen wurden; denn es bleibt ja die Möglich-

---

[79] Dies ist z. B. die Position von Hartmann 1957, S. 309f.

keit, daß die Kategorien auch auf eine andersartige Anschauung anwendbar sind, für den Fall nämlich, daß Raum und Zeit objektiven Ursprungs sein sollten. Also ist ein Selbstbewußtsein auch unter anderen sinnlichen Bedingungen grundsätzlich möglich und enthält keinen Widerspruch. Folgendes dagegen ließe sich sagen: falls das Selbstbewußtsein die Leistung eines spontanen Vermögens sein sollte, das die Urteilsformen und Kategorien und eben — im Falle ihrer Ableitbarkeit — auch die Anschauungsformen ursprünglich aus sich selbst erzeugt, dann entspringen Raum und Zeit im Subjekt. Jedoch wäre ihre Subjektivität dann nicht Voraussetzung, sondern Konsequenz ihrer Ableitung aus dem Selbstbewußtsein und damit ihres Notwendigkeitsbeweises. Ich werde außerdem später zeigen, daß die Annahme einer Spontaneität für Kants Transzendentale Deduktion entbehrlich ist und sein muß[80].

Da nun die Ableitung aus dem Selbstbewußtsein der einzig mögliche Beweis für die Notwendigkeit der Raum-Zeit-Anschauung wäre, diese Ableitung aber nicht von einem Subjektivitätsbeweis abhängig sein darf, so folgt, daß, wenn überhaupt Raum und Zeit als notwendige Vorstellungen sollen bewiesen werden können, dies ohne die Voraussetzung ihrer Subjektivität geschehen *muß*.

§ 15. Der Idealismus der Anschauung und Kants Begründung der Mathematik als apriorischer Wissenschaft

Nun ist die Suche nach einem Notwendigkeitsbeweis für Raum und Zeit auch schwerlich der eigentliche Grund gewesen, der Kant auf ihre Subjektivität so großes Gewicht hat legen lassen. Der entscheidende positive Ertrag des Idealismus war für ihn sicher die Verständlichkeit einer Anschauung a priori, die er zunächst für die Begründung der Möglichkeit der Mathematik als einer apriorischen Wissenschaft brauchte. Angenommen, die Notwendigkeit der Raum-Zeit-Anschauung sei außer Zweifel gesetzt, so folgt, daß alle Dinge, als mögliche Gegenstände der Erfahrung, in Raum und Zeit sind; und es folgt ferner, daß die Mathematik, als Wissenschaft von Raum und Zeit, für die Erfahrungsgegenstände Gültigkeit besitzt. Die Geltung der mathematischen Sätze für die Erfahrung wäre also a priori gesichert. Das genügt jedoch nicht, um zu erklären, wie nun die mathematischen Sätze selbst a priori beweisbar sind, d. h. wie Mathe-

---

[80] Vgl. unten Kap. III.

matik selbst, ihrem Inhalt nach, eine apriorische Wissenschaft sein kann. Wenn z. B. feststünde, daß alle wirklichen Dinge sich aus Elementarteilchen zusammensetzten, dann wüßten wir a priori, daß die Gesetze der Atomphysik für die gesamte Wirklichkeit gölten. Dadurch würde die Atomphysik aber nicht zu einer apriorischen Wissenschaft. Ebenso verhält es sich in unserem Fall. Mathematische Erkenntnis geschieht nach Kant durch Konstruktion der Begriffe. Wir machen uns z. B. willkürlich den Begriff von einer Linie, deren sämtliche Punkte von einem mit allen auf gleicher Ebene befindlichen Punkt gleich weit entfernt sind. Dann konstruieren wir diesen Begriff mit Hilfe eines Zirkels in der Anschauung (ob auf dem Papier oder in der Phantasie, ist gleichgültig) und stellen fest, daß er einen Kreis ergibt (B 740ff). Woher nehmen wir nun a priori die Gewißheit, daß dies *notwendig* so sein muß? Kants Antwort ist: weil wir a priori anschauen können. Wie aber ist Anschauung a priori möglich? Auf diese Frage nun hat Kant keine andere Antwort bereit als den Verweis, daß Raum und Zeit subjektive Vorstellungsweisen seien. Man kann schwerlich umhin, diese Antwort als naiv zu bezeichnen.

Anschauung a priori ist ein Paradoxon und wird von Kant auch so verstanden. In der Anschauung stellen wir einen Gegenstand unmittelbar gegenwärtig vor, Erkenntnis a priori ist Erkenntnis, ohne daß uns der Gegenstand gegenwärtig ist, also das gerade Gegenteil von Anschauung[81]. Wie soll nun die Unmöglichkeit, diese beiden entgegengesetzten Begriffe zu verbinden, dadurch aufgehoben werden, daß man nichts weiter tut, als die Anschauungsformen im Subjekt entspringen zu lassen? Dann müßte ja

---

[81] Kant drückt die Paradoxie etwas anders aus: „Anschauung ist eine Vorstellung, so wie sie unmittelbar von der Gegenwart des Gegenstandes abhängen würde. Daher scheinet es unmöglich, a priori *ursprünglich* anzuschauen, weil die Anschauung alsdenn ohne einen weder vorher, noch jetzt gegenwärtigen Gegenstand, worauf sie sich bezöge, stattfinden müßte, und also nicht Anschauung sein könnte" (Prol. § 8). – Durch den Konditional im ersten und die Hervorhebung des „ursprünglich" im zweiten Satz trägt Kant dem Umstand Rechnung, daß wir uns auch in der Phantasie einen Gegenstand veranschaulichen können und daß man auch das Anschauung a priori nennen könnte. Wenn uns ein Astronaut die Rückseite des Mondes beschreibt und wir sie uns nach seiner Schilderung anschaulich vorstellen, so könnten wir mit einem gewissen Recht sagen, daß wir sie a priori anschauen. Jedoch gölte dies nur in einem sehr weiten Sinne, in dem dasselbe etwa auch auf das Betrachten einer Photographie zuträfe. Im strengen Sinne schauen wir die Mondrückseite natürlich nicht a priori an, deswegen, weil wir sie gar nicht anschauen, sondern etwas von ihr im Dasein Unterschiedenes, nämlich unsere Phantasievorstellung; diese aber ist uns unmittelbar gegenwärtig und wird a posteriori angeschaut, weshalb gar keine wirkliche Anschauung a priori vorliegt. Darum können Antizipationen der Phantasie natürlich auch keine synthetischen Urteile a priori über irgendeinen Gegenstand rechtfertigen; dazu bedürfte es apriorischer Anschauung in einem ganz anderen Sinne, wie im folgenden deutlich werden wird.

das Subjekt in der Lage sein, eine Vorstellungsart zu erzeugen, die es ihm gestattet, sich etwas zu präsentieren, ohne es sich zu präsentieren. Diese Aporie ist unauflöslich, ob nun die Anschauung subjektiven Ursprungs ist oder nicht. Denn Anschauung a priori ist an sich selbst ein Widerspruch und damit ein „Unding", das nirgendwoher entspringen kann.

Kants Erklärung liest sich zunächst sehr einleuchtend, bei näherem Hinsehen zeigt sich jedoch ihre Unzulänglichkeit:

> „Es ist also nur auf eine einzige Art möglich, daß meine Anschauung vor der Wirklichkeit des Gegenstandes vorhergehe, und als Erkenntnis a priori stattfinde, wenn sie nämlich nichts anders enthält, als die Form der Sinnlichkeit, die in meinem Subjekt vor allen wirklichen Eindrücken vorhergeht, dadurch ich von Gegenständen affiziert werde. Denn daß Gegenstände der Sinne dieser Form der Sinnlichkeit gemäß allein angeschaut werden können, kann ich a priori wissen" (Prol. § 9).

Kant vernachlässigt hier zunächst seine eigene Lehre, daß nicht die Raum-Zeit-Anschauung selbst, sondern nur der Grund ihrer Möglichkeit „angeboren" sei, also „in meinem Subjekt vor allen wirklichen Eindrücken vorhergeht". Der Grund der Möglichkeit zu einer Anschauung aber ist selbst noch keine Anschauung, sondern bezeichnet lediglich ihre Denkbarkeit. Damit die Anschauung wirklich wird, sind wir auf Affektion durch die Dinge angewiesen, also auf Erfahrung. Aber selbst wenn wir zugeständen, daß wir die Raum-Zeit-Vorstellung auch ohne Affektion als „reine" Anschauung (im Sinne einer „leeren" Anschauung) aktualisieren können, so wäre damit nichts gewonnen. Denn wir fragen ja nicht, wie wir Raum und Zeit, ohne daß uns Gegenstände in ihnen gegeben sind, anschauen können, sondern wie wir sie anschauen können, ohne daß *sie selbst* uns gegeben sind, bzw. sofern sie uns nicht gegeben sind. Dies ist es, was wir wissen müssen, wenn wir die Möglichkeit der Mathematik als apriorischer Wissenschaft untersuchen. Kants Auskunft würde nur erklären, wie wir über die *Dinge in* Raum und Zeit a priori urteilen können, betrifft also nur die Geltung einer reinen Mathematik für die Erfahrungsgegenstände. Diese sind jedoch nur mittelbar Gegenstand der Mathematik. Ihr unmittelbarer Gegenstand sind nach Kant Raum und Zeit selbst und deren innere Struktur (indem wir von der sonstigen Beschaffenheit der Dinge, deren anschauliche Form Raum und Zeit sind, abstrahieren, oder sei es auch, indem wir Raum und Zeit „rein" anschauen). Die Frage ist also: wie können wir über Raum und Zeit selbst und ihre Eigenschaften a priori urteilen? Lautet die Antwort dann, daß wir sie a priori anschauen können, dann genügt es nicht, daß wir sie „vor" der Gegebenheit der Erfahrungsgegenstände in ihnen anschauen können, sondern wir müßten sie „vor" ihrer *eigenen* Gegebenheit anschauen können.

Wenn wir uns willkürlich den Begriff von einer in drei Geraden eingeschlossenen Figur bilden und ihn in der Anschauung konstruieren, stellen wir fest, daß es ein Dreieck ergibt; daß dessen Winkelsumme gleich zwei rechten ist usw. Mit welchem Recht behaupten wir nun, daß es sich *notwendig* so verhält, daß also jede beliebige solche Figur, wo, wann, in welcher Art und Größe wir sie immer realisieren mögen, dieselben genannten Eigenschaften haben muß? Wollen wir uns auf Anschauung berufen, so müßte es sich in der Tat um apriorische Anschauung im genannten paradoxen Sinne handeln. Denn Beweis durch Anschauung ist Beweis durch unmittelbare Gegebenheit des Gegenstandes. Wir können uns aber weder auf dem Papier noch in der Phantasie alle unendlich vielen möglichen in drei Geraden eingeschlossenen Figuren einzeln der Reihe nach vergegenwärtigen, um auf diese Weise zu prüfen, ob sie alle, wie wir behaupten, die genannten Eigenschaften besitzen. Folglich müßten wir in der Lage sein, uns die einzelnen Figuren zu vergegenwärtigen, ohne sie uns doch zu vergegenwärtigen, etwa indem wir „das Allgemeine im Einzelnen" (B 742) nicht nur abstraktiv *denken*, sondern unmittelbar konkret *anschauen*. Das würde dann der von den Phänomenologen behaupteten Fähigkeit der „Wesensschau" entsprechen, deren Nachweis auf kaum überwindliche Schwierigkeiten stößt[82]. Auf keinen Fall ließe sich ihre Möglichkeit auf Kants Art aus der Subjektivität der Anschauungsformen erklären. Denn es ist keine Frage des Ursprungs, sondern der inneren Beschaffenheit. Was wir brauchen, wäre der Nachweis einer besonderen Anschauungsart, die das Abstrakte konkret, das Allgemeine als Einzelnes vorstellt und die so unseren Begriff von Anschauung überholt. Wenn ich Raum und Zeit im Subjekt entspringen lasse, so ändere ich dadurch an diesen Formen selbst und der ihnen eigenen Struktur nicht das mindeste und darf es auch nicht tun; denn es sollen ja ein und dieselben Formen sein, die nur fälschlich für objektiv gehalten wurden. Das gilt auch dann, wenn ich zugestehe, daß wir die Raum-Zeit-Vorstellung auch ohne Affektion als „reine" Anschauung aktualisieren können; andernfalls wäre die reine Mathematik nicht auf die Erfahrungsgegenstände anwendbar. Dagegen müßte eine apriorische Anschauung offenbar andere Formen auf-

---

[82] Vgl. Geyser 1916, S. 54 ff. 1926. Wagner 1947, S. 318 f. 461 ff.

weisen als Raum und Zeit. Denn diese gelten uns gerade als die Prinzipien der Individuation, und wenn jemand behauptet, sie gestatteten die unmittelbare Vergegenwärtigung des Allgemeinen, dann hat er entweder nur die Terminologie geändert, oder er möge uns erklären, wie wir denn dann etwas als einen besonderen, einzelnen Gegenstand vorstellen können (Vgl. B 47. 136 Anm. Brief an Beck 3. 7. 1792).

Kant schreibt zur Erläuterung seiner Theorie:

> „Die einzelne hingezeichnete Figur ist empirisch, und dient gleichwohl, den Begriff, unbeschadet seiner Allgemeinheit, auszudrücken, weil bei dieser empirischen Anschauung immer nur auf die Handlung der Konstruktion des Begriffs, welchem viele Bestimmungen, z. E. der Größe, der Seiten und der Winkel, ganz gleichgültig sind, gesehen, und also von diesen Verschiedenheiten, die den Begriff des Triangels nicht verändern, abstrahiert wird" (B 741 f).

Nun ist aber die Handlung der Konstruktion eines Begriffs wiederum nichts Allgemeines, sondern ein in Raum und Zeit vollzogener einzelner Akt, und es fragt sich, woher ich a priori wissen kann, daß die Konstruktion eines bestimmten Begriffs immer nur auf ein und dieselbe Weise ausgeführt werden muß, so daß stets Gebilde entstehen, die notwendig gewisse Eigenschaften gemeinsam haben. Wird z. B. die Aufgabe gestellt, den Begriff von einer Linie zu konstruieren, deren sämtliche Punkte von einem Punkt gleich weit entfernt sind, so wird jedermann zunächst arglos erwidern, daß dieser Begriff immer als Kreis konstruiert werden müsse. Aber diese Antwort ist natürlich falsch. Denn eine solche Linie kann alle möglichen Formen annehmen, vom Quadrat bis zu den Umrissen der Venus von Milo, dann nämlich, wenn ich sie auf einer Kugeloberfläche konstruiere. Diese Möglichkeit kann ich ausschließen, indem ich zu meinem Begriff die Bedingung hinzufüge, daß alle Punkte auf einer Ebene liegen sollen. Aber woher will ich die Gewißheit nehmen, daß nicht trotzdem, auch unter dieser Bedingung, Konstruktionen möglich sind, die keinen Kreis ergeben und die sich bisher nur, aus welchen Gründen immer, noch nicht gezeigt haben? Ich kann nicht einmal sicher sein, daß der Raum nicht Eigenschaften offenbart, die die Konstruktion als Kreis ausschließen oder den Begriff als gänzlich unkonstruierbar erscheinen lassen.

Um der Konstruktion eines Begriffs dessen Allgemeinheit zu geben, hegt Kant offenbar die Vorstellung, daß wir auch bei der Konstruktion nur auf das Rücksicht nehmen, was der Begriff bestimmt, und alles das unbestimmt lassen, von dem auch der Begriff abstrahiert. Damit hätte Kant jedoch seine eigentliche Absicht zunichte gemacht. Denn das Ziel der Begriffskonstruktion ist es ja, *synthetische* Erkenntnis zu ermöglichen. Wenn aber die Konstruktion gar nicht mehr bestimmt als schon der Begriff selbst, dann kann sie uns allemal nur analytische Erkenntnisse vermitteln, und die mit so viel Nachdruck vorgetragene These, daß „mathematische Urteile insgesamt synthetisch" seien, wäre zunichte (B 14). Daher *muß* die Konstruktion, wenn sie die ihr von Kant zugedachte Funktion überhaupt noch soll erfüllen können, notgedrungen mehr bestimmen als der Begriff. Das entspricht auch durchaus den Tatsachen. Vorab ist klar, daß eine wirklich durchgeführte Konstruktion gar nichts unbestimmt lassen kann. Wenn ich (in der Einbildung oder auf dem Papier) ein Dreieck zeichnen will, dann muß ich mich entscheiden, welche Größe der Seiten und Winkel, welche Lage usw. ich ihm geben will. Hier handelt es sich um die Herstellung einer konkreten Figur, und die muß durchgängig bestimmt sein. Freilich lassen sich aus ihr auch keine allgemeinen Sätze gewinnen. Daher stützt der Mathematiker seine Lehrsätze auch nicht auf eine Einzelkonstruktion, sondern auf das Konstruktions*schema*, d. h. die Gruppe allgemeiner Regeln, die vorschreiben, wie ein bestimmter Begriff zu konstruieren sei, also etwa: um eine in drei Geraden eingeschlossene Figur zu zeichnen, müssen die Geraden so angeordnet werden, daß sie auf derselben Ebene liegen und keine Parallelen entstehen (Vgl. B 179ff). Das Schema hat den Vorteil, daß es einerseits allgemeiner ist als die Einzelkonstruktion (das „Bild"), andererseits aber mehr Bestimmungen enthält als der Begriff; denn im Begriff einer in drei Geraden eingeschlossenen Figur ist über die Ebenen der Geraden und ihre Parallelität, kurz: daß es sich um ein Dreieck handelt, nichts ausgesagt. Damit würde das Schema die nötigen Voraussetzungen zur Gewinnung synthetischer Sätze a priori erfüllen. Gleichwohl ist es ungeeignet, weil es unbeweisbar ist.

Um dies zu zeigen, muß der Begriff des Schemas präzisiert werden. Man kann auch ein bloß *mögliches* „Verfahren, einem Begriff sein Bild zu verschaffen" (ebd.), ein Schema nennen, z. B. wenn ich sage: eine in drei Geraden eingeschlossene Figur ist konstruierbar, indem man aus den Geraden Dreiecke bildet. Ein solcher Satz läßt sich ohne Mühe beweisen, indem man die Anweisung ausführt und am Ergebnis feststellt, ob es die im Begriff genannten Bedingungen erfüllt. Er gestattet aber nur partikuläre Aussagen über den Begriff. Soll das Schema allgemeine synthetische Sätze ermöglichen, dann muß es ein *notwendiges* Verfahren darstellen, d. h. die angegebenen Regeln müssen Bedingungen der Möglichkeit der Konstruktion des Begriffs sein, mit der Konsequenz, daß, wenn sie aus irgendeinem Grunde nicht erfüllbar sind, der Begriff nicht konstruierbar ist. Erst dann lassen sich Sätze darauf gründen wie: Alle in drei Geraden eingeschlossenen Figuren sind Dreiecke; die Summe ihrer Winkel ist stets gleich zwei rechten usw. Hiermit ließe sich auch Kants Meinung erklären, daß auch bei der Konstruktion eines Begriffs von den „Verschiedenheiten, die den Begriff nicht verändern, abstrahiert wird". Denn ein notwendiges Schema hat denselben Umfang wie der Begriff, und Kant begeht anscheinend den Fehler, von der extensionalen auf die intensionale Gleichheit zu schließen.

Wie kann nun die Notwendigkeit eines Konstruktionsverfahrens bewiesen werden, wenn der analytische Weg ausfällt? Gewiß kann ich versuchen, das Schema, obzwar nicht aus dem Begriff, so doch aus einem anderen Schema und so letztlich aus gewissen Axiomen analytisch herzuleiten. Diese Möglichkeit ist unbestritten, aber sie verschiebt das Problem nur auf den Beweis der Axiome[83]. Und auch wenn ich diese beliebig wähle und z. B. die Geometrie als einen willkürlichen Kalkül nur nach der Forderung innerer Widerspruchsfreiheit aufbaue, ist die Schwierigkeit nicht behoben. Sie stellt sich ein, sobald ich behaupte, daß mein Kalkül die Struktur des *Raumes* wiedergibt, wie ich ja muß, wenn ich ihn als den *geometrischen* Kalkül bezeichnen will. Wenn Mathematik Wissenschaft von den Anschauungsformen sein soll, kommt unweigerlich irgendwann der Punkt, wo ich mit dem Deduzieren aus beliebigen Begriffen aufhören und mich auf unmittelbare Anschauung berufen muß, so daß es gleichgültig ist, ob ich außer dem Begriff zunächst auch das Schema beliebig annehme und dann seine Realisierbarkeit in der Anschauung demonstrieren muß; oder ob ich mich mit meinem Begriff sofort an die Anschauung wende, um nach Konstruktionsmöglichkeiten zu suchen. Der letzte Rechtstitel bleibt stets die Anschauung, und das bedeutet: wenn ich die *Notwendigkeit* eines Schemas beweisen möchte, müßte ich über eine Anschauung a priori im genannten widersprüchlichen Sinn verfügen[84].

[83] Vgl. oben S. 22f.
[84] Um nicht mißverstanden zu werden, erinnere ich daran, daß wir nur von der *Kantischen* Auffassung der Mathematik handeln. Wenn wir also die mathematischen Sätze empirische Sätze nennen, die nur induktiver Bestätigung fähig seien, so soll dies nur gelten, sofern sie als Aussagen über die formale Struktur der Anschauung interpretiert werden und so die Mathematik als Wissenschaft von der Raum-Zeit-Struktur der Erfahrungswelt aufgefaßt wird. Über andere Deutungen der Mathematik, wie z. B. den Russellschen Logizismus, soll durch unsere Überlegungen nichts präjudiziert werden, obgleich Einsteins allgemeines

Im Begriff denke ich eine bestimmte Einheit eines anschaulichen Mannigfaltigen, und hierin bin ich an nichts gebunden. Sobald ich aber frage, ob und wie diese Einheit zustande gebracht und dargestellt werden kann, muß ich die Bedingungen dafür in der Anschauung selbst aufsuchen. Denn da ich über sie, die für mich eine Gegebenheit sind, nicht nach Belieben urteilen kann, so kann mir der willkürliche Begriff keine Konstruktionsmethode anweisen. Er schreibt zwar vor, was herauskommen soll, aber nicht, wie es zu erreichen ist. So entnehme ich dem Begriff einer in drei Geraden eingeschlossenen Figur nur, daß ich drei Gerade so anordnen muß, daß sie eine Figur einschließen; *wie* sie aber angeordnet werden müssen, sagt der Begriff nicht. Da ich jedoch außer dem Begriff nichts habe, woraus ich a priori ein Verfahren ableiten könnte, so bleibt mir nichts anderes übrig als zu „probieren", indem ich mir verschiedene Anordnungen vorstelle und das Ergebnis jeweils mit dem Begriff vergleiche, bis ich eine Anordnung gefunden habe, die seinen Bedingungen entspricht. Will ich nun auf diese Weise ein bestimmtes Verfahren als notwendig, d. h. als das einzig mögliche beweisen, so müßte ich alle unendlich vielen möglichen Lagen dreier Geraden zueinander durchprobieren, um so festzustellen, daß nur eine einzige Konstellation die Bedingungen des Begriffs erfüllt. Da das undurchführbar ist, bleibt mir also nur die Hoffnung auf ein Vermögen, das es mir erlaubt, die einzelnen möglichen Anordnungen vorzustellen, ohne sie einzeln vorzustellen.

Dieser Aporie kann man nicht dadurch ausweichen, daß man sich auf die Identität des Konstruktionsverfahrens beruft. Man ist leicht versucht, folgendermaßen zu argumentieren: Wenn ich in der beschriebenen empirischen Weise entdeckt habe, daß mein Begriff einer in drei Geraden eingeschlossenen Figur als Dreieck konstruierbar ist, so kann ich auf Grund dessen zwar nicht über in drei Geraden eingeschlossene Figuren a priori urteilen, wohl aber wenigstens über Dreiecke. Solange ich mich nämlich an das gefundene Konstruktionsverfahren halte, müssen immer wieder Dreiecke mit denselben Eigenschaften entstehen, und zu dieser Erkenntnis bedarf es keiner Anschauung a priori, weil es bei mir liegt, stets nach derselben Methode zu verfahren, und ich also selbst über die Eigenschaften der Figuren entscheide. Diese Argumentation ist trügerisch.

Diktum (1972, S. 414), daß die Sätze der Mathematik, insofern sie sich auf die Wirklichkeit bezögen, nicht sicher seien, und insofern sie sicher seien, sich nicht auf die Wirklichkeit bezögen, noch der Widerlegung harrt. – Zu Kants Theorie der Mathematik vgl. Martin 1938. 1967 . 1967 . Bröcker 1960. Peters 1962. 1966. Fang 1965. Körner 1966[a]. Strawson 1966, S. 277ff. Kambartel 1968, S. 113ff. Mainzer 1972.

Durch das empirische Probieren entdecke ich zunächst nur eine Einzelkonstruktion, ein „Bild". Richte ich mich streng nach diesem Verfahren, so erhalte ich nur immer wieder das gleiche Dreieck in mehreren Exemplaren, wie mit dem Stempel gedruckt. Will ich mein Urteil auch auf andersartige Dreiecke ausdehnen, dann muß ich mein Konstruktionsverfahren variieren und erst die neuen Ergebnisse mit dem alten vergleichen. Angenommen, ich habe zunächst mehr oder minder per Zufall ein gleichseitiges Dreieck mit 3 cm Seitenlänge konstruiert. Woher will ich a priori wissen, daß ich, wenn ich die Seitenlänge auf 1 m vergrößere, wiederum ein gleichseitiges Dreieck zustande bringen kann; daß seine Winkel ebenfalls 60° betragen usw.? Hier bleibt nur, die Konstruktion auszuführen und das Ergebnis in der Anschauung zu überprüfen. Folglich bin ich, wenn ich über gleichseitige Dreiecke *überhaupt* urteilen will, wieder auf das widersprüchliche Vermögen, a priori anzuschauen, angewiesen. Wir setzen gewöhnlich voraus, daß, wenn wir ein Konstruktionsverfahren variieren, auch die sich ergebende Figur nur in den Punkten anders ausfallen werde, in denen das Konstruktionsverfahren geändert wurde; daß sie aber in allen übrigen Bestimmungen, in denen das alte Verfahren beibehalten wurde, mit den früheren Figuren übereinstimmen werde. Wenn wir also nur die Seiten vergrößern, so werde die neue Figur zwar größer sein, im übrigen aber dieselben inneren Bestimmungen aufweisen wie die alte. Diese Voraussetzung ist sehr leichtfertig. Wir können nicht einmal mit Sicherheit behaupten, daß ein und dasselbe, unvariierte Verfahren, mehrfach angewandt, stets zum selben Ergebnis, nur in mehreren Exemplaren, führt. Denn die einzelnen Konstruktionsakte und die zugehörigen Figuren sind durch Raum oder Zeit oder beides getrennt, und wie wollen wir beweisen, daß, was einmal möglich war, zu jeder Zeit und an jedem Ort möglich ist? Zwar gilt, daß gleiche Ursachen unter gleichen Bedingungen gleiche Wirkungen hervorbringen; ob aber Raum und Zeit uns überall und jederzeit die gleichen Bedingungen stellen werden, kann uns jeweils nur die unmittelbare Gegebenheit lehren. Es hilft daher nicht weiter, wenn wir die Mathematik gleichsam vom anderen Ende her zu begründen versuchen und, statt zu einem willkürlichen Begriff ein anschauliches Schema zu suchen, von einem als möglich erwiesenen Schema ausgehen, um dieses vermittels der Identität der Konstruktion unter allgemeine Begriffe zu bringen. Im ersten Fall muß bewiesen werden, daß der Begriff immer nach demselben Schema konstruiert werden muß; im zweiten Fall müssen wir zeigen, daß das Schema immer auf denselben Begriff führt. Das läuft am Ende auf eines hinaus und erfordert jedesmal Anschauung a priori, die wir nicht besitzen.

Was uns auch ohne sie so zuversichtlich macht und unser Vertrauen in die Mathematik zwar erklären, aber eben nicht rechtfertigen kann, sind die Singularität und Homogeneität von Raum und Zeit. Weil es nur einen Raum und eine Zeit gibt, urteilen wir immer nur über einen bestimmten Gegenstand, und da dieser uns unmittelbar anschaulich gegeben ist, kann es nicht schwerfallen, unser Urteil zu belegen. Da Raum und Zeit ferner von so einfacher und einheitlicher Struktur zu sein scheinen, glauben wir, daß wir die räumlich-zeitlichen Möglichkeitsbedingungen ohne Mühe überschauen und so von unseren einheitstiftenden Begriffen sicheren und ungehinderten Gebrauch a priori machen können (Vgl. Prol. § 38). Wir sollten jedoch bedenken, daß wir Raum und Zeit und ihre Eigenschaften nur aus Erfahrung (zumindest der inneren) kennen und daß sich daraus keine Notwendigkeit einsehen läßt. Wir können nicht ausschließen, daß wir uns über ihre Übersichtlichkeit täuschen und daß wir plötzlich auf unerwarteten Widerstand stoßen, wie es z. B. geschieht, wenn wir versuchen, ein Dekaeder zu konstruieren oder den linken Handschuh auf die rechte Hand zu ziehen.

§ 16. Die Unentbehrlichkeit des widersprüchlichen Begriffs einer Anschauung a priori. – Kants Unterscheidung der Grundsätze des reinen Verstandes in konstitutive und regulative

Daß Kant sich zur Begründung der Mathematik auf den widersprüchlichen Begriff einer Anschauung a priori stützt, ist kein persönlicher Mißgriff, der sich ohne weitere Konsequenzen beheben ließe, indem man auf den Begriff verzichtete und die mathematischen Sätze allein aus dem Grundprinzip der Transzendentalen Deduktion, dem Begriff des Selbstbewußtseins, deduzierte. Ein solches Vorgehen wäre ohne die grundsätzliche Preisgabe der Kantischen Theorie der Mathematik und damit in jedem Falle *seines* Versuchs, die apriorische Geltung der Mathematik zu beweisen, nicht möglich. Denn solange man daran festhält, daß die mathematischen Sätze synthetische Aussagen über die formale Struktur der Anschauung sind, die auf der Konstruktion der Begriffe beruhen, lassen sie sich aus dem Begriff des Selbstbewußtseins allein niemals deduzieren. Wollte man dies tun, so müßte man die Notwendigkeit eines bestimmten Konstruktionsschemas eines Begriffs nicht aus den Bedingungen der sinnlichen Anschauung, sondern denen eines möglichen Selbstbewußtseins beweisen. Um bei unserem Beispiel zu bleiben: man müßte zeigen, daß eine anschauliche Konstruktion nur dann vermittels des Begriffs einer in drei Geraden eingeschlossenen Figur zur Einheit des Selbstbewußtseins gebracht werden kann, wenn sie ein Dreieck darstellt, ganz gleichgültig, was im Raume sonst möglich sein mag. In diesem Fall würde die Notwendigkeit der Bestimmungen, die das Schema über den Begriff hinaus enthält und durch die die Urteile synthetisch werden, nicht auf der besonderen Beschaffenheit des Raumes beruhen, sondern sie würde analytisch aus dem Begriff eines identischen Subjekts mannigfaltiger Vorstellungen folgen. Das hieße aber, daß wir in diesem Begriff nicht nur die synthetische Einheit eines Vorstellungsmannigfaltigen überhaupt, sondern zugleich auch die besondere Art des Mannigfaltigen, d. h. wodurch sich die Vorstellungen voneinander unterscheiden und mannigfaltig werden, mitdenken müßten. Dann könnten wir in der Tat, unter der Bedingung eines möglichen Selbstbewußtseins, sowohl die Notwendigkeit unserer Raum-Zeit-Anschauung als auch der mathematischen Konstruktionsschemate a priori beweisen, weil wir ja nicht darauf warten müßten, was uns die Sinnlichkeit präsentieren wird, sondern alles anschauliche Mannigfaltige, sofern es zur Einheit eines identischen Bewußtseins gebracht werden kann, schon im Begriff dieser Einheit enthalten wäre. Freilich müßten wir zu diesem Zweck über einen intuitiven Verstand verfügen; denn „ein Verstand, in welchem durch das Selbstbewußtsein zugleich alles Mannigfaltige gegeben würde, würde anschauen" (B 135. 138f. 145), weil ja durch die Vorstellung eines reinen Verstandesbegriffs auch die konkret-anschaulichen Gegenstände, auf die er anwendbar ist, schon gegeben wären. Er würde seinen gesamten Umfang in seinem Inhalt enthalten, d. h. er wäre kein diskursiver Begriff, dessen Allgemeinheit nur darauf beruht, daß er vermittels eines Teilmerkmals verschiedene andere Vorstellungen, die aber hinsichtlich ihrer übrigen Merkmale anderswoher gegeben sein müssen, analytisch *unter* sich begreift; sondern er wäre ein intuitiver Begriff, der alle Vorstellungen, für die er gilt, in voller Konkretion *in* sich vereinigt, indem er sie – da „keine Begriffe dem Inhalte nach analytisch entspringen können" (B 103) – als ein synthetisches Ganzes konkret vorstellt (Vgl. oben S. 53). Man sieht, daß es sich um nichts anderes handelt als um jene Anschauung a priori, die das Nichtgegenwärtige dadurch vergegenwärtigen soll, daß sie das Allgemeine als Konkret-Einzelnes vorstellt. „Anschauung a priori", „intellektuelle Anschauung" oder „intuitives Denken" sind (ebenso wie Husserls „Wesensschau") nur verschiedene Namen für eine und dieselbe Sache, die für uns so lange widersprüchlich bleibt, wie wir mit dem Begriff „Anschauung" nur die Gegebenheit eines Individuums verbinden können. Es hat daher keinen Zweck, die apriorische Anschauung dadurch umgehen zu wollen, daß man die mathematischen Sätze aus dem Begriff des Selbstbewußtseins abzuleiten versucht. Sie würde als „intellektuelle Anschauung" wiederum als Voraussetzung erscheinen.

Die Konsequenz dieser Überlegungen ist, daß Kant auf die Rede von „konstitutiven Grundsätzen", im Unterschied zu „regulativen", hätte verzichten müssen (B 199 ff. 220 ff). Ein konstitutiver Grundsatz hat den Vorzug, daß nicht nur er selbst als allgemeinstes Prinzip, sondern auch besondere Gesetze, die auf ihm fußen, a priori beweisbar sind. Bei regulativen Grundsätzen, wie dem Kausalitätsprinzip, ist dies nicht der Fall. A priori gilt nur, daß jedes Ereignis eine Ursache hat. Welches konkrete Ereignis aber die Ursache welchen anderen konkreten Ereignisses ist, ist a priori nicht mehr erkennbar. Hier sind wir auf empirische Induktion angewiesen. Dagegen würde ein konstitutives Prinzip es gestatten, auch die besonderen kausalverknüpften Ereignisse a priori bestimmt anzugeben. Prinzipien dieser Art sind nach Kant die „mathematischen Grundsätze" („Axiome der Anschauung" und „Antizipationen der Wahrnehmung"), weil sie die Sätze der Mathematik auf Erfahrung anzuwenden berechtigen, diese es aber ja ermöglichen sollen, über die innere Beschaffenheit der Gegenstände a priori bestimmt zu urteilen. Wenn z. B. jemand sagt, er wolle ein ebenes Dreieck zeichnen, so ist für Kant sicher, daß es mindestens zwei spitze Winkel haben wird; daß zwei Seiten zusammen größer als die dritte sein werden usw. Wir haben jedoch gesehen, daß dies ein Irrtum ist und daß auch die (Kantisch gedeuteten) Sätze der Mathematik nur induktiv gewiß sind. Konstitutiver Prinzipien wäre nur ein intuitiver Verstand fähig, und wenn man sich Kants Charakterisierung dieser Prinzipien genauer anschaut, läuft sie auch darauf hinaus. So heißt es, die mathematischen Grundsätze seien intuitiv gewiß, im Gegensatz zur diskursiven Gewißheit der „dynamischen" (B 201). Nun beruht aber die Notwendigkeit eines Gesetzes allein auf dem Verstande. Soll sie intuitiv erkennbar sein, dann folglich nur von einem anschauenden Verstand. Ähnlich ist es, wenn Kant den mathematischen Grundsätzen unbedingte Notwendigkeit zuschreibt (B 199); denn ein diskursiver Verstand kann nur bedingte Notwendigkeiten erkennen.

Der Versuch, den inhaltlichen Unterschied der mathematischen und dynamischen Grundsätze mit einem Unterschied „in der Art der Evidenz" (B 223. Vgl. 200) zu verquicken, führt jedoch nicht nur hinsichtlich des konstitutiven Charakters der mathematischen Grundsätze zum Widerspruch. Kants Begründung für die mindere „Evidenz" der dynamischen Grundsätze ist ebenfalls widersprüchlich. Er sieht den Grund darin, daß die dynamischen Grundsätze „bloß das Dasein . . . erwägen", „allein das Dasein der Erscheinungen a priori nicht erkannt werden kann" (B 220f). Daraus folgt doch wohl, daß wir durch diese Grundsätze gar nichts a priori erkennen. Aber Kants Erläuterung zeigt, daß seine Bemerkung über die Unerkennbarkeit gar nicht auf das Dasein zielt, sondern auf das Sosein:

> „Allein das Dasein der Erscheinungen kann a priori nicht erkannt werden, und ob wir gleich auf diesem Wege dahin gelangen könnten, auf irgendein Dasein zu schließen, so würden wir dieses doch nicht bestimmt erkennen, d. i. das, wodurch seine empirische Anschauung sich von anderen unterschiede, antizipieren können."

Der Unterschied in der empirischen Anschauung, den Kant hier im Sinne hat, betrifft offenbar das Sosein der Dinge, und hierüber gestatten die dynamischen Grundsätze natürlich keine Aussagen, weil sie über das Sosein gar nicht urteilen. Das Dasein dagegen können wir mit ihrer Hilfe a priori erkennen: wenn ich Rauch sehe, so weiß ich nach dem Kausalitätsprinzip, daß vorher etwas dasein muß, das ihn hervorruft; und zwar mit der gleichen „Evidenz", mit der ich a priori weiß, daß ein Dreieck eine Größe hat. Der Unterschied zwischen mathematischen und dynamischen Grundsätzen liegt nicht „in der Art der Evidenz" und darin, daß die einen konstitutiv, die anderen nur regulativ wären, sondern allein in ihrem Inhalt. Die mathematischen Grundsätze beziehen sich auf innere Bestimmungen der Gegenstände, die dynamischen auf äußere Bestimmungen (Relationen). Allesamt aber urteilen sie nur bedingt und regulativ; denn weil auch die Bedingungen des Soseins „der Objekte einer möglichen empirischen Anschauung an sich nur zufällig" sind, so gelten auch die mathematischen Grundsätze „nur unter der Bedingung des empirischen Denkens in einer Erfahrung" (B 199), d. h. nur sofern das Mannigfaltige einer empirischen Anschauung zur Einheit eines Bewußtseins und so in einen durchgängigen Erfahrungszusammenhang gebracht werden kann; und daher geben auch sie nur eine allgemeine Regel, auf eine (innere) Bestimmung zu schließen und sie in der empirischen Anschauung aufzusuchen, ohne sie jedoch in ihrer anschaulichen Bestimmtheit a priori erkennen zu lassen. Gewiß kann ich ein Dreieck „a priori bestimmt geben, d. i. konstruieren" (B 221), indem ich sage: Zeichne ein gleichseitiges Dreieck von 3 cm Seitenlänge. Aber ebensowohl kann ich auch das Dasein konstruieren, z. B.: Zünde die Zigarre an, dann gibt es Rauch. In beiden Fällen sind jedoch die besonderen Regeln, nach denen die bestimmte Anschauung konstruiert wird, nur induziert; denn daß sich aus drei 3 cm langen Strecken stets ein gleichseitiges Dreieck konstruieren läßt, kann ich ebensowenig a priori als notwendig einsehen wie das Rauchen der Zigarre.

Kants Grundsatz der „Axiome der Anschauung" lautet: „Alle Anschauungen sind extensive Größen" (B 202). Berücksichtigt man, daß die Notwendigkeit der Raum-Zeit-Anschauung nicht beweisbar ist, dann ist der Satz in dieser Form nicht haltbar. Er muß entweder lauten: Alle Anschauungen sind Größen, oder: Alle räumlich-zeitlichen Anschauungen sind extensive Größen. Im letzteren Falle darf man die Extensität als analytisch gefolgert gelten lassen, weil wir eine unausgedehnte Anschauung nicht räumlich oder zeitlich nennen würden. Synthetisch ist das Prädikat der Größe. Trotzdem ist der Satz a priori gewiß, weil die Größe ein reiner Verstandesbegriff ist, ohne den kein anschauliches Mannigfaltiges zur Einheit des Selbstbewußtseins gebracht werden kann. Ich kann also jederzeit sagen, daß ein räumlich-zeitlicher Gegenstand eine extensive Größe haben muß. Aber das ist auch alles, was a priori möglich ist, und auch das gilt natürlich nur unter der Voraussetzung, daß Kants Transzendentale Deduktion stichhaltig ist. Weder die Sätze der Mathematik, als Aussagen über bestimmte Größen, lassen sich a priori beweisen, noch ist a priori sicher, daß jede Größe meßbar sein muß; denn dazu müßte die Zahl als das notwendige Schema der Größe erwiesen werden, was ohne intellektuelle Anschauung nicht angeht[85].

Ich gestehe, daß dies bereits einer Entseelung der Kantischen Theorie gleichkommt. Aber sie ist keineswegs ganz preisgegeben. Mir erscheint ein Verzicht auf die Begründung der Mathematik (sofern sie eine synthetisch-apriorische Wissenschaft von Raum und Zeit sein soll) leichter zu verwinden als der Rekurs auf ein Paradoxon − obgleich man Kant sicher nicht unter jene Philosophen einreihen darf, die in widersprechenden Ergebnissen ein Zeichen besonderen Tiefsinns erblicken. Anscheinend hat Kant sich die Schwierigkeit des Begriffs „Anschauung a priori" nicht voll zum Bewußtsein gebracht und nicht gesehen, daß sie mit dem einerlei ist, was er als intellektuelle Anschauung selbst verwirft. Anders ist schwer verstehbar, wie er ihre Möglichkeit aus der Subjektivität der Anschauungsformen hat erklären wollen. Diese könnte höchstens verständlich machen, wie wir Raum und Zeit ohne Empfindung „rein" anschauen

---

[85] Vgl. unten § 28.

könnten. „Reine" Anschauung jedoch wäre, selbst wenn es sie gäbe, keine Anschauung a priori, auf die sich allgemeine Sätze gründen ließen. Mit vollem Recht nennt Kant Raum und Zeit „das reine *Bild* aller Größen" (B 182). Ein „Bild" aber ist ein Individuum (B 179) und kann niemals einen Allsatz rechtfertigen.

§ 17. Der Idealismus der Anschauung und die Synthesislehre

Als einen weiteren Grund für Kants Bemühen um die Subjektivität von Raum und Zeit kann man seine Lehre von der spontanen Synthesis des Verstandes anführen. Wie soll der Verstand das Mannigfaltige der Sinnlichkeit nach Regeln, die er selbst aus sich erzeugt, synthetisieren, wenn die Sinnlichkeit die Beschaffenheit der Dinge an sich wiedergibt, auf die der Verstand keinen Einfluß hat? Gleichwohl läßt sich die Synthesis des Verstandes auch ohne die Voraussetzung der Subjektivität der Anschauungsformen denken.

Man hat die Wahl zwischen zwei Arten, sich die Synthesis vorzustellen: einmal nach Art eines Kindes, das aus einem wirren Haufen von Bauklötzen Türme baut; zum anderen nach Art eines Betrachters surrealistischer Bilder, die sich bald als dieses, bald als jenes deuten lassen. Es sei mir erlaubt, die erste Art die konstitutive, die zweite die interpretative Synthesis zu nennen. Die konstitutive Synthesis verlangt in der Tat die Subjektivität des sinnlichen Mannigfaltigen. Denn da der Verstand hier wie der Platonische Demiurg die Welt nach seinen Begriffen realiter zusammensetzt, muß das Material für ihn „zugänglich" und manipulierbar sein, und das wäre nicht der Fall, wenn er es mit Dingen zu tun hat, die unabhängig vom Subjekt existieren. Die interpretative Synthesis dagegen ist auch ohne die Voraussetzung subjektiver Anschauungsformen möglich. Ihr Wirken besteht lediglich darin, ein vorgegebenes und schon in Raum und Zeit angeordnetes Mannigfaltiges nach der Einheit des einen oder anderen Begriffs zusammenzufassen, so daß es als ein bestimmter Gegenstand aufgefaßt werden kann, ohne dabei jedoch in das Mannigfaltige selbst realiter „einzugreifen". Wenn ich Dalis „Spanien" betrachte, so kann ich den oberen Teil des Bildes bald als Frauenkopf, bald als Reiterschlacht sehen, je nachdem, ob ich die Farbflecke nach der Einheit des Mannigfaltigen, die ich im Begriff eines Frauenkopfes denke, oder nach derjenigen, die ich im Begriff einer Reiterschlacht denke, verbinde. Das Bild selbst bleibt hierbei unverändert, und daher ist es ganz gleichgültig, ob das anschauliche Mannigfaltige nur in meiner Vorstellung oder davon unabhängig existiert, ob es also dem Verstande nur von der Sinnlichkeit oder von den Dingen selbst gegeben wird. Denn die Synthesis geschieht nur in Gedanken und betrifft nur meine Auffassung der Dinge, ohne die Dinge selbst zu beeinflussen. Sie ist deshalb ebensowohl von Dingen an sich möglich.

Der Frage nach der persönlichen Ansicht Kants möchte ich hier nicht nachgehen[86]. Es lassen sich notfalls für beide Auffassungen Belege finden. Für die interpretative Synthesis z. B., wenn es heißt, daß wir „bloß Erscheinungen nach synthetischer Einheit buchstabieren, um sie als Erfahrung lesen zu können" (B 370f. Prol. § 30). Für die konstitutive Synthesis, wenn Kant von einem „Gewühle von Erscheinungen" spricht (A 111), obgleich diese Formel nicht zwingend ist, da man den Eindruck, den ein Analphabet von der Schrift hat, auch als ein „Gewühl" schwarzer Striche umschreiben könnte. Kants Stil ist trotz seiner „glänzenden Trockenheit"[87] streckenweise immer noch zu bildhaft und daher Mißdeutungen ausgesetzt. Aber wie dem auch sei, sicher scheint mir, daß sowohl im Kantischen System als auch an sich nur von einer interpretativen Synthesis die Rede sein kann, weil die konstitutive Synthesis einen anschauenden Verstand erfordern würde.

Ein konstitutiver Verstand entscheidet ja nicht nur über die begriffliche Einheit eines in den Anschauungsformen schon geordneten Mannigfaltigen, sondern auch über die Anordnung des Mannigfaltigen in Raum und Zeit. Er sucht sich gleichsam die Empfindungen aus einem chaotischen Haufen heraus und setzt sie dort, wo er sie haben möchte, in den Raum und in die Zeit, oder — da dies die Gegebenheit des leeren Raumes und der leeren Zeit erfordern würde — er ist wenigstens imstande, die Empfindungen wie ein Schachspieler nach Belieben in Raum und Zeit „hin- und herzuschieben". Um das aber zu können, muß der Verstand rein aus sich selbst Begriffe hervorbringen, die nicht nur die Einheit eines Mannigfaltigen überhaupt, sondern auch das besondere Mannigfaltige, das unter der Einheit steht, enthalten. Denn da er unabhängig von dem, was ihm von der Sinnlichkeit vorgegeben sein mag, die Gegenstände zusammenfügt, so fehlt ihm bei der Synthesis jegliche Anleitung durch die Sinnlichkeit. Für einen konstitutiven Verstand ist das Blau des Meeres nicht *gegeben*, und seine ursprüngliche Leistung beschränkt sich nicht darauf, die

---

[86] Zur Entstehung und Ausbildung der Synthesislehre bei Kant vgl. Kaulbach 1967.
[87] Schopenhauer: Die Welt als Wille und Vorstellung. Anhang. (WW I 578).

Vorstellungen des Wassers und der blauen Farbe vermittels der Kategorie der Subsistenz und Inhärenz als objektive Einheit zu apperzipieren, sondern er entscheidet selbst ursprünglich über die Farbe des Meeres. Daher muß sein eigener, reiner Begriff ihm Anleitung geben, welchen besonderen Substanzen welche besonderen Akzidenzien zukommen, d. h. in der Kategorie muß schon alles Mannigfaltige, auf das sie sich bezieht, enthalten sein. Solche Begriffe kann nur ein Verstand hervorbringen, der selbst anschaut (Vgl. oben S. 86).

Da wir nun einen anschauenden Verstand nicht haben; da die konstitutive Synthesis also ausfällt, die interpretative Synthesis aber auch ohne subjektive Anschauungsformen möglich ist, so folgt, daß die Subjektivität von Raum und Zeit für Kants Lehre von der spontanen Synthesis des Verstandes keine notwendige Voraussetzung ist.

§ 18. Der Idealismus der Anschauung und die Transzendentale Dialektik

Schließlich erwähne ich noch, daß auch die „Transzendentale Dialektik" nicht an diese Voraussetzung gebunden ist. Kant macht den Vorschlag, die Richtigkeit seiner Theorie am Widerstreit der Vernunft mit sich selbst und seiner Lösung zu überprüfen (B XVIII ff). Machen wir das „Experiment" mit dem Theorem der subjektiven Anschauungsformen, so finden wir, daß das Theorem zur Auflösung der Antinomie nichts beiträgt. Die Antinomie tritt auf, sobald die Vernunft versucht, ihre Idee der absoluten Totalität auf die Erfahrungswelt anzuwenden. Das mißlingt deshalb, weil der Verstand, der die Erfahrungswelt (als solche) schafft, sich die Anschauung zu seinen Begriffen nicht selbst machen kann, sondern auf die Sinnlichkeit als ein heterogenes Vermögen angewiesen ist. Die Vernunft stellt sich in der Anwendung ihrer Idee auf die Erfahrungswelt die synthetische Einheit, die im Verstandesbegriff gedacht wird, als absolut vollständig realisiert vor. Das wäre auch ganz richtig, wenn der Verstand intuitiv wäre. Dann wäre nämlich z. B. *im* Begriff der Ursache schon alles Mannigfaltige, das unter ihn subsumiert werden kann, enthalten, also alles, was Ursache sein kann, mithin auch zu jeder Wirkung die vollständige Reihe der sie bedingenden Ursachen, gegeben. Der Verstand ist aber nicht intuitiv, sondern muß sich die Anschauung, die er braucht, um seinen Begriffen objektive Realität zu geben, in der Sinnlichkeit suchen, und diese gestattet ihm nur, seine Begriffe teilweise zu realisieren, niemals aber in ihrem ganzen Umfang, wie es die Vernunft voraussetzt (B 378f).

Das liegt jedoch nicht etwa daran, daß die sinnliche Anschauung nur Erscheinung wäre, sondern an ihrer besonderen Art und Form, die stets partikularisiert und nicht die Allgemeinheit des Verstandesbegriffs vorstellen kann, den sie daher niemals adäquat wiedergibt. Ich kann mir nicht *die* Ursache-Wirkung-Relation schlechthin anschaulich machen, sondern immer nur eine besondere. Die Lösung der Antinomie besteht also in dem Nachweis, daß unsere Erkenntnis sich auf zwei heterogene Vermögen stützt, die nicht voll kongruieren, so daß man sich nicht ohne weiteres die Vorstellungen des einen Vermögens in den Vorstellungen des anderen Vermögens realisiert denken darf. Das ist alles, was nötig ist. Die Frage, ob und welches der beiden Vermögen Erscheinungen oder Dinge an sich vorstellt, ist unerheblich.

Kants „Kritische Entscheidung des kosmologischen Streits der Vernunft mit sich selbst" (B 525ff) gipfelt in dem Satz, daß sowohl Thesis als Antithesis der Antinomie falsch sind, weil die Welt kein an sich existierendes Ganzes ist. Die Gültigkeit dieses Satzes ist unabhängig davon, ob man die Welt für Erscheinung oder für ein Ding an sich hält. Im letzteren Fall würde der Satz besagen, daß die Welt zwar ein Ding an sich ist, aber kein absolutes Ganzes im Sinne des Vernunftbegriffs. Dies kann man so auffassen, daß nicht das Mannigfaltige der Anschauung Erscheinung ist, sondern die Einheit dieses Mannigfaltigen, die wir im Begriff denken. Damit hätte man die Bewertung, die Kant den Erkenntnisvermögen gibt, umgekehrt, und das wäre, wenn man überhaupt werten will, im Rahmen der Kantischen Theorie für mein Empfinden, wie schon bemerkt, die einleuchtendere Position. Denn mit Hilfe des Begriffs fassen wir das Mannigfaltige als Einheit auf, und da liegt die Annahme näher, daß diese Einheit, die lediglich der Apperzeption des Mannigfaltigen durch das Subjekt dient, nur in unserer Vorstellung existiert, als das sinnliche Mannigfaltige, das uns doch *gegeben* ist. Trotzdem ist natürlich auch die Kantische Position möglich, und nicht nur sie, sondern auch alle übrigen Kombinationen (daß z. B. beides Erscheinung ist oder nur ihre Verbindung usw.); denn da wir die Dinge an sich nicht kennen, müssen wir alle Möglichkeiten offenlassen. Soweit es um Kants Auflösung der Antinomie geht, können wir das auch ohne Schaden tun. Hier genügt die Einsicht, daß die Erfahrungswelt kein absolutes Ganzes ist, weil sie kein reines Noumenon ist, sondern ein Produkt aus Sinnlichkeit und Verstand und weil die Sinnlichkeit, aufgrund ihrer partikularisierenden Form, die Anschauung einer Allheit, d. i. die Vorstellung eines Begriffs*umfanges* als eines *synthetischen* Ganzen, nicht zuläßt. Es macht uns zwar keine Schwierigkeiten, z. B. die

Größe aller Dinge zusammengenommen als bestimmt (endlich oder unendlich) zu *denken*, aber wir können diesen Gedanken (einer absoluten synthetischen Einheit) nicht in der Sinnlichkeit realisieren, weil wir niemals alle Dinge zur Einheit einer Anschauung bringen können. Es liegt daher am notwendigen sinnlichen Element der Erfahrungsgegenstände, daß die Idee der absoluten Totalität in keiner Beziehung auf sie anwendbar ist, ohne daß sie deshalb freilich Erscheinungen sein müssen. Denn daß die Dinge an sich, weil sie vom Subjekt unabhängig sind, ein absolutes Ganzes ausmachen und somit dem Vernunftbegriff entsprechen müssen, ist, wie wir schon im vorigen Kapitel gesehen haben, bloß ein unkritisches rationalistisches Dogma, auf das auch die „Transzendentale Dialektik" verzichten kann. Entscheidend zur Verhütung des dialektischen Scheins, in der rationalen Psychologie und Theologie ebenso wie in der rationalen Kosmologie, ist allein die Rücksicht auf den Dualismus der Erkenntnisquellen. Ihre Bewertung hinsichtlich der Erkenntnis der Dinge an sich darf man auf sich beruhen lassen. –

Falls unsere Überlegungen zutreffen, dann wäre also der unbeweisbare Idealismus der sinnlichen Anschauung für Kant entbehrlich gewesen. Für die Lehre von der Synthesis des Verstandes und die Aufdeckung des dialektischen Scheins ist er eine überflüssige Voraussetzung, weil beides ebensogut ohne ihn denkbar ist. Zum Beweis der Möglichkeit synthetischer Urteile a priori aber ist er im übrigen eine ungeeignete Voraussetzung. Weder läßt sich die Notwendigkeit unserer Raum-Zeit-Anschauung daraus einsehen, noch kann er die Möglichkeit apriorischen Anschauens erklären. Beides würde ein ganz andersartiges Erkenntnisvermögen, als wir es besitzen, erfordern, nämlich einen intuitiven Verstand, in dessen reinem Begriff schon alles anschauliche Mannigfaltige, für das er gilt, enthalten wäre. Dann könnten wir die Raum-Zeit-Anschauung samt ihrer inneren Struktur und den in ihr möglichen Gestalten analytisch aus dem Begriff des Selbstbewußtseins deduzieren und so ihre Notwendigkeit erkennen. Solange uns eine solche Deduktion aber verwehrt ist, bleiben Raum und Zeit und das Mannigfaltige in ihnen eine für uns zufällige Gegebenheit, die – sie sei nun subjektiv oder objektiv – uns nur zu Urteilen a posteriori berechtigt. Daher bringt es gegenüber der Ansicht, daß Raum und Zeit Formen der Dinge an sich seien, keinen Vorteil, wenn man sie im Subjekt entspringen läßt. An ihrer zufälligen Gegebenheit ändert man dadurch nichts, und woher sie uns gegeben werden, ob von den Dingen an sich oder von unserer Sinnlichkeit, ist in der Absicht auf Erkenntnis a priori ohne Bedeutung, es sei denn, man wolle sich auf die Vertrautheit des

Eigenen berufen und argumentieren, daß sie uns dann, wenn sie uns von unserer eigenen Sinnlichkeit gegeben werden, auch bekannt sein müssen, soweit sie nicht gegeben sind, was aber wohl soviel wäre, als verließe man sich auf die Bauernweisheit, daß man sich in seiner Rocktasche ja auskenne.

III. Die spontane Synthesis des Verstandes

§ 19. Willkürliche und notwendige Begriffe

Kant hat das Ergebnis seiner „Kopernikanischen Wende", daß wir der Natur die Gesetze vorschreiben, offenbar sehr wörtlich genommen. Er war der Ansicht, daß die gegenständliche Einheit des sinnlichen Mannigfaltigen dem erkennenden Subjekt nicht gegeben ist, sondern allererst von ihm selbst hervorgebracht wird. Ich möchte jetzt zeigen, daß auch diese Lehre nur eine zwar mögliche, aber unbeweisbare Hypothese ist, die niemals einen Beweisgrund für die Möglichkeit synthetischer Urteile a priori abgeben kann, und daß das Gelingen der Transzendentalen Deduktion auch nicht an diese Voraussetzung geknüpft ist. Dadurch soll dargetan werden, daß Kants Theorie wirklich von allen psychologistischen Implikationen unabhängig ist.

Man könnte sich naiv stellen und Kant fragen: Wenn wir der Natur die Gesetze vorschreiben, warum machen wir dann keine besseren Gesetze? Den Leibnizschen Optimismus, daß keine besseren denkbar seien, wird wohl heute niemand mehr teilen mögen. So könnte eine Novellierung des Kausalitätsgesetzes uns von der Verpflichtung erlösen, unseren Lebensunterhalt durch Arbeit zu verdienen, und eine Änderung des Substanzgesetzes würde uns mit einem Schlage alle Sorgen der Umweltverschmutzung nehmen. Diese Bemerkung ist nicht ganz so albern, wie sie klingt, denn sie weist auf das einzige Kriterium hin, an dem wir mit Sicherheit die Spontaneität einer Handlung erkennen können, nämlich an ihrer Abhängigkeit von unserer freien Entscheidung.

Nun sind wir in der Tat in der Lage, Begriffe nach Belieben zu bilden. Ob ich von Zimmern, Wohnungen, Häusern oder Grundstücken sprechen will, liegt allein in meinem Ermessen und richtet sich nur danach, was ich – z. B. in einem Pachtvertrag – für zweckmäßig halte. Desgleichen kann ich mir je nach Laune Begriffe von Kentauren, Marsmenschen oder Dekaedern bilden. Aber mit solchen willkürlichen Begriffen kann ich der Natur keine Gesetze vorschreiben. Zwar kann ich a priori urteilen: alle Kentauren haben einen Pferdeleib, aber dieses Urteil ist nur analytisch und besagt nicht mehr, als daß ich einen Menschen ohne Pferdeleib nicht Kentaur nennen würde. Ob es aber solche Wesen gibt, d. h. ob die Einheit des anschaulichen Mannigfaltigen, die ich in diesem Begriff denke, in der Natur vorkommt oder auch nur vorkommen *kann,* das kann ich a priori nicht entscheiden, sondern bin auf das angewiesen, was mir in der Erfahrung gegeben wird.

Nun gibt es nach Kant jedoch Begriffe, unter deren Einheit alles Mannigfaltige notwendig stehen muß, weil es anders nicht zur Einheit des Selbstbewußtseins gebracht werden könnte und somit für uns gar nicht erfahrbar wäre. Das sind die aus den Urteilsformen abgeleiteten Kategorien. Sie bestimmen, zusammengenommen in ihrem System, diejenige Einheit, die alles Mannigfaltige aufweisen muß, wenn es uns überhaupt als Gegenstand erscheinen soll. Sie werden daher von allen willkürlichen Begriffen bereits vorausgesetzt. Wenn ich irgendeinem Begriff, den ich beliebig gebildet habe, Bedeutung, d. h. eine korrespondierende Anschauung, verschaffen will, so muß ich letztlich mit ostensiven Definitionen den Anfang machen. Natürlich kann ich einen Begriff zunächst durch andere Begriffe definieren, aber irgendwann kommt der Punkt, wo ich auf Sätze zurückgreifen muß wie „Dies ist ein Pferd" usw. Der Indikator „Dies" setzt aber schon voraus, daß ich dasjenige, worauf ich zeige, überhaupt als Gegenstand, als ein „Etwas" erkenne, weil ich sonst gar nicht wissen könnte, worauf gewiesen wird. Folglich liegen die Kategorien allen anderen Begriffen und somit aller möglichen Erkenntnis zugrunde und sind insofern notwendige Begriffe. Darauf lassen sich nun allerdings Naturgesetze a priori gründen. Denn wenn die in den Kategorien gedachte Einheit des Mannigfaltigen der Anschauung Bedingung dafür ist, daß es uns überhaupt zum Gegenstand wird, dann können wir schließen, daß es in der für uns erfahrbaren Natur notwendig Größen, Substanzen, Ursachen usw. geben muß.

Freilich gestatten allein die Kategorien einen solchen Schluß, weil sie die einzigen notwendigen Begriffe sind. Alle übrigen Begriffe, die sich nicht darauf beschränken anzugeben, unter welcher Einheit eine Anschauung überhaupt (ob wie die unsrige eine räumlich-zeitliche oder nicht) stehen muß, damit sie uns überhaupt als Gegenstand bewußt werden kann, sondern die *besondere* Gegenstände bestimmen, sind zufällig und allem Anschein nach allesamt auch mehr oder minder willkürlich. Denn um einen besonderen Gegenstand zu bestimmen, brauchen wir konkrete Anschauung und sind also einerseits davon abhängig, welche besondere Art der Anschauung und des Mannigfaltigen uns die Sinnlichkeit gibt. Andererseits aber können wir ein gegebenes Mannigfaltiges stets so oder so interpretieren und zur begrifflichen Einheit bringen, und insofern hängen die Begriffe, die wir bilden, auch von dem ab, was wir „sehen wollen" (Vgl. B 140). Diese Zufälligkeit der sinnlichen Begriffe (d. i. derjenigen, die sich in ihrem Inhalt schon auf räumlich-zeitliche Anschauung beziehen und so besondere Gegenstände bestimmen) ist eine andere als diejenige, die auch den Kategorien eignet. Denn wenn die Kategorien notwendige Begriffe genannt werden, so bedeutet das natürlich nicht, daß auch der Buschmann von „Substanzen" reden muß. Ob er es tut, kommt auf den Grad seiner Reflexion und seine Anstrengung, die eigenen Begriffe analytisch zu zergliedern, an. Trotzdem aber wendet er diejenige Einheit, die der Philosoph als das Verhältnis Substanz—Akzidenz bezeichnet, auf seine Anschauungen an, sofern er überhaupt über Begriffe verfügt und etwas erkennt. Man muß unterscheiden zwischen dem Gebrauch eines Begriffs und der Reflexion darauf. Die Reflexion ist bei allen Begriffen gleichermaßen zufällig, einschließlich der Kategorien, bei denen sie nur immer *möglich* sein muß[88]. Dagegen ist der Gebrauch der Kategorien notwendig, derjenige der sinnlichen Begriffe nur zufällig. Jemand kann allerlei mögliche Erkenntnisse tätigen, ohne je in seinem Leben einen Raum gemäß dem Begriffe eines Kreises aufzufassen. Dagegen muß er, wenn er überhaupt Gegenstände erkennen will, notwendig ein Mannigfaltiges gegebener Vorstellungen auf einen identischen Gegenstand beziehen und damit von der Kategorie der Subsistenz—Inhärenz Gebrauch machen, gleichgültig, ob er sich dies zum Bewußtsein bringt oder nicht. Wir können Begriffe gebrauchen, ohne auf sie zu reflektieren und uns über ihren Inhalt Rechenschaft abzulegen, ein sattsam bekannter Mißstand, dessen Milderung eine wesentliche Aufgabe der theoretischen Wissenschaften ist.

§ 20. Unmittelbare Beweise für die Spontaneität der Synthesis

Die Frage ist nun: wie läßt sich beweisen, daß die kategoriale Einheit des Mannigfaltigen eine spontane Leistung des erkennenden Subjekts ist?

---

[88] Vgl. B 131: „Das: *Ich denke,* muß alle meine Vorstellungen begleiten *können.*" A 117 Anm.: „Diese Vorstellung (sc. des Ich) mag nun klar (empirisches Bewußtsein) oder dunkel sein, daran liegt hier nichts, ja nicht einmal an der Wirklichkeit desselben; sondern die Möglichkeit der logischen Form alles Erkenntnisses beruht notwendig auf dem Verhältnis zu dieser Apperzeption *als einem Vermögen.*" B 132. 134.

Ein unmittelbarer Beweis ist nicht möglich. Er wäre auf zweierlei Weise denkbar. Einmal mit Hilfe des Kriteriums der Willkürlichkeit, das hier jedoch negativ ausfällt, da es sich um notwendige Einheit handeln soll. Die zweite Art eines unmittelbaren Beweises wäre gegeben, wenn wir den Verstand dabei beobachten könnten, wie er aus Ungegenständlichem Gegenständliches macht. Das geht ebenfalls nicht an. Dann müßten wir nämlich imstande sein, etwas als das Ungegenständliche zu erkennen, um so zu verfolgen, wie der Verstand daraus Gegenständlichkeit macht. Wenn ich aber sage: „Dies ist das ungegenständliche Mannigfaltige", dann muß es schon vergegenständlicht und als identifizierbare Einheit gegeben sein, weil ich sonst nicht erkennen könnte, was mit dem „Dies" gemeint ist. Daher bleibt das ungegenständliche, vom Verstande noch nicht synthetisierte Mannigfaltige der bloßen Sinnlichkeit für uns unerreichbar und mit ihm die Möglichkeit, die kategoriale Einheit des Mannigfaltigen aus unmittelbarer Erfahrung als spontane Leistung des Verstandes zu erkennen. Das „Ungegenständliche" ist für uns ein bloß negativer Begriff, der kein einziges positives Merkmal enthält und dessen objektive Realität daher niemals durch irgendeine Anschauung belegt werden kann. Vielmehr führt jeder Versuch, ihn zu veranschaulichen, zum Widerspruch, weil von uns verlangt wird, daß wir „etwas" als „nichts" erkennen.

Wollte Kant, um die Spontaneität der ursprünglichen Synthesis zu beweisen, die Möglichkeit einer Erkenntnis des Ungegenständlichen einräumen, würde er damit seine Transzendentale Deduktion widerlegen. Diese enthält den Nachweis, daß das Mannigfaltige der Sinnlichkeit nur als gegenständlich synthetisiertes zur Einheit des Selbstbewußtseins gebracht werden kann. Nimmt man nun an, daß das Mannigfaltige auch ungegenständlich erkannt werden kann, dann muß entweder dieser Nachweis, daß Gegenständlichkeit der Vorstellungen Voraussetzung ihrer Beziehbarkeit auf das Ich ist, fehlerhaft sein, oder Kants Grundannahme muß falsch sein, daß Erkenntnis die Beziehbarkeit der Vorstellungen auf das Ich voraussetzt. Im letzteren Fall müßte jemand die widersprüchliche Behauptung wagen, daß *er* durch Vorstellungen etwas erkenne, von denen er gar nicht sagen kann, daß es *seine* Vorstellungen sind. In beiden Fällen aber wäre Kants Transzendentale Deduktion unhaltbar.

§ 21. Prämissen für einen mittelbaren Beweis

Da ein unmittelbarer Beweis also ausfällt, müßte man versuchen, die Spontaneität der ursprünglichen Synthesis zu erschließen. Damit stellt sich erneut die Frage nach einem möglichen Obersatz. Von vornherein ist klar, daß die Spontaneitätslehre, wenn sie zur Begründung der Möglichkeit synthetischer Urteile a priori überhaupt in irgendeiner Weise behilflich sein soll, nicht selbst schon zu ihrem Beweis ein solches Urteil voraussetzen darf. Sie müßte sich daher, wenn man Kants Deduktionsprinzip zugrunde legt, analytisch aus dem Begriff eines Selbstbewußtseins als Bedingung seiner Möglichkeit ableiten lassen. Dieser Auffassung scheint Kant, nach dem § 16 der „Kritik der reinen Vernunft" zu urteilen, auch wirklich gewesen zu sein, jedoch irrigerweise.

Kant geht aus von dem Satz: „Das: Ich denke, muß alle meine Vorstellungen begleiten können."[89] Er nennt diesen Grundsatz analytisch (B 135. 138), und nur wenn er so aufgefaßt wird, kann er als Prinzip zum Beweis möglicher synthetisch-apriorischer Erkenntnis überhaupt dienen. Denn er urteilt als Allsatz a priori und darf daher nicht selbst schon synthetisch sein. Daraus folgt, daß das „Denken" in der Formel „Ich denke" nicht im Sinne einer besonderen Vorstellungsart (im Unterschied zur Anschauung) genommen werden darf. Dann wäre der Satz synthetisch und außerdem eine Petitio principii; denn daß das Denken als Vermögen der begrifflichen Einheit bei allen Vorstellungen, die ich meine nenne, beteiligt sein muß, soll ja gerade erst bewiesen werden. Kant hätte daher gut daran getan, sich bei der Aufstellung seines obersten Grundsatzes noch jedweder Anspielung auf seine dualistische Vermögenslehre zu enthalten und die ersten Sätze des § 16 etwa so zu formulieren:

> Das: *Ich* stelle vor, muß alle *meine* Vorstellungen begleiten können; denn sonst würde etwas in mir vorgestellt werden, was ich gar nicht vorstellen könnte, welches ebensoviel heißt, als die Vorstellung würde entweder unmöglich, oder wenigstens für mich nichts sein. Also haben alle Vorstellungen, sofern ich sie meine nennen kann, eine notwendige Beziehung auf das Ich als ihr gemeinsames Subjekt.

---

[89] Zur Deutungsproblematik der „Transzendentalen Deduktion" vgl. Ebbinghaus 1968. Reich 1948, S. 25 ff. Vleeschauwer 1934–37. Paton 1936, S. 313 ff. Zocher 1954. Muralt 1958. Bennett 1966, S. 100 ff. Strawson 1966, S. 82 ff. Wolff 1968. Henrich 1969. Körner 1969. Rademacher 1970.

Auf diese Weise tritt der analytische Charakter deutlicher hervor, indem man unmittelbar einsieht, daß die Gegenannahme einen Widerspruch enthält. Kants Grundsatz ist nichts weiter als eine Erläuterung des Begriffs „meine Vorstellungen", der auf alle Vorstellungen anwendbar sein muß, sofern ich behaupten will, daß *ich* durch sie etwas erkenne. Es wird gezeigt, daß im Begriff „meine Vorstellungen" eine Relation dieser Vorstellungen auf das Ich gedacht wird, in der sie alle als Bestimmungen meiner selbst als ihres identischen Subjekts angesehen werden. Darauf läßt sich nun weiterfragen: Wie lassen sich Vorstellungen als Bestimmungen *eines* Subjekts denken? Offenbar nur, indem sie als eine *Ein*heit aufgefaßt werden und folglich, wenn es sich um unterschiedene Vorstellungen handelt, als eine synthetische Einheit. Dies folgt ebenfalls analytisch, nämlich aus dem Inhalt des Begriffs „Bestimmungen *einer* Sache". Wenn ich die Ausdehnung, die Rundung, die Röte, die Süße usw. als Bestimmungen dieses selben Apfels auffasse, dann denke ich diese verschiedenen Vorstellungen als eine synthetische Einheit, so daß sie alle zu der einen, identischen Vorstellung „dieser Apfel" vereinigt sind. Ebenso „bin ich mir des identischen Selbst bewußt, in Ansehung des Mannigfaltigen der mir . . . gegebenen Vorstellungen, weil ich sie insgesamt *meine* Vorstellungen nenne, die *eine* ausmachen", nämlich die Vorstellung „Ich"[90]. Da

---

[90] B 135. 138: „Dieser letztere Satz ist, wie gesagt, selbst analytisch, ob er zwar die synthetische Einheit zur Bedingung alles Denkens [besser: Erkennens] macht; denn er sagt nichts weiter, als daß alle *meine* Vorstellungen . . . unter der Bedingung stehen müssen, unter der ich sie allein als *meine* Vorstellungen zu dem identischen Selbst rechnen, und also, als in einer Apperzeption synthetisch verbunden, durch den allgemeinen Ausdruck *Ich denke* [besser: Ich stelle vor] zusammenfassen kann." An den Stellen, an denen ich in den beiden Zitaten Auslassungspunkte gesetzt habe, nimmt Kant Bezug auf die Anschaulichkeit der Vorstellungen. Ich habe das fortgelassen, um die Zwei-Quellen-Theorie aus diesem Gedankengang herauszuhalten, die davon unabhängig ist. Es gilt für alle Vorstellungen schlechthin, die zu einer Erkenntnis dienen sollen, unangesehen ihrer Beschaffenheit und Herkunft; auch für die Vorstellungen eines intuitiven Verstandes. Es kommt nur auf die Beziehung der Vorstellungen auf ein identisches Subjekt an, die Unterscheidung zwischen Denken und Anschauen als heterogenen Vermögen ist irrelevant. Die aufgeführten Zitate lassen, neben anderen, erkennen, daß Kant so auch gedacht hat. Wenn nicht der zweite Satz des § 16 („Diejenige Vorstellung, die vor allem Denken gegeben sein kann, heißt Anschauung") mit seiner ausdrücklichen Unterscheidung der Vermögen wäre, würde man Kants Formel „Ich denke" auf unsere Übersetzungsgepflogenheiten zurückführen. Überträgt man den Satz nämlich ins Lateinische, ergibt sich von selbst die oben vorgeschlagene Fassung. Diese Schulgewohnheit, das lateinische „cogitare", das an sich einen viel weiteren Gebrauch hat und am ehesten dem Kantischen „vorstellen" als Gattungsbegriff entspricht (B 376), mit „denken" zu übersetzen, ist wahrscheinlich auch der eigentliche Ursprung der Formel, die Kant bei der Ausarbeitung des Textes dann als Aufhänger benutzt, um sogleich die Beziehung zur Vermögenslehre herzustellen. An

nun die Einheit des Mannigfaltigen dasjenige ist, was wir „Gegenstand", „Ding", „Objekt" nennen (Vgl. B 137), so ist Gegenständlichkeit der Vorstellungen Bedingung der Möglichkeit des Selbstbewußtseins, das ja auch dadurch definiert ist, daß ich mich selbst zum Gegenstand mache.

So weit wird man den analytischen Charakter der Deduktion einräumen müssen. Kant behauptet aber weiter, daß die Einheit der Vorstellungen eine Synthesis voraussetze, im Sinne einer spontanen Handlung des Verbindens, und diese Behauptung ist analytisch nicht mehr deduzierbar, sondern erfordert synthetische Erkenntnis. Im bloßen Begriff der synthetischen Einheit mannigfaltiger Vorstellungen wird nichts von einer Handlung, durch die diese Einheit zustande kommt, gedacht, sondern eben nur diese Einheit selbst. Andernfalls müßte die Annahme einer Einheit, die nicht durch Synthesis erst erzeugt wird, sondern gegeben ist, einen Widerspruch enthalten, was offenkundig nicht der Fall ist. Gewiß kann ich mir Begriffe bilden, wie ich will, und so auch den einer durch Synthesis hervorgebrachten Einheit, aus dem ich die Synthesis analytisch gewinnen kann[91]. Aber das ist alsdann kein notwendiger Begriff, der im Begriff des Selbstbewußtseins enthalten wäre. Denn dort wird nur verlangt, daß das Mannigfaltige als Einheit *überhaupt* gedacht wird, ohne Angabe darüber, wie es zu dieser Einheit kommt, und da ich mir eine gegebene Einheit ebenso widerspruchsfrei denken kann, so muß also der Grund des Satzes, daß jede synthetische Einheit mannigfaltiger Vorstellungen eine Handlung der Synthesis voraussetzt, außerhalb des Begriffs einer synthetischen Vorstellungseinheit überhaupt gesucht werden. D. h. der Satz ist synthetisch, und zwar ist er, wie man sich leicht überzeugen kann, nichts anderes als ein Kausalsatz. Das ergibt sich auch aus Kants Bestimmung der Handlung als ein der Kategorie der Kausalität untergeordnetes „Prädikabile"[92].

Den genannten Satz muß Kant nun aber als Obersatz vorausschicken, um dann, zusammen mit dem deduzierten Untersatz, daß eine synthe-

---

anderen Stellen drückt er sich anders aus. B 135 u. ö. redet er bloß vom „Ich"; B XL Anm. heißt es: die „Vorstellung *Ich bin*, welche alle meine Urteile und Verstandeshandlungen begleitet" (vgl. B 138. 277), was allerdings noch unglücklicher ist und aus Kants Bestreben resultiert, seinen Grundsatz mit Descartes' „cogito" zu verquicken, von dem er an sich streng unterschieden werden muß. — Übrigens habe ich oben, entgegen Kants ausdrücklicher Verwahrung (B 131), ganz bewußt mit den *Kategorien* der Einheit und Subsistenz—Inhärenz operiert. Das wird später seine Rechtfertigung finden (vgl. unten S. 121).

[91] Vgl. oben S. 23.
[92] B 108. Vgl. unten S. 117.

tische Einheit überhaupt der Vorstellungen notwendig ist, auf eine Synthesishandlung schließen zu können. Daraus folgt erstens, daß die Synthesislehre niemals als *Voraussetzung* eines Beweises der Möglichkeit synthetischer Urteile a priori überhaupt dienen kann. Denn da sie synthetische Erkenntnis erfordert, so ist sie in jedem Falle ungeeignet, sie mag nun empirisch oder a priori gegründet sein. Wird sie empirisch begründet, dann fehlt ihr die Notwendigkeit zum Beweis apriorischer Urteile. Soll sie a priori gewiß sein, dann entsteht ein Zirkel, der hier besonders kraß hervortritt, weil ja das Kausalitätsprinzip einer der Grundsätze ist, deren apriorische Gültigkeit gerade erst bewiesen werden soll, mit der Synthesislehre jedoch schon ein Kausalgesetz als a priori geltend vorausgesetzt würde. Darüber hinaus aber folgt — wenn man Kants eigene Theorie zugrunde legt — zweitens, daß die Synthesislehre a priori schlechthin unbeweisbar ist, auch wenn man sie nur als *Konsequenz* der Transzendentalen Deduktion aufführt. Denn Kant beansprucht, allein das Kausalitätsprinzip a priori beweisen zu können, nicht aber besondere Kausalgesetze, die auch für ihn immer nur empirisch-induktive Gewißheit erreichen können (B 165. 794. KU V 183). Man könnte a priori also allenfalls schließen, daß die Einheit der Vorstellungen überhaupt irgendeine Ursache haben müsse, nicht jedoch, welches diese Ursache sei, daß sie nämlich im Subjekt liegen müsse. Das wäre ein besonderes Kausalgesetz, das eine bestimmte Ursache einer bestimmten Wirkung zuordnet, und dazu bedarf es empirischer Erkenntnis.

§ 22. *Der Fehler in Kants Beweis: ungenügende Unterscheidung zwischen synthetischer und analytischer Einheit*

Von einer solchen macht Kant bei der Begründung der Synthesisthese auch tatsächlich Gebrauch. Er schreibt:

> „Nämlich diese durchgängige Identität der Apperzeption, eines in der Anschauung gegebenen Mannigfaltigen, enthält eine Synthesis der Vorstellungen, und ist nur durch das Bewußtsein dieser Synthesis möglich. Denn das empirische Bewußtsein, welches verschiedene Vorstellungen begleitet, ist an sich zerstreut und ohne Beziehung auf die Identität des Subjekts. Diese Beziehung geschieht also dadurch noch nicht, daß ich jede Vorstellung mit Bewußtsein begleite, sondern daß ich eine zu der

andern *hinzusetze* und mir der Synthesis derselben bewußt bin. Also nur dadurch, daß ich ein Mannigfaltiges gegebener Vorstellungen *in einem Bewußtsein* verbinden kann, ist es möglich, daß ich mir die *Identität des Bewußtseins in diesen Vorstellungen* selbst vorstelle, d. i. die *analytische* Einheit der Apperzeption ist nur unter der Voraussetzung irgend einer *synthetischen* möglich" (B 133).

Wie immer man diesen Passus verstehen mag, eines scheint mir sicher: durch das bewußte Hinzusetzen der einen zur anderen kann nicht erst diejenige Einheit der Vorstellungen entstehen, kraft deren ich mir ihrer überhaupt erst als meiner Vorstellungen bewußt sein kann. In dieser Einheit müssen sie mir offenbar immer schon gegeben sein. Denn Vorstellungen, deren ich mir noch gar nicht als meiner Vorstellungen bewußt sein kann, kann ich auch nicht zueinander hinzusetzen und mir dieses Aktes als einer Synthesis meiner Vorstellungen bewußt sein, noch kann ich sonst irgend etwas bewußt mit ihnen anstellen. „Ich würde gar nicht einmal wissen können, daß ich sie habe, folglich würden sie für *mich*, als erkennendes Wesen, schlechterdings nichts sein, wobei sie (wenn ich mich in Gedanken zum Tier mache) als Vorstellungen, die nach einem empirischen Gesetze der Assoziation verbunden wären und so auch auf Gefühl und Begehrungsvermögen Einfluß haben würden, in mir, meines Daseins unbewußt, (gesetzt daß ich auch jeder einzelnen Vorstellung bewußt wäre, aber nicht der Beziehung derselben auf die Einheit der Vorstellung ihres Objekts, vermittelst der synthetischen Einheit ihrer Apperzeption,) immerhin ihr Spiel regelmäßig treiben können, ohne daß ich dadurch in mindesten etwas, auch nicht einmal diesen meinen Zustand, erkennete"[93].

---

[93] Brief an Herz vom 26. 5. 1789 (XI 52). — Ich zitiere deshalb so ausführlich, weil es sich hier gleichzeitig um einen besonders deutlichen Beleg gegen den Schopenhauer-Einwand handelt (vgl. oben S. 14). Die Stelle zeigt klar, daß Kant keineswegs beansprucht, die Möglichkeit von Vorstellungen, die *nicht* unter der notwendigen Einheit der Apperzeption stehen, ausschließen zu können. Man darf darum Kant auch nicht im Sinne Reinholds (1789) interpretieren und den Begriff der Vorstellung an den Anfang der Deduktion stellen, wie es z. B. Vleeschauwer (1934—7, Bd. III, S. 98f), Muralt (1958, S. 15) und Bennett (1966, S. 103) tun; denn zum Begriff der Vorstellung schlechthin gehört eben nicht notwendig die Möglichkeit des reflektiven Bewußtseins, d. h. daß ich mir ihrer als meiner muß bewußt sein können. Aus demselben Grunde halte ich es auch für bedenklich, den Aufbau der zweiten Fassung der „Transzendentalen Deduktion" von 1787 mit Henrich so zu deuten, daß § 26 im Unterschied zu § 20 beweisen soll, „that every given manifold without exception is subject to the categories" (1969, S. 646); dann hätte

Was Kant vor Augen hat, wenn er vom bewußten Hinzusetzen der Vorstellungen spricht, ist offenbar eine andere Einheit. Das ist deutlicher erkennbar an einer anderen Stelle, an der Kant zeigt, daß die ursprüngliche Einheit der Apperzeption erst die Rede von einem „Objekt" ermöglicht. Es heißt dort:

> „Um aber irgend etwas im Raume zu erkennen, z. B. eine Linie, muß ich sie *ziehen,* und also eine bestimmte Verbindung des gegebenen Mannigfaltigen synthetisch zu Stande bringen, so, daß die Einheit dieser Handlung zugleich die Einheit des Bewußtseins (im Begriffe einer Linie) ist, und dadurch allererst ein Objekt (ein bestimmter Raum) erkannt wird" (B 137f).

Auch hier gilt korrelativ: durch eine Handlung des Verbindens kann nicht erst diejenige Einheit entspringen, durch die die Linie überhaupt erst ein Objekt für mich sein kann. Ich müßte denn etwas verbinden können, was für mich noch gar kein Gegenstand, d. h. nichts ist. In der ursprünglich vergegenständlichenden Einheit muß mir die Linie daher immer schon gegeben sein. Das bedeutet aber nicht, daß sie mir schon *als Linie* gegeben sein muß, sondern nur in der Einheit eines Gegenstandes überhaupt. „Linie" ist kein reiner Verstandesbegriff, der einen Gegenstand überhaupt bestimmt, sondern ein sinnlicher Begriff, der einen besonderen Gegenstand bestimmt. In der Anwendung sinnlicher Begriffe scheinen wir nun, wie schon bemerkt, weitgehend frei zu sein. So könnte ich die Linie z. B. auch als eine Reihe von Punkten oder als eine mit der Blickrichtung verlaufende Ebene auffassen. Wenn daher Kant die Einheit des Bewußtseins eines Mannigfaltigen *im Begriffe einer Linie* für eine spontane Leistung des Subjekts erklärt, so trifft das offenbar zu; denn in diesem Falle verfügen wir über das empirische Kriterium der Willkürlichkeit und können dadurch die Spontaneität wenigstens empirisch beweisen. Eben darum aber, weil er willkürlich ist, ist „Linie", wie alle besonderen, sinnlichen Begriffe, kein *notwendiger* Begriff, unter dessen Einheit das Mannigfaltige notwendig apperzipiert werden müßte. Vielmehr muß diejenige Einheit, unter der alles Mannigfaltige stehen muß, wenn es für mich Gegenstand sein will, aller besonderen Bestimmung durch einen willkürlichen, sinnlichen Begriff schon zugrunde liegen. Ich könnte die Willkürlichkeit des Begriffs sonst gar nicht erkennen. Denn dazu muß ich feststellen, daß ich

---

Schopenhauer recht und Kant hätte sich in der Tat widersprochen, wenn er andererseits behauptet: „Die Anschauung bedarf der Funktionen des Denkens auf keine Weise" (B 123).

ein und denselben Gegenstand bald als dieses, bald als jenes auffassen kann. Er muß mir also vor aller besonderen Bestimmung schon in identifizierbarer, gegenständlicher Einheit gegeben sein. Andernfalls könnte ich gar nicht wissen, daß ich als Linie oder Reihe von Punkten oder Ebene stets dasselbe Mannigfaltige auffasse. Ich müßte glauben, jedesmal ganz verschiedene Dinge gegenwärtig zu haben, so daß ich meine Spontaneität gar nicht erkennte, weil ich nicht wüßte, ob ich nur meinen Begriff nach Belieben vertausche oder ob die Gegenstände sich ständig abwechseln und ich mich bloß rezeptiv verhalte. Das hätte außerdem zur Folge, daß es keine negativen und damit auch keine falschen Urteile geben könnte (Vgl. B 737). Wenn nämlich das Mannigfaltige erst im Begriff einer Linie für mich überhaupt zum Gegenstand wird, worüber rede ich dann, wenn ich sage: „Dies ist keine Linie"? Ein solcher Satz ist offenbar nur verständlich, wenn hinter dem „Dies" bereits die Einheit eines Gegenstandes steht, dem ich dann verschiedene Prädikate zu- oder absprechen kann. Jede bewußte Anwendung eines Begriffs auf ein Vorstellungsmannigfaltiges setzt voraus, daß dieses Mannigfaltige schon in irgendeiner begrifflichen Einheit gegeben ist, damit ich einen Gegenstand, ein „Etwas", habe, *auf das* ich meinen Begriff anwenden kann. Dabei kann die gegebene Einheit diejenige eines anderen besonderen Begriffs sein, z. B. wenn ich sage: „Diese Figur ist eine Linie", oder in letzter Instanz die Einheit des Begriffs „Gegenstand überhaupt" oder „Etwas", worauf ich das „Dies" beziehen kann, wenn ich sage: „Dies ist eine Linie".

Das legt die Vermutung nahe, daß die Bestimmung des Mannigfaltigen mit Hilfe des Begriffs zwar jederzeit ein Akt der Spontaneität ist, daß sie aber kein Akt der Synthesis ist, sondern eine Analysis, und ich frage mich, ob unsere ganze Spontaneität, sofern sie mit dem Kriterium der Willkürlichkeit erkennbar ist und sofern sie am eigentlichen Erkenntnisvorgang beteiligt ist, mehr leistet als die Analysis einer gegebenen synthetischen Einheit. Zur Erkenntnis gehören nach Kant Anschauung und Begriff. Es muß also Anschauung unter einen Begriff gebracht oder ein Begriff auf Anschauung angewandt werden. Das geschieht im Urteil und ist eine Leistung der Urteilskraft, die, indem sie eine gegebene Anschauung unter einen Begriff subsumiert, sie dadurch bestimmt und von anderen unterscheidbar macht, weshalb Kant sie in dieser Funktion später die „bestimmende Urteilskraft" genannt hat (B 169ff. KU V 179). Auf diese Weise wird z. B. ein Raum als Linie bestimmt und erkannt. Ein solches Bestimmen ist nun offensichtlich eine spontane Leistung des Subjekts; denn einerseits scheinen wir in der Wahl des anzuwendenden Begriffs zumindest einen erheblichen Spielraum zu haben, andererseits können wir auf die Erkenntnis eines Gegenstandes ganz verzichten. Aber das Bestimmen ist ein analytischer Akt; denn die Subsumption einer Vorstellung unter einen Begriff geschieht analytisch, wie Kant selbst mit Recht an anderer Stelle bemerkt (B 104. Vgl. 176). Man verfährt nach dem Satze der Identität oder des Widerspruchs, indem man Anschauung und Begriff vergleicht und prüft, ob die im Begriff gedachte Einheit in der gegebenen Anschauung enthalten ist. Wenn ich sage: „Dies ist eine Linie", so behaupte ich, daß die synthetische Merkmalseinheit, die wir im Begriff einer Linie denken, in der Anschauung, auf die ich zeige, (als Teilvorstellung) *enthalten* ist. Ich analysiere also die Anschauung, indem ich sie gleichsam in ihre Bestandteile zerlege. Das aber ist nur von einer synthetischen Einheit möglich, und daher setzt jede begriffliche Bestimmung eines anschaulichen Mannigfaltigen bereits voraus, daß das Mannigfaltige in synthetischer Einheit gegeben ist, d. h. diese Einheit kann nicht erst durch die Handlung des Bestimmens hervorgebracht werden.

Was Kant zur Gegenannahme veranlaßt, scheint hauptsächlich der Umstand zu sein, daß uns das Mannigfaltige nur in zeitlicher Sukzession gegeben ist; „denn, *als in einem Augenblick enthalten,* kann jede Vorstellung niemals etwas anderes, als absolute Einheit sein"[94]. Wenn ich einen Körper betrachte, so habe ich nacheinander etwa die Vorstellungen der Ausdehnung, der Gestalt, der Undurchdringlichkeit, der Rückseite, der Schwere usw. Wie ist es nun möglich, daß ich alle diese verschiedenen Vorstellungen auf einen identischen Gegenstand beziehe? Diese Beziehung kann nach Kant nicht schon in den Vorstellungen selbst gegeben sein, da sie mir doch getrennt voneinander zu verschiedenen Zeiten gegeben sind. Sie muß eine spontane Leistung des Subjekts sein, und zwar wird sie vollbracht mit Hilfe des *Begriffs* von einem Körper. Dieser nämlich dient mir, vermöge der in seinem Inhalt gedachten synthetischen Einheit, zur Regel, nach der ich in der Abfolge der Eindrücke bestimmte schon vergangene Vorstellungen reproduzieren (und zukünftige antizipieren) kann. Dadurch gelingt es mir, mein Bewußtsein über den Gegenwartsmoment hinaus auszudehnen, so daß es nicht auf die absolute Einheit der jeweils gegen-

---

[94] A 99. Ich stütze mich hier vornehmlich auf das, was Kant in der ersten Auflage der „Kritik der reinen Vernunft" unter den Titeln „Von der Synthesis der Apprehension in der Anschauung", „Von der Synthesis der Reproduktion in der Einbildung" und „Von der Synthesis der Rekognition im Begriffe" dargelegt hat (A 98 ff). In der zweiten Auflage hat Kant diese Überlegungen praktisch in dem Satz zusammengezogen: „*Objekt* aber ist das, in dessen Begriff das Mannigfaltige einer gegebenen Anschauung *vereinigt* ist" (B 137). Ob er damit seinen Zeitgenossen das Verständnis erleichtert hat, ist fraglich.

wärtigen Vorstellung eingeschränkt ist, sondern ich verschiedene Vorstellungen gleichzeitig bewußt haben und so die eine zur anderen bewußt hinzusetzen und damit als zu einem und demselben Gegenstand gehörig auffassen kann.

Hierauf ist zu entgegnen, daß der Begriff, als Allgemeinvorstellung, niemals ein taugliches Instrument abgeben kann, um ein sukzessiv gegebenes Mannigfaltiges auf einen identischen Gegenstand zu beziehen. Denn im Begriff wird die Einheit des Mannigfaltigen so gedacht, daß sie auf jeden beliebigen Gegenstand, der unter ihn fällt, zutrifft. Darum kann der Begriff zur Reproduktion einer bestimmten, identifizierbaren Vorstellung keine Anleitung geben. Wenn ich den Begriff eines Körpers auf etwas außer mir anwende, so weist er mich bei der Betrachtung der Rückseite zwar an, eine Vorderseite zu reproduzieren, aber eben nur *irgend*eine beliebige, wie sie auch jedem anderen Körper zukommen könnte und die ich nach Gutdünken variieren kann. Wenn ich demnach irgendeine Vorderseite reproduziere, um die gegenwärtig wahrgenommene Rückseite zu ihr hinzuzusetzen, so weiß ich nicht, ob diese Vorstellungen wirklich in der Erfahrung zusammengehören, weil ich nicht entscheiden kann, ob die reproduzierte Vorderseite wirklich diejenige ist, die ich soeben wahrgenommen habe, oder ob es eine andere ist, die ich vor Jahren einmal an einem anderen Körper gesehen habe. Ich muß also damit rechnen, daß ich zwei Vorstellungen synthetisiere, die gar nicht an demselben Gegenstand angetroffen werden. Und nicht nur das: ich kann nicht einmal entscheiden, ob ich überhaupt soeben eine Vorderseite wahrgenommen habe. Denn weil der Begriff keine Identifizierung erlaubt, so kann ich niemals eine Vorstellung in der Reproduktion eindeutig als diejenige wiedererkennen, die ich soeben zuvor gehabt habe. Es ist also möglich, daß ich mich gänzlich täusche und soeben gar keine Vorderseite eines Körpers, sondern etwas ganz anderes wahrgenommen habe. Da es aber laut Begriff keinen Körper ohne Vorderseite gibt, so weiß ich nicht einmal, ob ich gegenwärtig überhaupt einen Körper wahrnehme. Das bedeutet: wenn wir, um ein sukzessiv *gegebenes* Mannigfaltiges zur synthetischen Einheit eines Gegenstandes zu bringen, auf die Regel, die uns der Begriff liefert, angewiesen wären, dann könnten wir uns überhaupt keiner solchen Einheit bewußt werden, weil wir keine Möglichkeit hätten zu verifizieren, ob die von uns vereinigten Vorstellungen je in der Erfahrung zusammen gegeben werden, und wir uns ihrer also niemals als nicht nur in unserer Vorstellung, sondern als im Objekt verbunden bewußt sein könnten. Unsere Welt würde zerfallen in lauter absolute Einheiten zusammenhangloser einzelner Eindrücke, jeder für sich umgeben von einem Kranz bloß eingebildeter Merkmale, deren Subjektivität wir uns deshalb immer bewußt bleiben müßten, weil der Begriff uns die Freiheit läßt, sie durch beliebige andere zu ersetzen. Denn der Begriff ist, als diskursive Allgemeinvorstellung, das gerade nicht, was Kant in ihm sieht, nämlich ein Mittel der *Re*kognition. Er ist darum ungeeignet, um ein *gegebenes* Mannigfaltiges auf einen identischen Gegenstand zu beziehen, vielmehr muß diese Beziehung unabhängig von und vor der Anwendung des bestimmenden Begriffs schon mit den mannigfaltigen Vorstellungen selbst gegeben sein. Wäre es anders, dann könnte uns auch die Erfahrung nie zu synthetischen Erkenntnissen verhelfen; wir könnten aus ihr nichts lernen. Wenn ich im Umgang mit einem Körper einen Druck der Schwere verspürte, wäre ich außerstande, diese Empfindung auf den Körper zu beziehen, weil im Begriff eines Körpers die Schwere nicht enthalten ist, der Begriff aber erst die Beziehung der Empfindungen auf den Gegenstand ermöglichen müßte.

Die Frage ist natürlich, welches denn nun das Vehikel sei, das es uns möglich macht, das sukzessive Mannigfaltige als Einheit aufzufassen. Hält man sich eng an das von Kant bereits Erarbeitete, dann könnte man versuchsweise annehmen, daß das Vehikel die Kontinuität in der Folge der Vorstellungen sei. Darauf nämlich scheint auch Kant zu reflektieren, wenn er sich auf die „Einheit der Handlung" beim Ziehen einer Linie beruft. Man denke sich einen avantgardistischen Künstler, der sein Publikum damit unterhält, daß er ihm in hundert einzelnen Diapositiven einen zehn Meter langen Faden stückweise vorführt. Der geduldige Zuschauer kann dann zwar bei jedem Bild sagen, daß er ein Stück Faden sieht, aber dieser Begriff kann ihn nicht lehren, ob sich um Teile desselben Fadens oder jeweils eines anderen Fadens handelt. Das erkennt er erst, wenn man ihm statt der Dias einen laufenden Film vorführt. Dann nämlich ersieht er aus der kontinuierlichen Bewegung der den Faden entlangfahrenden Kamera, daß ihm nur ein identischer Faden gezeigt wird. Es wäre demnach zur Einheitsauffassung des Mannigfaltigen erforderlich, daß die Vorstellungen kontinuierlich aufeinander folgen, so daß uns ihre Zusammengehörigkeit unmittelbar gegenwärtig ist und wir uns dieser Zusammengehörigkeit nicht nur als erdichtet, sondern als in der Erfahrung gegeben bewußt sein können. (Husserl trägt dem deutlicher Rechnung als Kant, indem er die Art der Reproduktion (und Antizipation) differenziert und kontinuierlich sich abschattende Retentionen und Protentionen annimmt, die den Gegenwartspol unmittelbar umgeben und zur Gegenstandserfassung notwendige Intentionen sind, im Gegensatz zur Wiedererinnerung und ferneren Erwartung[95].)

Die Kontinuität der Vorstellungsfolge ist nun, falls es zutrifft, daß das Einheitsbewußtsein an sie geknüpft ist, für uns nicht mehr als spontane Leistung erkennbar. Kant ist der Ansicht, daß, um eine Linie zu erkennen, „Bewegung, als Handlung des Subjekts" (B 154), nötig sei. Das Subjekt muß demnach tätig werden, indem es den Blick die Linie entlanggleiten läßt, weil erst durch „die Einheit dieser Handlung" die vergegenständlichende Einheit des Bewußtseins möglich sei (B 138). Nun ist aber „Handlung" selbst schon ein gegenständlicher Vorgang in der Zeit, der als Einheit apperzipiert werden muß, und die Frage ist: wodurch entsteht das Bewußtsein der Einheit meiner Handlung? Kant hat diese Schwierigkeit wohl gesehen, und er nimmt ihretwegen eine Handlung ohne handelndes Objekt an, nämlich „Bewegung, als *Beschreibung* eines Raumes", die nicht Bestimmung eines Objekts sei und deshalb — weil sie nicht selbst schon zur Einheit eines Objekts gehört — transzendental als Bedingung erkannt werden kann, die überhaupt erst die Beziehung des Mannigfaltigen auf einen identischen Gegenstand möglich macht[96]. Diese Annahme widerspricht jedoch dem Ergebnis der Transzendentalen Deduktion, da sie ja verlangt, daß es möglich sei, sich eine Bewegung ungegenständlich vorzustellen, ohne irgendein Objekt, *das* sich bewegt und als dessen Zustand sie aufgefaßt werden kann. Kant berücksichtigt nicht, daß auch das Subjekt, sofern es als handelnd und Räume beschreibend vorgestellt werden soll, für uns schon Objekt sein muß, das in den Erfahrungszusammenhang gehört, nämlich als das empirische Subjekt, das in Zeit und Raum existiert und allein als handelnd gedacht werden kann und dessen Bewegungen auf seinen Körper beziehbar sind[97]. Ich glaube, die Sachlage läßt sich angemessener so beschreiben: Wenn ich eine Linie ziehe oder beschreibe (wobei natürlich nicht wesentlich an das Herstellen einer Linie, sondern an das Entlangfahren mit dem Blick gedacht ist), so ist das, was mir ursprünglich gegeben ist, eine kontinuierliche Änderung meines

---

[95] Husserl, Ideen I (Hua. III 178f). Phänomenol. d. inneren Zeitbew. (Hua. X 29ff).
[96] B 154f mit Anm. Kaulbach spricht deshalb von einer „transzendentalen Bewegung" (1968, S. 289).
[97] Kaulbach sucht einen Ausweg, indem er die beschreibende Bewegung als „doppelseitig" auffaßt und ihr eine „innere" und eine „äußere Seite" zuschreibt (1968, S. 287f). Zur Verdeutlichung der „inneren Seite" bedient er sich dann freilich der Metapher einer „transzendentalen", „apriorischen", „inneren Hand" (S. 290f. 296. 299f). Meines Erachtens ist jeder solche Ausweg nur unter Verzicht auf die Transzendentale Deduktion möglich, weil diese jegliches ungegenständliche Bewußtsein verbietet. Vgl. die beiden nächsten Absätze.

Vorstellungszustandes. Es erscheint gleichsam auf meiner „inneren Leinwand" ein stetig sich wandelndes Bild. Diesen steten Wandel nun kann ich deuten entweder als Veränderung, und zwar des Objekts oder des empirischen Subjekts (etwa seiner Aufmerksamkeit); oder als Bewegung, und dann wiederum als Bewegung des Objekts oder als Bewegung des empirischen Subjekts (z. B. der Augen). Welche der Deutungen ich vorziehe, hängt ab von den näheren Umständen und von dem Begriffssystem, das ich anwende, und darin scheine ich weitgehend frei und somit spontan zu sein. Jedoch handelt es sich nicht um Synthesis, sondern — wie wir gleich noch deutlicher sehen werden — um Analysis. Vorausgesetzt ist aber, daß mir etwas gegeben ist, *das* ich so oder so deuten kann, nämlich die kontinuierliche Folge der Vorstellungen, und diese ist darum als spontane Leistung für mich unerkennbar, weil sie, damit ich überhaupt irgendeine Leistung oder Handlung oder Bewegung erkenne, immer schon vorausgesetzt ist. Sie bleibt für mich eine Gegebenheit, und zwar muß sie mir gegeben sein schon in gegenständlicher Einheit.

Denn was wir über Handlung oder Bewegung gesagt haben, trifft natürlich ebenso auf die Kontinuität der Vorstellungsfolge zu. Auch sie ist schon ein gegenständlicher Vorgang in der Zeit, dessen Bewußtsein Einheit der Apperzeption erfordert. Ich muß mir der Vorstellungen ja schon als *meiner* Vorstellungen, die einander folgen, bewußt sein. Die Einheit der Apperzeption gilt gemäß der Transzendentalen Deduktion für jede uns mögliche Erkenntnis überhaupt. Daraus folgt, daß, wenn wirklich die Kontinuität der Vorstellungsfolge das ursprüngliche Vehikel dieser Einheit ist, sie gar nicht für uns als spontane Leistung erkennbar sein *darf*. Weil wir nämlich Spontaneität nur an der Abhängigkeit von unserem Willen erkennen können, so müßte es in unserer Entscheidung liegen, ob wir ein Vorstellungsmannigfaltiges als kontinuierlich folgend und dadurch überhaupt erst als Einheit auffassen wollen. Das ginge aber nur an, wenn wir in der Lage wären, uns unserer Vorstellungen auch ohne Einheit der Apperzeption bewußt zu werden. Somit wird die erkennbare Spontaneität einer Vorstellungsart geradezu zum Kriterium dafür, daß sie nicht die Möglichkeit des Einheitsbewußtseins bedingt. Dasselbe ergibt sich hieraus: falls das Einheitsbewußtsein an die Kontinuität der Vorstellungsfolge gebunden ist, dann müßte man diese das (von Kant sträflich vernachlässigte) Schema der Kategorie der Einheit nennen. Das Schema aber ist ein *notwendiges* Verfahren der Versinnlichung einer reinen Kategorie, das wir nicht nach Belieben wählen können, wenn anders irgendein „Grundsatz des reinen Verstandes" beweisbar sein soll.

Kant selbst drückt sich ja sehr vorsichtig aus, wenn er sagt, daß „die Einheit der Handlung *zugleich* die Einheit des Bewußtseins *ist*". Gegen diesen Satz wäre auch nichts einzuwenden, wenn er besagen sollte, daß ohne Einheit des Bewußtseins kein Bewußtsein einer Handlung möglich sei. Der engere und weitere Kontext lassen jedoch keinen Zweifel, daß Kant beweisen möchte, daß aus der Einheit der Handlung die Einheit des Bewußtseins erst entspringt. Offenbar zögert er aber, dies am konkreten Fall eindeutig zu bekennen; denn ich halte die Unbestimmtheit des Ausdrucks für beabsichtigt. Und dafür gäbe es guten Grund. Denn wie immer man zum Gedanken einer ursprünglich synthetischen Spontaneität stehen mag: die Handlung, die Kant vor Augen hat, die beschreibende Bewegung des Ziehens einer Linie, muß meines Erachtens in jedem Falle als ein höherstufiger Erkenntnisinhalt angesehen werden, dem keine Notwendigkeit anhaftet und an dessen Beliebigkeit wir erkennen, daß er gerade *nicht* Bedingung der Möglichkeit der Bewußtseinseinheit sein kann. Es müßte sich unschwer ein Begriffssystem entwerfen lassen, das alle Bewegung aus der Welt verschwinden läßt. Man brauchte nur die Raum-Zeit-Welt als Ganzes zum alleinigen Subjekt aller Aussagen zu machen. Denn die Welt als Ganzes bewegt sich nicht, und was wir in ihr Bewegung nennen, würde, von ihr als ganzer (also nicht von ihren Teilen) ausgesagt, Veränderung; so wie sich im Kino das Leinwandbild als Ganzes nicht bewegt, sondern verändert. Wir machen von dieser Vorstellungsweise, wenn es die Umstände anraten, ja auch häufig Gebrauch. Wenn ein See allmählich zufriert, so sagen wir nicht, das Eis bewege sich über das Wasser, obwohl dies möglich wäre und die Dichter so reden; sondern wir sagen, das Wasser ändere zunehmend seinen Aggregatzustand. Ich habe deshalb Kants Handlung des Verbindens durch die Kontinuität in der Folge der Vorstellungen ersetzt, weil mir scheint, daß sie fundamentaler ist und eher als Bedingung angesehen werden kann, ohne die das Mannigfaltige nicht als Einheit apperzipiert werden kann und die daher zu jeder möglichen Erkenntnis immer schon gegeben sein muß; denn ein absolutes „Loch" in der Folge der Vorstellungen würde offenbar die Identität des Bewußtseins zerstören. Aber das bleibt Hypothese, die sich zwar durch genauere Untersuchungen noch untermauern ließe, die ich hier aber nicht weiterverfolge, weil sie für unseren Zweck unwichtig ist. Denn falls sich herausstellt, daß sie falsch ist und daß wir auch die Kontinuität in der Folge gegebener Vorstellungen nach Belieben erst ursprünglich erzeugen können, dann ist die Konsequenz nicht, daß damit die Einheit der Apperzeption als spontane Leistung erwiesen wurde, sondern daß die Kontinuität nicht das

Schema der Einheit sein kann. Und das sollte nur gezeigt werden, daß nämlich die ursprünglich vergegenständlichende Einheit des Bewußtseins als spontane Leistung des Subjekts für uns (d. h. am Kriterium der Beliebigkeit) zufolge der Transzendentalen Deduktion nicht erkennbar sein kann.

Kants Lehre erscheint deshalb so plausibel, weil doch der willkürliche Begriff am Entstehen des Einheitsbewußtseins entscheidend beteiligt zu sein scheint. Wenn ich ein Dreieck mit dem Blick beschreibe, so beginnt, wenn ich den Begriff einer Geraden anwende, an jedem Winkel für mich ein neuer Gegenstand; wende ich dagegen den Begriff eines Dreiecks an, so beziehe ich alle drei Geraden auf denselben Gegenstand. Ebenso beginnt beim sukzessiven Betrachten einer Hausfront, wenn ich den Begriff eines Fensters anwende, mit der umgebenden Mauer ein neuer Gegenstand; gebrauche ich aber den Begriff eines Hauses, gehört auch die Mauer zum selben Gegenstand usw. Folglich hängt es doch vom angewandten Begriff ab, ob ich ein Mannigfaltiges auf einen identischen Gegenstand beziehe oder nicht, und da ich in der Wahl des Begriffs weitgehend frei bin, so ist das Bewußtsein der Einheit des Mannigfaltigen eine spontane Leistung des Subjekts und auch als solche erkennbar.

Um hierauf zu erwidern, ist nötig, sich darüber Klarheit zu verschaffen, worin die eigentümliche Leistung des Allgemeinbegriffs besteht. Dabei halte ich mich wiederum eng an Kant selbst. Aus seinen eigenen Erklärungen geht nämlich hervor, daß das, was uns der Begriff ursprünglich vermittelt, die analytische Einheit des Bewußteins ist, nicht aber die synthetische. Denn der Begriff „ist seiner Form nach jederzeit etwas Allgemeines, und was zur Regel dient" (A 106), die „Einheit der Regel" (A 105) aber — und darüber scheint sich Kant merkwürdigerweise niemals Rechenschaft abgelegt zu haben — ist analytisch. Eine Regel stelle ich vor, wenn ich das Gleiche als in mehreren Instanzen auftretend vorstelle. Ob eine Regel vorliegt oder nicht, erkenne ich also allein mit Hilfe des Satzes der Identität oder des Widerspruchs, dem Prinzip analytischer Erkenntnis, indem ich mehrere Vorstellungen vergleiche und prüfe, ob sie übereinstimmen oder einander widersprechen. Wenn ich demnach ein gegebenes Mannigfaltiges durch den Begriff einer Geraden oder eines Fensters bestimme, so erkenne ich dadurch, daß die gegebene Vorstellungsfolge anderen Sequenzen, die mir sonst schon gegeben waren, gleicht, daß sie daher typisch oder regulär ist (und in diesem weiteren Sinne der Erkenntnis des *Ähnlichen* kann man den Begriff ein Mittel der Rekognition nennen). Dadurch wird aber nicht das Bewußtsein der Zugehörigkeit des

Mannigfaltigen zum selben Gegenstand erzeugt, sondern eingeschränkt. Die Vorstellung des Typischen versetzt mich nämlich in die Lage, in der kontinuierlichen Folge der Vorstellungen eine Sequenz gegen die folgenden Vorstellungen abzugrenzen, sofern sie dem Typus widerstreiten: so die eine Seite des Dreiecks gegen die andere, weil der Winkel dem Begriff einer Geraden widerspricht, oder das Fenster gegen die Mauer, weil die Undurchsichtigkeit dem Begriff eines Fensters widerspricht usw. Da aber die folgenden Vorstellungen wiederum Sequenzen bilden, die sonst gegebenen vergleichbar und daher selbst typisch sind, so wird es mir möglich, nicht nur Empfindungen, sondern *Gegenstände,* d. i. synthetische Empfindungseinheiten, zu unterscheiden. Das bedeutet: der Allgemeinbegriff ist das Mittel, um ein gegebenes Mannigfaltiges auf *verschiedene* Gegenstände zu beziehen.

Das aber ist das gerade Gegenteil von Synthesis. Denn eine synthetische Einheit stelle ich vor, wenn ich das Mannigfaltige auf *denselben* Gegenstand beziehe, und diese Einheit ist es, die Kant als Bedingung der Möglichkeit des Selbstbewußtseins deduziert hat: alle meine Vorstellungen haben eine notwendige Beziehung auf das Ich als ihr gemeinsames Subjekt, so daß sie insgesamt als Bestimmungen eines identischen Gegenstandes aufgefaßt werden, nämlich meiner selbst und korrelativ der einen identischen Welt. Diese durchgängige synthetische Einheit meiner Vorstellungen, die Beziehung aller auf denselben Gegenstand, ist für mich unaufhebbar, weil die Möglichkeit des Selbstbewußtseins daran geknüpft ist. Will ich dennoch verschiedene Gegenstände unterscheiden, so geht dies nur an, indem ich den durchgängigen Vorstellungszusammenhang einteile. D. h. was mir ursprünglich gegeben ist, sind nicht einzelne Vorstellungen, die ich zu Gegenständen und ferner zu einem durchgängigen Erfahrungszusammenhang zusammenfüge, sondern umgekehrt ein durchgängiger Erfahrungszusammenhang, den ich in verschiedene Gegenstände auflöse, aber so, daß ich mir ihrer Zugehörigkeit zu dem identischen Erfahrungszusammenhang als dessen Teile immer bewußt bleibe.

Diese Analysis ist nun die eigentümliche Leistung des Allgemeinbegriffs. Denn eben weil ich die durchgängige synthetische Einheit der sukzedierenden Vorstellungen niemals im eigentlichen Sinne auflösen, gleichsam „zerbrechen", kann, so bleibt mir nur der Weg, sie nach typischen Sequenzen oder Regelmäßigkeiten einzuteilen, d. h. nach Gleichheiten. Da aber absolute Gleichheiten in der Anschauung nicht vorkommen, weil die Vorstellungen sich wenigstens immer zeitlich unterscheiden (vgl. B 131 Anm.), so ist die Vorstellung einer Gleichheit nur möglich durch Abstraktion, indem ich von diesen oder jenen Unterscheidungsmöglichkeiten absehe. Auf diese Weise entspringt der synthetische Inhalt des Begriffs als Teilvorstellung (Merkmal): nicht indem ich ihn ursprünglich synthetisch erzeuge, sondern indem ich eine gegebene synthetische Einheit gleichsam „abmagere". Wovon ich nun abstrahiere und worauf ich achte; was ich folglich als gleich und was als ungleich betrachte und welche besonderen Gegenstände ich somit in der Welt unterscheide, das liegt freilich bei mir und ist mir als spontane Leistung bewußt. Aber es ist Analysis und nicht Synthesis, und somit wäre die uns faßbare Spontaneität in unserer Erkenntnis die Analysis einer gegebenen synthetischen Einheit.

Damit will ich nicht behaupten, daß wir überhaupt keine synthetische Spontaneität nachweisen können. Wir können uns nach Belieben synthetische Begriffsinhalte bilden, die wir aus gar keiner gegebenen Anschauung abstrahiert haben können, und wir können auch nach solchen Begriffen Gegenstände synthetisch herstellen. Aber dies sind keine unmittelbaren Erkenntnisakte, sondern allenfalls Mittel zum Zwecke der Erkenntnis. Es gelangt dadurch kein spontanes synthetisches Element in den eigentlichen Erkenntnisvorgang. Wenn ich mir willkürlich einen Begriff bilde, so habe ich dadurch noch keinen Gegenstand erkannt, wie man sich leicht am Beispiel des Begriffs eines Dekaeders überzeugen kann. Oder wenn ich nach einem Begriff einen Gegenstand herstelle, so weiß ich dadurch noch nicht, ob es mir auch gelungen ist. Ich erinnere nur an die unvermeidlichen Entschuldigungen, wenn jemand aus freier Hand einen Kreis zeichnen soll, oder an die Rolle des Experiments in der empirischen Wissenschaft, das ausgeführt und dessen gegebenes Ergebnis erst überprüft werden muß. Um durch einen Begriff etwas zu *erkennen*, muß ich ihn auf eine gegebene Anschauung anwenden, und das geschieht, wie gezeigt, analytisch, indem ich beide vergleiche und mich Punkt für Punkt vergewissere, ob die im Begriff gedachte Merkmalseinheit, so wie sie im Begriff gedacht ist, in der gegebenen Einheit der Anschauung enthalten ist.

Dieser Vorgang der sukzessiv verifizierenden Analyse ist es, den Kant offenbar vor Augen hat, wenn er vom bewußten Hinzusetzen der einen Vorstellung zur anderen spricht, und den er als die ursprüngliche Erzeugung der synthetischen Einheit der Vorstellungen mißdeutet. Demnach bestünde sein Fehler darin, daß er nicht deutlich genug zwischen synthetischer und analytischer Einheit des Bewußtseins unterscheidet. Er will die Spontaneität der *Synthesis* am Beispiel der *analytischen* Einheit des Bewußtseins beweisen, die allerdings wenigstens am empirischen Kriterium der Willkürlichkeit als spontane Leistung erkennbar ist.

§ 23. Die Synthesislehre als empirische Hypothese

Im Grunde hat Kant durchaus das Richtige gesehen. Der aufmerksame Leser der „Kritik der reinen Vernunft" wird feststellen, daß Kant selbst teils implizit, teils aber sogar explizit die Gegebenheit der synthetischen Einheit annimmt. So heißt es:

> „Synthetische Einheit des Mannigfaltigen der Anschauungen, als a priori gegeben [sic], ist also der Grund der Identität der Apperzeption selbst, die a priori allem *meinem* bestimmten Denken vorhergeht" (B 134).

Vaihinger möchte hier das „gegeben" durch „hervorgebracht" ersetzen, und dies wäre im Hinblick auf die Spontaneitätslehre zweifellos konsequent. Dennoch hat Kant, gleichsam von der Sache bezwungen, den richtigen Ausdruck gewählt. Deutlicher dekuvriert er sich an anderer Stelle:

> „Diese Einheit [sc. des räumlich-zeitlichen Mannigfaltigen] hatte ich in der Ästhetik bloß zur Sinnlichkeit gezählt, um nur zu bemerken, daß sie vor allem Begriffe vorhergehe, ob sie zwar eine Synthesis, die nicht den Sinnen angehört, durch welche aber alle Begriffe von Raum und Zeit zuerst möglich werden, voraussetzt. Denn da durch sie (indem der Verstand die Sinnlichkeit bestimmt) der Raum oder die Zeit als Anschauungen zuerst *gegeben* werden, so gehört die Einheit dieser Anschauung a priori zum Raume und der Zeit, und nicht zum Begriffe des Verstandes" [sc. von Raum und Zeit] (B 160f Anm.).

Was Kant hier meint, ist dies: Bevor ich die Begriffe Raum und Zeit bilden kann, müssen mir der Raum und die Zeit überhaupt schon als Gegenstand, d. h. in der Einheit der Kategorien, zu denen die Begriffe Raum und Zeit nicht gehören, gegeben sein. Die kategoriale Einheit gehört daher zur Sinnlichkeit, weil wir uns ohne sie des sinnlichen Mannigfaltigen gar nicht bewußt werden können. Folglich muß uns alles anschauliche Mannigfaltige immer schon in dieser Einheit gegeben sein, was Kant, die Klippe deutlich vor Augen, so umschreibt: die synthetische Einheit müsse „schon mit (nicht in) diesen Anschauungen zugleich gegeben sein" (B 161). Mit aller nur wünschenswerten Klarheit schließlich schreibt er gleich zu Beginn der „Transzendentalen Deduktion":

„Verbindung ist Vorstellung der *synthetischen* Einheit des Mannigfaltigen. Die Vorstellung dieser Einheit kann also nicht aus der Verbindung entstehen, sie macht vielmehr dadurch, daß sie zur Vorstellung des Mannigfaltigen hinzukommt, den Begriff der Verbindung allererst möglich" (B 130f).

Das stimmt genau überein mit dem, was wir oben gesagt haben, daß die Vorstellung einer Handlung des Verbindens schon das Einheitsbewußtsein des Mannigfaltigen voraussetzt.

Kant hat nur nicht eingesehen, daß solche Feststellungen seine Lehre von der spontanen Synthesis des Verstandes zur bloßen, unbeweisbaren Hypothese machen, die niemals als Voraussetzung für einen Beweis der Möglichkeit synthetisch-apriorischer Erkenntnis dienen kann. Denn wenn mir die mannigfaltigen Vorstellungen, damit ich mir ihrer überhaupt als meiner Vorstellungen bewußt werden kann, schon in synthetischer Einheit ursprünglich gegeben sein müssen, so daß der spontane Ursprung der Einheit weder an ihrer Beliebigkeit noch durch unmittelbare Beobachtung erkennbar ist, weil die Einheit für mich unaufhebbar ist und meine unmittelbare Erkenntnis niemals hinter sie zurückreicht; und wenn ferner die Spontaneität auch nicht aus dem Begriff der Einheit analytisch deduziert werden kann: dann bleibt mir, weil es sich um die Frage nach dem Daseinsgrund der Einheit handelt, nur noch der Schluß aus einem besonderen Kausalgesetz, der keine apriorische Gewißheit liefert. Der Verstand wird dann als besondere Naturkraft aufgefaßt, die nach bestimmten Gesetzen wirkt, und so redet Kant denn auch durchweg von der Natur des Verstandes und ihren Gesetzen, besonders kraß dort, wo er versucht, das Entstehen des Irrtums zu erklären, und das Urteil die *Wirkung* der Verstandeshandlung nennt (B 349ff).

Daran wäre nichts auszusetzen, wenn es als empirische Hypothese über das Zustandekommen unserer Erkenntnis verstanden wird und wenn Kant zweierlei beachtet hätte: Erstens darf nicht behauptet werden, daß der Verstand Natur überhaupt (als Gesetzmäßigkeit der Erscheinungen) erst möglich macht; denn so entsteht der geradezu lehrbuchmäßige Zirkel, daß die Möglichkeit der Natur überhaupt aus der Natur des Verstandes abgeleitet wird. Zweitens darf das Wissen um die Spontaneität des Verstandes und die Erforschung seiner Handlungsgesetze nicht als Voraussetzung zum Beweis möglicher Erkenntnis a priori angesehen werden. Das ergibt den Zirkel des Psychologismus, der, um die Möglichkeit apriorischer Erkenntnis überhaupt zu beweisen, die apriorische Erkennbarkeit der Konstitutionsgesetze voraussetzt. Wenn Kant die Gewinnung der Kategorien so beschreibt, daß der Verstand die Synthesis der Einbildungskraft als „einer *blinden* Funktion der Seele" „*auf* Begriffe" bringt (B 103), dann ist das der unverhohlene Psychologismus. Denn nach dem Diktum „Anschauungen ohne Begriffe sind blind" zu urteilen, besagt die Blindheit der Einbildungskraft, daß sie ohne Begriffe arbeitet, und wenn der Verstand ihre Handlungen *auf* Begriffe bringt, so bedeutet das nichts anderes als das analytische Geschäft empirischer Begriffsbildung durch abstrahierende Vergleichung.

Freilich ist Kant nicht bei dieser Auffassung stehengeblieben, weil klar war, daß auf diese Weise der Verstand der Natur niemals Gesetze vorschreiben kann. Kant hat an anderen Stellen und besonders dann in der zweiten Auflage der „Kritik der reinen Vernunft" versucht, die Funktion des Verstandes anders zu bestimmen, indem er annahm, daß der Verstand die reinen Kategorien aus sich selbst hervorbringt und die Einbildungskraft *nach* oder *gemäß* diesen Begriffen das anschauliche Mannigfaltige synthetisiert. Allein diese Lösung ist – wenn man sie als Hypothese erwägt – mit erheblichen Schwierigkeiten behaftet. Wenn der Verstand die Vorstellung einer synthetischen Einheit überhaupt ursprünglich rein aus sich selbst erzeugt, so daß die Sinnlichkeit uns nur das Mannigfaltige ohne jede Einheit liefert und erst die Einbildungskraft beide verbindet, dann muß diese sowohl Sinnlichkeit als auch Verstand sein und die Fähigkeit besitzen, im reinen Begriff das Mannigfaltige zu erkennen, auf das er anwendbar ist (Vgl. B 151f). Das heißt im Klartext: sie muß intellektuelle Anschauung oder intuitiver Verstand sein, was beides dasselbe ist und worüber wir nicht verfügen, jedenfalls soweit wir wissen. Kant gesteht denn auch ein, der Schematismus der Einbildungskraft sei „eine verborgene Kunst in den Tiefen der menschlichen Seele, deren wahre Handgriffe wir der Natur schwerlich jemals abraten, und sie unverdeckt vor Augen legen werden" (B 180f).

Auf die zweite Schwierigkeit ist Kant dort mit aller Deutlichkeit gestoßen, wo er versucht, das Verhältnis seines analytischen Grundsatzes vom „Ich denke" zum empirischen „cogito" des Descartes zu bestimmen. Da wir uns Spontaneität nur als willentliche Handlung denken können, diese aber schon Selbstbewußtsein voraussetzt, so muß das Subjekt, wenn es die Kategorien spontan hervorbringen und so der Daseinsgrund aller Einheit des Mannigfaltigen sein soll, sich seiner selbst und seines Daseins schon ohne die Kategorien und nicht erst in ihnen bewußt sein können. Nun wird im Ich aber nichts weiter gedacht als das identische Subjekt mannigfaltiger Vorstellungen. Folglich müssen mir, wenn ich mir meiner selbst und meines Daseins bewußt sein soll, schon Vorstellungen gegeben sein, deren ich mir als meiner bewußt bin, weil ich mich ja als ihr Subjekt denken muß. Da dies aber noch nicht in den Kategorien geschehen darf, so folgt, daß ich mir meiner Vorstellungen auch ohne sie als meiner muß bewußt sein können, also ungegenständlich als „unbestimmter Wahrnehmungen", d. h. Empfindungen, die noch nicht in synthetischer Einheit apperzipiert sind. Die Deduktion der Kategorien wäre also widerlegt. Aus dieser Aporie entspringt Kants kurioser Satz, der die Schwierigkeit formuliert, aber nicht löst: „Eine unbestimmte Wahrnehmung bedeutet hier nur etwas Reales, das gegeben worden, und zwar nur zum Denken überhaupt, also nicht als Erscheinung, auch nicht als Sache an sich selbst (Noumenon), sondern als etwas, was in der Tat existiert, und in dem Satze, ich denke, als ein solches bezeichnet wird."[98]

§ 24. Die Transzendentale Deduktion ohne die Konstitutionstheorie

Wenn man Kant also vorgeworfen hat, daß er sich zu wenig Gedanken über die Bedingungen der Möglichkeit einer Transzendentalphilosophie gemacht habe und nicht zu einer klaren Vorstellung ihres Verhältnisses zur Psychologie gelangt sei, so wird man dem sicher zustimmen müssen[99]. Aber der Vorwurf trifft Kant nur, sofern er seine Konstitutionstheorie als notwendigen Bestandteil seines Beweisgangs angesehen hat. Dazu bestand jedoch kein Grund, wenn man sich streng an das eigentlich tragende Gerüst der Transzendentalen Deduktion hält. Dann läßt sich nämlich, wie wir es oben wiedergegeben haben, unter der Bedingung möglichen Selbstbewußtseins die Notwendigkeit einer durchgängigen synthetischen Einheit der Vorstellungen aus dem Begriff eines identischen Subjekts mannigfaltiger Vorstellungen analytisch beweisen. Räumt man ferner ein, daß das System der Kategorien nur den Begriff der synthetischen Einheit eines Mannigfaltigen überhaupt definiert, also aus ihm allein analytisch gewonnen werden kann, dann sind die Kategorien notwendige Begriffe in dem Sinne, daß ihre Anwendung immer *möglich* sein muß, ob ich nun auf diese Möglichkeit reflektiere oder nicht. Denn die in ihnen gedachte Einheit muß im Mannigfaltigen meiner Vorstellungen, sofern ich mir ihrer überhaupt soll bewußt werden können, immer schon enthalten sein.

[98] B 423 Anm. Vgl. Heimsoeth 1966, S. 184 ff
[99] Vgl. z. B. Husserl, Krisis §§ 27 ff (Hua. VI 101 ff). Walsh 1966, S. 186

Mehr nun war nicht zu beweisen. Wie aber das Mannigfaltige zur Einheit gelangt, ob durch das Subjekt oder auf andere Weise, und ob die transzendentale Apperzeption auf Spontaneität oder Rezeptivität beruht; desgleichen, ob das, was uns gegeben ist, Erscheinung ist oder an sich besteht: das sind gewiß keine unwichtigen Fragen. Aber ihre Lösung ist zur Deduktion der Kategorien nicht nötig, sondern macht, wenn man sie als Voraussetzung ansieht, den Beweis zirkulär. Zwar steht es uns frei, Hypothesen zu bilden und gewissermaßen Erkenntnismaschinen zu konstruieren, die Empfindungen einnehmen und Gegenstände ausstoßen; jedoch gehören solche Hypothesen nicht in eine Erkenntnis*kritik*. Es ist ein offenbar nicht leicht zu überwindender, weil verlockender Irrglaube, man könne die Reichweite unserer Erkenntnis dadurch bestimmen, daß man zunächst erforscht, wie unsere Erkenntnis funktioniert, obwohl doch jedermann sofort einsehen müßte, daß wir, um über dieses Funktionieren sicher urteilen zu können, schon wissen müssen, ob wir solcher Erkenntnis überhaupt fähig sind. Man sollte daher gegenüber Kants „Kopernikanischer Wende" eine Art „Darwinscher Wende" vornehmen, indem man Kants Vorstellung von einem Verstand, der die Natur teleologisch nach seinen Begriffen formt und ihr die Gesetze kategorisch diktiert, einstweilen auf sich beruhen läßt und sich mit einer hypothetischen Vorschrift an die Natur zufrieden gibt: Wenn die Natur ein Selbstbewußtsein ermöglichen will, dann muß sie der kategorialen Gesetzmäßigkeit gehorchen, weil nur eine Natur, die nach diesen Gesetzen verläuft, ein selbstbewußtes Wesen hervorbringen kann (obgleich sie es natürlich nicht *muß*). Das verschafft uns zwar nicht die Gewißheit, daß die Natur niemals von diesen Gesetzen abweichen oder gar alle Gesetzmäßigkeit aufgeben wird. Aber darum brauchen wir uns nicht zu bekümmern, denn wir würden einen solchen Ruin der Natur oder nur ein Verlassen der kategorialen Gesetze gar nicht bemerken, weil es den Verlust unseres Selbstbewußtseins bedeuten würde. Im Anklang an Epikur könnte man sagen: der Tod der Natur geht uns nichts an.

Um daher die Geltung der Kategorien für die Erfahrungswelt zu beweisen, müßte die hypothetische Vorschrift durchaus hinreichen. Denn man kann schließen: wenn ein Selbstbewußtsein möglich sein soll, müssen die Kategorien gelten; nun bin ich mir meiner selbst bewußt; also gelten die Kategorien. In diesem Schluß wäre der Obersatz analytisch zu beweisen, und um diesen Beweis allein geht es Kant in der „Transzendentalen Deduktion". Insofern wird man ihm also recht geben müssen, wenn er behauptet, er sei in der „Kritik der reinen Vernunft" von keinem

Faktum ausgegangen, sondern habe „die allgemeine Betrachtungen ... gänzlich in abstracto aus Begriffen abgeleitet" (Prol. IV 279. 274). In gewissem Sinne war die Problemlage der theoretischen Vernunft derjenigen der praktischen entgegengesetzt. Bei der Deduktion der Freiheit war der Obersatz, daß Sittlichkeit nicht ohne Freiheit denkbar ist, kein strittiges Problem. Die ganze Schwierigkeit lag im Untersatz, d. h. darin, die faktische Geltung des Sittengesetzes zu beweisen. Hier half sich Kant mit der paradoxen und nicht sehr überzeugenden Annahme eines „Faktums der Vernunft". Bei der Deduktion der Kategorien dagegen hatte der Untersatz, die Wirklichkeit des Selbstbewußtseins, keine Bedenklichkeit, sondern galt seit Descartes als Fundamentalgewißheit. Hier war Kants überzeugender Einfall der Versuch, auf analytischem Wege zu zeigen, daß dieses Bewußtsein nur in den Kategorien möglich ist. Es kam also alles darauf an, allein nach dem Satze der Identität oder des Widerspruchs zu beweisen, daß im Denken des Ich das Denken der Kategorien enthalten ist. Kant tut dies, indem er zeigt, daß das Ich an sich ein gänzlich leeres Wort ist, das nichts weiter bezeichnet als ein bloßes X, das als gemeinsamer Bezugspol mannigfaltiger Vorstellungen gedacht wird. Weil nun das Ich keine selbständige, identifizierbare Vorstellung, sondern ein bloßes X bezeichnet, so läßt sich einerseits die gemeinsame Beziehung der Vorstellungen darauf nicht unmittelbar vorstellen, sondern kann nur als die durchgängige synthetische Einheit der Vorstellungen untereinander gedacht werden; andererseits aber kann ich auch mich selbst nur als diese durchgängige synthetische Einheit meiner Vorstellungen denken. D. h. im Ich denke ich nichts anderes als die Gegenständlichkeit meiner Vorstellungen überhaupt. „Ich bin das Original aller Objekte" (Refl. 4674 (XVII 646)).

Das bedeutet aber, daß ich mir meiner selbst niemals ohne die Kategorien, als die Begriffe, die Gegenständlichkeit überhaupt definieren, bewußt werden kann, sondern immer nur in ihnen. Das ist ja gerade der springende Punkt ihrer Deduktion, daß die Vorstellung des Ich schon das Denken in ihnen beinhaltet. Dann nämlich kann ich aus dem empirischen Bewußtsein meiner selbst auf die Geltung der Kategorien für die Erfahrung schließen, weil ich sonst von mir selbst keine Erfahrung haben könnte. Das Ich fungiert also in doppelter Hinsicht als Beweisgrund: Der bloße Begriff (das „reine Ich") liefert den Obersatz, indem die Kategorien als darin enthalten erkannt werden. Dies ist eine rein logische Analyse, die an sich keinerlei Aussage darüber impliziert, ob es überhaupt selbstbewußte Wesen gibt. Eine solche Aussage liefert erst das empirische Ich im

Untersatz, und somit ist das empirische Bewußtsein meiner selbst (Descartes' „cogito") der Erkenntnisgrund für die faktische Geltung der Kategorien (vgl. B 404 f). In keiner Hinsicht aber muß deshalb das Ich auch der *Daseinsgrund* der kategorialen Einheit der Vorstellungen sein. Dies ist zwar möglich und man kann es als Hypothese gelten lassen. Es führt aber, wenn man sich diesen Grund als Spontaneität denkt, zu erheblichen Schwierigkeiten und Absurditäten, wie sie vor allem im Deutschen Idealismus, der den Gedanken konsequent weiterverfolgte, ans Licht getreten sind. Sie sind indessen vermeidbar, da sie das Problem nicht berühren. In der Erkenntniskritik geht es um Erkenntnisgründe, die Frage nach den Daseinsgründen gehört in die Naturwissenschaft, deren Möglichkeit gerade erst bewiesen werden soll. Man muß beides sorgsam unterscheiden und darf es niemals unkritisch gleichsetzen. Denn wer einen Kausalsatz zum Erkenntnisgrund der Möglichkeit synthetisch-apriorischer Erkenntnis überhaupt macht, der bewegt sich im Kreise.

Kant hätte darum gut daran getan, seine Konstitutionstheorie aus der Deduktion der Kategorien herauszuhalten und den Weg zu einer streng analytischen Argumentation, wie er ihn mit der Neufassung von 1787 betreten hat, noch einen entscheidenden Schritt weiterzugehen. Die Bedeutung seiner Grundprämisse, der Möglichkeit des Selbstbewußtseins, steht, selbst wenn jemand sie unter rein theoretischem Aspekt bezweifelt, so doch wenigstens in praktischer Rücksicht außer Frage; denn ohne Selbstbewußtsein gäbe es für uns auch keinerlei Entscheidungen, die wir selbst zu treffen hätten. Demnach wäre Kants Deduktion jedenfalls für unser praktisches Interesse eine voll zureichende Grundlegung. Allein sie steckt auch in „gereinigter" Fassung voller Probleme.

IV. Kritik der Transzendentalen Deduktion

§ 25. Das Urteil als Form der transzendentalen Apperzeption

Die Schwierigkeiten zeigen sich, wenn man den logischen Weg vom Gedanken der notwendigen Einheit aller meiner Vorstellungen bis zu den „Grundsätzen des reinen Verstandes" etwas detaillierter betrachtet. Aus dem Begriff einer durchgängigen Vorstellungseinheit überhaupt läßt sich für sich allein die Möglichkeit synthetischer Erkenntnis a priori ja noch nicht einsehen. Er ist zu allgemein und unbestimmt, um daraus unmittelbar die Notwendigkeit einer bestimmten Naturgesetzmäßigkeit, wie sie die „Grundsätze" formulieren, folgern und so a priori über die Erfahrungswelt urteilen zu können. Kant ist jedoch der Überzeugung, es ließen sich notwendige Formen der Vorstellungseinheit nachweisen, in denen sie allein möglich sei und aus denen sich eine bestimmte Gesetzmäßigkeit der Erfahrungswelt ergäbe. Die Form der ursprünglichen Einheit der Apperzeption sei nämlich das Urteil. Also müsse das gegebene Mannigfaltige so beschaffen sein, daß die Urteilsformen jederzeit darauf anwendbar seien, und folglich müßten die Begriffe, die dem Mannigfaltigen die Gesetze der Anpassung an die Urteilsformen vorschreiben, a priori gelten. Wir haben dies bisher hypothetisch zugestanden, indem wir ohne genauere Prüfung annahmen, daß tatsächlich die Kategorien derartige Begriffe sind, die a priori die Struktur bestimmen, die ein anschauliches Mannigfaltiges aufweisen muß, um die Einheit eines Selbstbewußtseins zu ermöglichen und damit für uns erfahrbar zu sein. Dieses Zugeständnis war jedoch alles andere als unproblematisch.

Die erste Schwierigkeit tritt auf, sobald man sich fragt, mit welcher Berechtigung Kant dem Urteil die zentrale Rolle zuteilt, die es bei ihm einnimmt. Für ihn ist das Urteil „nichts anderes, als die Art, gegebene Erkenntnisse zur objektiven Einheit der Apperzeption zu bringen" (B 141), d. h. „die logische Form aller Urteile besteht in der objektiven Einheit der Apperzeption der darin enthaltenen Begriffe" (B 139). Das Urteil ist demnach die Form der Einheit, in der das Mannigfaltige auffaßbar sein muß, wenn ein Selbstbewußtsein möglich sein soll. Zu dieser Überzeugung gelangt Kant offenbar aufgrund seines prägnanten Begriffes von Objektivität.

Er nennt ja die transzendentale Einheit der Apperzeption eine *objektive* Einheit, und wenn man seine Definition von „Objekt" liest, erscheint dies zunächst ganz harmlos. Kant schreibt: „*Objekt* aber ist das, in dessen Begriff das Mannigfaltige einer gegebenen Anschauung *vereinigt* ist" (B 137). Dieser Satz klingt so, als wenn unter Objektivität der Vorstellungen nichts weiter als ihre synthetische Vereinigung überhaupt gedacht würde, so daß Objektivität und synthetische Einheit der Vorstellungen Synonyma wären. Die Einführung eines solchen Begriffes von Objektivität wäre innerhalb der Transzendentalen Deduktion durchaus statthaft. Denn wenn die synthetische Einheit der Vorstellungen für die Möglichkeit des Selbstbewußtseins als notwendig erwiesen ist, so wäre eo ipso ihre Objektivität als notwendig erwiesen. Es zeigt sich jedoch bald, daß Kant unter Objektivität mehr versteht als bloß die synthetische Einheit der Vorstellungen überhaupt, nämlich eine besondere Art dieser Einheit, die von der subjektiven Einheit der Vorstellungen unterschieden ist. Die objektive Einheit wird bestimmt als eine notwendige und allgemeingültige Einheit, die unabhängig vom Zustand des Subjekts bestehe, während die subjektive Einheit zufällig und von den besonderen empirischen Umständen abhängig sei und nur das Material zur objektiven Verbindung liefere (B § 18f).

Der Gedanke, der hinter dieser Auffassung steht, ist wohl folgender: Unter dem Begriff Objekt wird etwas gedacht, das dem Subjekt im Erkenntnisakt als etwas Selbständiges gegenübersteht und von dessen Zuständen und Absichten unabhängig ist. Diese Selbständigkeit und Unabhängigkeit bedeutet, daß das Subjekt über Dasein und Eigenschaften des Objekts nicht beliebig befinden kann, sondern in dem, was es dem Objekt zuschreibt, einer Nötigung unterliegt, die alle Subjekte in gleicher Weise bindet. Insofern gehört also zum Begriff eines Objekts Notwendigkeit und Allgemeingültigkeit. Nun ist uns jedoch außer unseren subjektabhängigen Vorstellungen nichts gegeben. Wenn wir daher unsere Vorstellungen auf Objekte beziehen wollen, so müssen wir an ihnen irgendeine Notwendigkeit der Zuordnung denken können. Eine solche liegt nun tatsächlich vor in der transzendentalen Apperzeption, derzufolge wir die Vorstellungen in einer notwendigen Einheit auffassen müssen. Also werden in der transzendentalen Apperzeption die Vorstellungen objektiviert (A 104ff. B 234–6. 241–3. § 17f. Prol. § 18f).

Von hier aus folgt Kant dann offenbar weiter: Die Notwendigkeit der Verknüpfung der Vorstellungen in der – im genannten prägnanten

Sinne — objektiven Einheit der Apperzeption läßt sich nur so denken, daß die eine Vorstellung die andere bedingt. Die Form, in der dieses Bedingungsverhältnis gedacht wird, aber ist das Urteil. Also ist das Urteil die Form der transzendentalen Apperzeption. Denn im Urteil stellen wir im Subjektbegriff eine Bedingung vor, unter der das im Prädikatbegriff Gedachte zu setzen ist. Das Urteil ist demnach eine Regel der notwendigen Vorstellungsverknüpfung, denn wenn ich die Bedingung setze, muß ich auch das Bedingte setzen. Z. B. wenn ich sage: „Der Körper X ist schwer", so meine ich damit, daß, wenn jemand einen Gegenstand den Körper X nennt, er ihm auch die Schwere zusprechen muß, weshalb denn auch das Urteil erst die Beziehung der Vorstellungen auf Objekte ermöglicht, weil wir die in der Kopula „ist" gedachte Notwendigkeit der Verknüpfung als einen Zwang verstehen können, den die Beschaffenheit des Objekts selbst auf uns ausübt[100].

Wenn nun das Urteil die Form der transzendentalen Apperzeption ist, so bedeutet das, daß wir uns unserer Vorstellungen nur im Urteil bewußt sein können, weil sie in dieser Einheit stehen müssen, um ein Selbstbewußtsein zu ermöglichen. „Also ist alles Mannigfaltige, sofern es in Einer empirischen Anschauung gegeben ist, in Ansehung einer der logischen Funktionen zu urteilen bestimmt, durch die es nämlich zu einem Bewußtsein überhaupt gebracht wird" (B 143). Diese Annahme ist ein wichtiger Schritt in Kants Beweisgang, da er daraus die Gültigkeit der Kategorien folgert. Gleichwohl ist sie voller Bedenklichkeit.

Denn es gibt anscheinend doch Formen der Vorstellungsverknüpfung, die keine Urteile sind und deren wir uns trotzdem bewußt sind, wie z. B. Fragen oder Befehle. Um Kants These zu rechtfertigen, müßte man annehmen, daß es sich in diesen Fällen lediglich um sprachliche Sonderformen handelt, die sich bei genauerer logischer Analyse als verkappte Urteile erweisen. Für die Imperative hat man dies immer wieder zu zeigen versucht, freilich aus einem anderen Interesse, um nämlich das ethische Bestreben zu rechtfertigen, praktische Normen aus theoretischen Erkenntnissen zu gewinnen. Inzwischen dürfte diese von G. E. Moore so genannte „naturalistische Täuschung" offenkundig und anerkannt sein, daß es schlechthin unmöglich ist, präskriptive Sätze wie Imperative auf deskriptive wie Urteile zurückzuführen[101]. Nichtsdestoweniger wird auch im Imperativ eine synthetische Vorstellungseinheit gedacht, die sich inhaltlich

---

[100] B § 19. B 378. A 113. Prol. § 23. Vgl. Reich 1948, S. 46f. 63ff, dort auch weitere Belege zum Urteil als Bedingungsverhältnis.
[101] Vgl. Moore 1903. Hare 1961

nicht von der im korrespondierenden Urteil gedachten unterscheidet. So wird in den beiden Sätzen „Du wirst Geld verdienen" und „Verdiene Geld" mit der Vorstellung des Angeredeten beidemal dieselbe Vorstellung seines künftigen Verhaltens verknüpft, die Sätze unterscheiden sich nur in der Art, wie die Vorstellungen in ihnen verknüpft werden. Denn im Urteil werden nach Kant – und für die Zwecke der vorliegenden Untersuchung soll seine Analyse des Urteilssinnes insoweit zugrunde gelegt werden – die Vorstellungen so verknüpft, daß dadurch ein subjektunabhängiges Objekt als bestimmt aufgefaßt wird, indem nämlich eine bestimmte Vorstellungsverbindung als notwendig und allgemeingeltend vorgestellt wird mit Beziehung auf die Beschaffenheit des Objekts selbst. Im Imperativ dagegen wird die Nötigung zur Verknüpfung, die auch in ihm gedacht wird, nicht so vorgestellt, daß sie einem subjektunabhängigen Objekt zugeschrieben werden könnte, sondern so, daß sie von einem anderen Subjekt ausgeht. Das Urteil beansprucht, daß die Sache selbst, der Imperativ nur, daß der Sprecher den Angeredeten nötigt, sich als künftigen Geldverdiener vorzustellen.

Ähnliches gilt auch für die Frage. Auch in ihr wird eine synthetische Einheit mannigfaltiger Vorstellungen gedacht. Aber sie ist trotzdem nicht auf ein Urteil reduzierbar, denn in ihr wird gar keine Notwendigkeit der Verknüpfung angetroffen. Wenn ich z. B. frage: „Steht dort ein Baum?", so denke ich in diesem Satz dieselbe Vorstellungseinheit wie in dem entsprechenden Urteil „Dort steht ein Baum". In beiden Fällen wird der Begriff Baum auf eine gegebene Anschauung angewandt, also ein Mannigfaltiges in der Einheit dieses Begriffs aufgefaßt. Jedoch fehlt in der Frage das Bewußtsein, daß das Mannigfaltige notwendig und von jedermann in dieser Einheit aufgefaßt werden muß, und es ist offenbar gerade das Fehlen des Bewußtseins dieser Notwendigkeit, das den eigentlichen Ursprung der Frage bildet und für ihr Verständnis konstitutiv ist. Denn daß ich das Mannigfaltige in der Einheit eines Baumes überhaupt auffassen kann, ist klar; sonst würde ich die Frage nicht so stellen. Was ich dagegen vermisse und worauf ich mit der Frage hinaus will, ist das Wissen, ob dies *notwendig* so geschehen muß. Das Mannigfaltige ist also für mich durch den Begriff Baum nicht eindeutig bestimmt, obwohl ich es durch ihn apperzipiere[102].

---

[102] Die durch ein Interrogativpronomen eingeleiteten Nominalfragen entsprechen den Urteilen mit einem Indefinitpronomen. (Die Interrogativa sind vermutlich auch aus den Indefinita entstanden.) So faßt die Frage „Was steht dort?" ebenso wie das Urteil „Irgend etwas steht dort" das Mannigfaltige bloß unter dem Begriff eines Gegenstandes

Die Beispiele von Imperativ und Frage, denen man vielleicht noch den Gebrauch von Sätzen in Anführungszeichen und indirekter Rede hinzufügen könnte, zeigen, daß es auch ohne Urteil möglich ist, Vorstellungen zur Einheit des Selbstbewußtseins zu bringen. Das Urteil ist nicht die alleinige Form der transzendentalen Apperzeption, wir müssen also nicht urteilen können, um uns unserer selbst bewußt werden zu können. Freilich gelten dieselben Formen, in denen die Urteile auftreten, auch für Fragen und Imperative. Auch sie sind entweder allgemeine oder besondere, bejahende oder verneinende usw. Es handelt sich daher gar nicht um Urteilsformen im engeren Sinne, sondern ganz allgemein um „Satz"-formen, die auch andere Ausdrücke mitumfassen. Da nun aber Kants Beweis über diese Formen, die er Urteilsformen nennt, läuft (die Kategorien gelten, weil das Mannigfaltige in Ansehung einer der Urteils*formen* bestimmt sein muß und dies in den Kategorien geschieht), so könnte man meinen, daß die vorgetragenen Bedenken den Beweis gar nicht berühren. Denn wenn auch die nichturteilsmäßigen Vorstellungsverknüpfungen denselben Formen unterliegen, dann kommt es gar nicht darauf an, daß das Urteil als die alleinige Form der transzendentalen Apperzeption erwiesen wird, da ja dessen Formen in jedem Falle gelten. Auch wenn wir wollen fragen oder befehlen können, muß das Mannigfaltige in Ansehung einer dieser Formen bestimmt sein.

Indessen scheint mir, daß Kant bei seinen Absichten zu Recht den Urteilscharakter der Apperzeption behauptet. Denn in den nichturteilsmäßigen Ausdrücken wird das Mannigfaltige in keinerlei Hinsicht, also auch nicht im Hinblick auf die Satzformen, als an sich selbst bestimmt aufgefaßt, weil in ihnen keine Notwendigkeit, die Dinge so vorzustellen, wie man sie vorstellt, die vom Objekt ausginge, gedacht wird. Im Imperativ geht die Notwendigkeit von einem anderen Subjekt aus, in der Frage fehlt sie überhaupt. Wenn ich z. B. frage: „Ist dies eine Rose?", so ist die mit dem „dies" gemeinte Anschauung zwar Subjekt und der Begriff der Rose Prädikat; da ich aber die Verknüpfung nicht als notwendig vorstelle, so auch ihre Form nicht, d. h. es bleibt offen, ob die Vorstellungen an sich so oder anders oder überhaupt in die Satzformen eingesetzt werden müssen. Also auch in einer Welt, deren Mannigfaltiges in Ansehung der Satzformen gänzlich unbestimmt wäre und keinerlei Regelmäßigkeit anzu-

---

überhaupt zusammen. Auch hier fehlt das Bewußtsein einer Notwendigkeit, denn eine mögliche Antwort ist durchaus, daß nichts dort stehe. Der Fragende räumt also ein, daß das Mannigfaltige gar nicht notwendig zur Einheit eines Gegenstandes zusammengehören könnte (z. B. wenn er sich im Nebel hat täuschen lassen).

nehmen gestattete, könnten wir dennoch Fragen stellen und ebenso Befehle erteilen und entgegennehmen. Denn die im Imperativ ausgedrückte subjektive Aufforderung, eine bestimmte Verbindung des Mannigfaltigen herzustellen, sagt natürlich weder inhaltlich noch formal etwas über die Bestimmtheit des Mannigfaltigen selbst aus. Daß es für Kants Beweisgang erforderlich ist, das Urteil als die alleinige Form der Apperzeption anzunehmen, ergibt sich allein schon aus der Problemstellung. Es geht ja um die Möglichkeit synthetischer *Urteile* a priori. Wenn z. B. das Kausalitätsprinzip gültig sein soll, so bedeutet das, daß es von jedem Ereignis zu jeder Zeit möglich sein muß zu *urteilen*, daß es eine Ursache hat. Diese Gewißheit läßt sich aber nicht mit einer Theorie erreichen, die auch den Fall erlaubt, daß wir nur nach dem Vorhandensein einer Ursache *fragen* können. Es muß vielmehr sichergestellt sein, daß wir uns nur unserer selbst bewußt sein können, solange bestimmte Urteile möglich sind, so daß wir in einer Welt, die sich in lauter Fragen auflöste, unser Selbstbewußtsein verlören. Dann erst können wir a priori urteilen und erkennen, wie die erfahrbare Welt notwendig beschaffen sein muß. Die Möglichkeit zu Fragen oder Imperativen kann eine solche Erkenntnis nicht vermitteln, weil Fragen und Imperative gar keine Formen der Erkenntnis sind. Sie sagen nichts aus über die Dinge, weshalb sie auch keinen Wahrheitswert haben.

Für den notwendigen Urteilscharakter der transzendentalen Apperzeption findet sich bei Kant jedoch kein Beweis, und der Gang seiner Argumentation zeigt, daß er die Erfordernisse seiner Methode nicht genügend berücksichtigt. Um das Urteil als die Form der Apperzeption zu erweisen, muß nach dem Kantischen Ansatz zunächst die Notwendigkeit einer durchgängigen synthetischen Einheit aller meiner Vorstellungen aus dem Begriff des Selbstbewußtseins deduziert, sodann im zweiten Schritt gezeigt werden, daß diese Einheit ausschließlich eine objektive Einheit im prägnanten Kantischen Sinne sein muß, d. h. eine solche, die notwendig und allgemein gilt. Schließlich muß dann im dritten Schritt gesichert werden, daß die Form dieser objektiven Einheit das Urteil ist. Der zweite Schritt fehlt bei Kant. Im § 16 der zweiten Auflage der „Kritik der reinen Vernunft" gibt er programmgemäß die Deduktion der durchgängigen synthetischen Vorstellungseinheit. Der § 17 hätte dann die Ableitung der Objektivität dieser Einheit enthalten müssen. Aber Kants Argumentation weist hier einen Bruch auf. Kant zeigt im § 17, daß die Beziehung der Vorstellungen auf ein Objekt die Einheit ihres Bewußtseins erfordere, weil Objekt das sei, „in dessen Begriff das Mannigfaltige einer gegebenen Anschauung *vereinigt*" sei, woraus folge, daß die Einheit des Bewußtseins dasjenige sei, was allein die objektive Gültigkeit der Vorstellungen und somit, daß sie Erkenntnisse würden, ausmache. Er fragt hier also nach den Bedingungen möglicher Objektivität der Vorstellungen und findet sie in der Einheit des Selbstbewußtseins. Im Zusammenhang der Transzendentalen Deduktion bedeutet das jedoch eine Umkehrung der Fragestellung. Denn es soll nicht bewiesen werden, daß die Einheit des Selbstbewußtseins allererst die Objektivierung der Vorstellungen ermöglicht, sondern umgekehrt, daß nur durch Objektivierung der Vorstellungen die Einheit des Selbstbewußtseins möglich ist. Das oberste Prinzip der Transzendentalen Deduktion ist die Möglichkeit des Selbstbewußtseins, und nur, was aus ihr als ihre Bedingung ableitbar ist, kann als gesichert zugelassen werden. Schlüsse auf das, wofür das Selbstbewußtsein seinerseits Möglichkeitsbedingungen erfüllt, sind unerheblich.

Wenn man so wie Kant im § 17 verfährt, scheint der Vorwurf des Zirkelschlusses in der Tat berechtigt. Zwar nicht so handfest, wie ihn die Neukantianer konstruierten, offenbar verleitet durch Kants Vorgehen in den „Prolegomena" und an anderen Stellen und in Mißachtung der Schlüsselfunktion des Grundsatzes vom „Ich denke". Kant beweist nicht die Möglichkeit der Wissenschaft aus dem vorausgesetzten „Faktum der Wissenschaft". Hier fragt Ebbinghaus mit Recht: „Um also zu ‚beweisen', daß der Satz alle Veränderung hat eine Ursache gültig ist, weil – seine Ungültigkeit vorausgesetzt – die Totalität der Einzelurteile A hat eine Ursache, B hat eine Ursache usw. als objektiv gültige nicht möglich wären, mußte dazu dieser königsbergische Sonderling seine ganze wissenschaftliche Produktion über 10 Jahre lang suspendieren und sich und uns in Untersuchungen stürzen, deren Schwierigkeiten gar kein Ende nehmen wollen?"[103] Da aber Kant mit dem § 17 im Grunde neu ansetzt und nicht weiter nach den Bedingungen möglichen Selbstbewußtseins, sondern der Objektivierbarkeit der Vorstellungen fragt, so wird diese zum obersten Grundsatz für den Beweis der Geltung der Kategorien, d. h. das Ergebnis der Transzendentalen Deduktion wäre: wenn Objektivität der Vorstellungen möglich sein soll, dann müssen die Kategorien gelten[104]. Hierbei muß

---

[103] 1968, S. 6. Vgl. oben S. 18 ff.
[104] Genau genommen beginnt Kant im § 17 mit dem Begriff des Verstandes, gelangt von diesem zu dem der Erkenntnis und erst von hier aus zur Objektivität. Der Begriff des Verstandes sollte auf keinen Fall am Anfang stehen; er gehört zur Vermögenslehre, die, weil empirisch, aus der Deduktion herausbleiben sollte. Aber es stellt sich die Frage, ob es nicht zweckmäßig sei, Kants Theorie so zu interpretieren, daß sie vom Begriff der

Objektivität im prägnanten Kantischen Sinne einer notwendigen und allgemeingeltenden synthetischen Vorstellungsverknüpfung genommen werden, weil sonst die Argumentation niemals schlüssig würde[105]. Um dann von dieser Prämisse als Obersatz auf die faktische Geltung der Kategorien schließen zu können, muß im Untersatz festgestellt werden, daß tatsächlich eine solche Vorstellungsverknüpfung möglich ist. Kant muß also die Möglichkeit synthetischer Erkenntnis a priori, die er beweisen möchte, bereits im Untersatz voraussetzen, so daß insofern ein Zirkelschluß vorliegt. Aber vielleicht redet man besser von einer Quaternio terminorum. Nachdem Kant dargelegt hat, daß ein mögliches Selbstbewußtsein die synthetische Einheit der Vorstellungen erfordert, stellt er fest, daß eben diese Einheit die Beziehung der Vorstellungen auf einen Gegenstand, ihre Objektivität, ausmacht. Er nimmt dann den Begriff der Objektivität und zieht aus ihm seine weiteren Schlüsse. Aber der Begriff von Objektivität, den er seinen weiteren Schlußfolgerungen voraussetzt, ist ein anderer als derjenige, den er aus dem Begriff des Selbstbewußtseins deduziert hatte; denn dieser enthielt nur die synthetische Einheit der Vorstellungen überhaupt, während jener eine notwendige und allgemeingültige Einheit vorstellt. Gegenstand oder Objekt ist im weitesten Sinne alles, dessen wir uns bewußt sind. Zum Bewußthaben von etwas gehört zufolge der Transzendentalen Deduktion synthetische Einheit der Vorstellungen. Daß diese Einheit aber stets eine notwendige und allgemeingültige sein müsse, würde eines besonderen Nachweises bedürfen. Solange dieser Nachweis nicht erbracht ist, liegen zwei verschiedene Begriffe, ein weiterer und ein engerer, von einem Objekt vor, die nicht vermengt werden dürfen[106].

Erkenntnis anhebt und erst von dort aus auf den Begriff des Selbstbewußtseins kommt. Das hätte den Vorteil, daß schon aus der Analyse des bloßen Begriffs der Erkenntnis überhaupt ohne Zuhilfenahme weiterer Voraussetzungen die Möglichkeit synthetischer Erkenntnis a priori gefolgert würde mit dem Ergebnis: wenn irgendeine Erkenntnis überhaupt, dann auch apriorische. Allein der Begriff der Erkenntnis ist so vieldeutig, daß es anders als beim Selbstbewußtsein, dessen Wirklichkeit niemand, ohne sich zu widersprechen, leugnen kann, schwer sein dürfte, sich auf einen Untersatz über ihr faktisches Vorliegen zu einigen. Auch bei Kant selbst tritt der Begriff in mehreren Bedeutungen auf, im § 17 deckt er sich mit dem der Objektivität.

[105] Vgl. unten § 27
[106] In der ersten Auflage der „Kritik der reinen Vernunft" macht Kant ausdrücklich eine Zäsur in der Argumentation und erklärt, nachdem er zuerst vom Selbstbewußtsein ausgegangen war, daß er jetzt „von unten auf, nämlich dem Empirischen anfangen" wolle (A 119). Das besteht darin, daß er durch Analyse der Wahrnehmung zur Objektivität der Erscheinungen gelangt und aus dieser dann, als deren Grund er die Einheit des Selbstbewußtseins erkennt, die Geltung der Kategorien folgert. Der Kontext scheint nur die Deutung zuzulassen, daß Kant hierin eine alternative Beweismöglichkeit gesehen hat. Er ist sich offenbar noch nicht klar darüber, daß nur der erste Weg diskutabel ist, der

Daher wäre es auch eine Petitio principii, wenn man annehmen wollte, daß Selbstbewußtsein ja darin bestehe, daß ich mich selbst zum Objekt mache, indem ich über mich selbst urteile, und daß Kant infolgedessen ganz recht daran tue, den Begriff der Objektivität an die Spitze zu stellen und als ihre Form das Urteil zu bestimmen; denn auf die Objektivität käme alles an, das Selbstbewußtsein sei nur dadurch von Interesse, daß es die Objektivierbarkeit des Gegebenen garantiere, weil wenigstens ein Objekt immer möglich sein müsse, nämlich das Ich; wenn daher das Urteil ganz allgemein die Form der Objektivität sei, dann gelte das natürlich auch für das Bewußtsein meiner selbst als eines besonderen Objekts, und folglich bedürfe der Urteilscharakter der transzendentalen Apperzeption keines besonderen Beweises. Eine solche Annahme würde, was erst bewiesen werden müßte, bereits voraussetzen, daß nämlich Objekte nur durch Urteile geschaffen würden. Wir können uns aber auch in Fragen und Befehlen unserer selbst und anderer Objekte bewußt werden (z. B. „Befinde ich mich hier in der Goethestraße?"), und solange diese nicht als verkappte Urteile erwiesen wurden, ist es eine willkürliche Einengung des Objektivitätsbegriffs, wenn man ihn auf die Urteilseinheit einschränkt. Dieser Begriff ist in seiner Zweideutigkeit jedenfalls als Beweisprinzip ungeeignet.

zweite aber, der „von unten auf", zirkulär wird, und dies mag mit zur Unterstützung des neukantianischen Vorwurfs beigetragen haben. Die „Summarische Vorstellung der Richtigkeit und einzigen Möglichkeit dieser Deduktion der reinen Verstandesbegriffe" verfährt dann freilich schon mehr im Sinne der zweiten Auflage, die beide Wege zu einem scheinbar einheitlichen verknüpft. Hier wie dort führt Kant die Objektivität der Vorstellungen ein, indem er feststellt, daß auch diese die durch die Identität des Selbstbewußtseins bedingte Einheit der Vorstellungen voraussetze (A 129). — — Sowohl Strawson (1966, S. 97 ff. 1968, S. 336 ff. Vgl. zu Strawsons Auffassung Rorty 1970. Cerf 1972, S. 607ff) als auch Bennett (1966, S. 202ff. 1968, S. 342ff) sind der Überzeugung, daß in der „Kritik der reinen Vernunft" ein Beweis für Kants These von der Objektivität der Apperzeption enthalten sei, wenn auch Uneinigkeit darüber besteht, wo er zu suchen sei; Strawson findet ihn schon in der „Transzendentalen Deduktion der reinen Verstandesbegriffe", Bennett erst in der „Widerlegung des Idealismus". Daß beide keine Lücke sehen, liegt m. E. daran, daß sie das eigentliche Problem verkennen. Kants eigentliches Beweisziel besteht ja nicht in der Objektivität, sondern im Urteilscharakter der Apperzeption; denn aus der Objektivität der Apperzeption folgert er, daß ihre Form das Urteil sei, wobei ihm sein prägnanter Objektivitätsbegriff behilflich ist. Bei ihm ist also die Objektivität nur das Mittel, um den Urteilscharakter der Apperzeption sicherzustellen, aus dem er dann seine weiteren Schlüsse zieht. Daß hier nun, in der Annahme, die Form der ursprünglichen Apperzeption sei das Urteil, überhaupt ein Problem liegt, scheinen Strawson und Bennett völlig zu übersehen, offenbar weil sie — wie in der Erkenntnistheorie gemeinhin üblich — von vornherein ausschließlich das Urteil als Bewußtseinsform berücksichtigen. So kommt es dazu, daß sie Kants Beweisgang geradezu umkehren und, um die „Objektivitätsthese" zu beweisen, den (objektivierenden) Urteils-

Aus denselben Gründen wäre eine andere denkbare Verteidigung Kants zu verwerfen. Jemand könnte sagen, zwar habe Kant nicht die *Notwendigkeit* der Urteilsobjektivität für das Selbstbewußtsein bewiesen, aus seinem Beweis folge aber doch, daß sie jedenfalls immer *möglich* sein müsse; denn die synthetische Vorstellungseinheit, die Bedingung des Selbstbewußtseins sei, sei zugleich Bedingung der Möglichkeit der im Urteil gedachten Objektivität, so daß diese, solange ein Selbstbewußtsein möglich sei, ebenfalls möglich sein müsse, was für Kants Zwecke denselben Effekt habe und ausreichend sei. Dieser Vorschlag würde außer acht lassen, daß die Vorstellungseinheit wohl die *notwendige* Bedingung der Urteilsobjektivität ist, daß dies aber nicht bedeutet, daß sie die *zureichende* Bedingung ist. Nur im letzteren Falle läßt sich jedoch sagen, daß die Urteilsobjektivität immer möglich sein muß. Der Beweis nun, daß die Bedingung zureicht, müßte ergeben, daß die für ein mögliches Selbstbewußtsein nötige synthetische Vorstellungseinheit an sich immer eine Urteilseinheit ist, d. h. es wäre eben jener geforderte, von Kant aber nicht gelieferte Beweis, daß die

charakter der Apperzeption schon als Prämisse nehmen. Bei Strawson geschieht dies explizit (S. 100), bei Bennett implizit. Denn die „Widerlegung des Idealismus", auf die Bennett sich beruft, fußt auf der Voraussetzung: „Ich bin mir meines Daseins als in der Zeit bestimmt bewußt" (B 275). Es ist aber die Frage, ob ich mir überhaupt irgendeines Gegebenen als bestimmt (wie im Urteil) bewußt sein muß. Dies meinte Kant freilich in der Transzendentalen Deduktion bewiesen zu haben. — Henrich (1976) ist der Überzeugung, daß zum Selbstbewußtsein das Wissen um ein Übergehen des identischen Subjekts von Vorstellung zu Vorstellung gehöre und daß die Übergangsweisen konstant sein müßten und den Urteilsformen entsprächen. Die Konstanzforderung begründet er damit, daß die Übergangsweisen „nur so geeignet sind, das jederzeit mögliche Wissen von der Identität des Subjekts unabhängig von aller Erfahrung und somit in unbedingter Allgemeinheit möglich zu machen" (S. 88). Denn nach ihm hat das Subjekt im cartesianischen Selbstbewußtsein eine Kenntnis von sich a priori. Nun ist aber Descartes' „cogito" offenkundig ein empirischer Satz, wie auch Kant selbst ausdrücklich hervorhebt (B 422 Anm.), und die apriorische Gewißheit besteht lediglich in der analytischen Einsicht, daß alle *meine* Vorstellungen unter den Bedingungen stehen müssen, unter denen ich sie allein als *meine* Vorstellungen zu dem identischen Selbst rechnen kann (B 138). Ob aber zu diesen Bedingungen konstante Übergangsweisen gehören, ist eben die Frage. Henrichs Begründung wäre nur verständlich, wenn man das apriorische Wissen von der Identität des Subjekts so interpretiert, daß im cartesianischen „cogito" nicht nur das Faktum, sondern zugleich die Notwendigkeit des Selbstbewußtseins gegeben wäre, und zwar — wenn das Selbstbewußtsein oberstes Deduktionsprinzip bleiben soll — als absolute Notwendigkeit. Das wäre jedoch zum einen mit Kants eigener Auffassung nicht vereinbar, nach der die Erkenntnis einer absoluten Notwendigkeit Erkenntnis der Dinge an sich und einen anderen Verstand erfordern würde, der nicht diskursiv wäre und daher nicht in Regelkonstanzen dächte (vgl. oben S. 53 und unten S. 150f Anm. 110). Zum andern aber wäre die Voraussetzung der absoluten Notwendigkeit des Selbstbewußtseins, weil es sich um eine synthetische Erkenntnis a priori handelte, eine Petitio principii.

Möglichkeit des Selbstbewußtseins eine Einheit der Vorstellungen notwendig macht, wie sie im Urteil gedacht wird, und daß scheinbar andere Vorstellungsverknüpfungen wie z. B. Fragen oder Befehle auf Urteile zurückführbar sind.

Daß Kant hier gar kein Beweisbedürfnis verspürte und die Einheit der transzendentalen Apperzeption ohne weiteres eine objektive im Sinne einer notwendigen und allgemeingültigen nennen zu dürfen glaubte, liegt, wie ich vermute, an einer Art Verschiebung des Begriffes der Notwendigkeit. Kant überträgt offenbar die aus der Identität des Selbstbewußtseins folgende Notwendigkeit einer Vorstellungseinheit überhaupt auf die bestimmte konkrete Einheit, ein Versehen, vor dem man sich wegen einer Zweideutigkeit in der Beziehung des Notwendigkeitsbegriffes nur schwer bewahren kann. Angenommen, jemand äußert: „Das war eine notwendige Antwort auf das Ultimatum", so ist die in diesem Satz ausgesprochene Notwendigkeit auf zweierlei Weise beziehbar. Einmal kann gemeint sein, daß, da es sich um ein Ultimatum handelt, überhaupt eine Antwort gegeben werden mußte, zum anderen läßt sich der Satz so verstehen, daß gerade die gegebene Antwort und keine andere nötig war. Diese Zweideutigkeit verleitet dazu, wenn sich aus der Transzendentalen Deduktion ergibt, daß unsere Vorstellungen in einer notwendigen Einheit stehen, dies auf die jeweils vorliegende bestimmte Einheit zu beziehen. Wenn ich z. B. ein Mannigfaltiges in der Einheit des Begriffes einer Linie auffasse, so kann ich mit Hilfe der Transzendentalen Deduktion beweisen, daß es sich hierbei um eine notwendige Einheitsauffassung handelt. Das läßt sich so verstehen, daß es notwendig ist, das Mannigfaltige gerade in der Einheit dieses Begriffs und keines anderen zu apperzipieren. Da nun die Form, in der auf solche Weise eine bestimmte Einheit als notwendig gedacht wird, das Urteil ist, so scheint das Urteil vorliegen zu müssen: „Dies ist eine Linie". Also wäre das Urteil die Form der transzendentalen Apperzeption. Allein die Transzendentale Deduktion erbringt lediglich – jedenfalls soweit Kant sie führt –, daß das Mannigfaltige überhaupt in irgendeiner Einheit apperzipiert werden muß. Es muß daher zwar jederzeit in einer bestimmten Einheit gegeben sein, aber es ist insofern nicht einzusehen, daß dabei das Bewußtsein erforderlich ist, daß gerade die jeweils vorliegende Einheit notwendig ist. Es genügt das Bewußtsein, daß zwar niemals gar keine, wohl aber andere Einheitsauffassungen möglich wären. Wenn ich also ein Mannigfaltiges als Linie apperzipiere, dann ist es mit der Möglichkeit des Selbstbewußtseins grundsätzlich vereinbar, wenn ich es im Bewußtsein tue, daß eventuell ein anderer Begriff anzuwenden wäre, etwa der einer Reihe von Punkten o. ä. Ein solches Bewußtsein ist z. B. anzutreffen in der Frage: „Ist dies eine Linie?"

Daß Kant der genannten Zweideutigkeit aufgesessen sein könnte, schließe ich aus seiner Erläuterung des Urteils als Form der Apperzeption. Es heißt dort:

> „Darauf zielt das Verhältniswörtchen **ist** in denselben [sc. Urteilen], um die objektive Einheit gegebener Vorstellungen von der subjektiven zu unterscheiden. Denn dieses bezeichnet die Beziehung derselben auf die ursprüngliche Apperzeption und die *notwendige Einheit* derselben, wenngleich das Urteil selbst empirisch, mithin zufällig ist, z. B. die Körper sind schwer. Damit ich zwar nicht sagen will, diese Vorstellungen gehören in der empirischen Anschauung *notwendig zueinander,* sondern sie gehören *vermöge der notwendigen Einheit* der Apperzeption in der Synthesis der Anschauungen zueinander, d. i. nach Prinzipien der objektiven Bestimmung aller Vorstellungen, sofern daraus Erkenntnis werden kann, welche Prinzipien alle aus dem Grundsatze der transzendentalen Einheit der Apperzeption abgeleitet sind" (B 141 f.).

Kant führt hier die Urteilseinheit unmittelbar auf die transzendentale Apperzeption zurück. Die Urteilseinheit stellt sich ihm so dar, daß sich die darin gedachte Notwendigkeit nicht auf die empirische Anschauung bezieht, d. h. der Sinn des Satzes „Der Körper ist schwer" ist nicht, daß ich jedesmal, wenn ich den Körper wahrnehme, auch einen Druck der Schwere spüren muß. Der Satz bleibt auch dann gültig, wenn ich den Körper nur sehe, ohne ihn zu heben. Denn er stellt Körper und Schwere von diesen subjektiven Wahrnehmungsbedingungen unabhängig vor als im Objekt selbst verbunden, so daß ihre Verknüpfung für jedermann verbindlich ist, er möge den Körper nun wahrnehmen ob und wie immer. Den Grund, ihre Einheit in dieser Weise als notwendig vorzustellen, erblickt Kant nun unmittelbar in der transzendentalen Apperzeption, wenn er schreibt, die Vorstellungen (des Körpers und der Schwere) gehörten „vermöge der notwendigen Einheit der Apperzeption" zueinander. Ob die „notwendige Einheit" hier wie dort tatsächlich in einerlei Sinn zu nehmen ist, ist ihm anscheinend nicht fraglich geworden; er wäre sonst wohl behutsamer vorgegangen. Denn die Urteilseinheit läßt sich durch die Einheit der Apperzeption eben nicht zureichend erklären. Zunächst ist zu bemerken, daß sich Kants Formulierung, die Kopula „ist" „bezeichne die

Beziehung der Vorstellungen auf die ursprüngliche Apperzeption und die notwendige Einheit derselben", wohl schwerlich aufrechterhalten läßt. Das „ist" *bezeichnet* einfach nur die Verknüpfung des in Subjekt und Prädikat Genannten im Objekt. Daß dies seinen Grund ursprünglich in der transzendentalen Apperzeption haben mag, ist doch allenfalls in einer Metabetrachtung zugänglich. Sonst könnte man ja Leuten, denen die Kantische Theorie unbekannt ist, nichts in Urteilen mitteilen, weil sie nicht verstünden, worauf sich die Kopula bezieht. Aber auch in der Metabetrachtung läßt sich Kants Standpunkt nicht verteidigen. Er hat nämlich die Konsequenz, daß es keine empirischen Urteile geben kann. Wollte man die Urteilseinheit auf die Einheit der Apperzeption zurückführen, so würde das ja bedeuten, daß ich in dem Satz „Der Körper ist schwer" die Vorstellungen des Körpers und der Schwere deshalb als eine Einheit auffasse, weil ich, als selbstbewußtes Wesen, überhaupt alle meine Vorstellungen in einer durchgängigen Einheit apperzipieren muß und mir jetzt eben gerade diese Vorstellungen gegeben sind. Wie soll hieraus das Bewußtsein einer allgemeingeltenden Verknüpfung im Objekt entstehen können? Die einzige Möglichkeit eines solchen Bewußtseins wäre, daß die besondere Einheitsauffassung durch die Vorstellungen selbst geboten würde, wie in einem analytischen Satz. Aber dann gölte das Urteil a priori. Ist das nicht der Fall, bleibt die Einheit subjektiv. Denn der Grund der Notwendigkeit der Verknüpfung liegt dann ausschließlich im Subjekt, nämlich in der Erhaltung des Selbstbewußtseins. Da dieses aber nicht die Verknüpfung bestimmter Vorstellungen vorschreibt, sondern lediglich, daß ich alle meine Vorstellungen, welche immer mir gegeben sein mögen, überhaupt in einer durchgängigen Einheit zusammenfasse, so läßt sich daraus niemals der Gedanke einer Verknüpfung in einem subjektunabhängigen Objekt, die für jedermann gültig wäre, gewinnen. Ich bin ja nur genötigt, die mir *tatsächlich gegebenen* Vorstellungen zu irgendeiner Einheit zu bringen, ohne daß dadurch etwas über ihre Verknüpfung, sofern sie mir nicht gegeben sind, gedacht oder jede Möglichkeit, die gegebenen Vorstellungen auf eine andere als meine Weise zu verknüpfen, ausgeschlossen werden müßte. Die transzendentale Apperzeption bezieht sich also allein auf die konkrete subjektive Wahrnehmungssituation und verpflichtet nicht einmal hierin auf eine bestimmte Art der Verknüpfung. Sie kann daher für sich allein kein Urteil rechtfertigen, und wer sich nur auf sie beruft, kann allenfalls Urteile wie die analytischen verständlich machen, bei denen sich ein subjektunabhängiger Grund der Verknüpfung in der Beschaffenheit der Vorstellungen selbst, nämlich der Identität ihres Inhalts, findet.

Die These, daß die Form der transzendentalen Apperzeption das Urteil sei, ist also bei Kant nicht ausreichend begründet, denn dazu wird mehr erfordert als der Nachweis, daß überhaupt eine Einheit meiner Vorstellungen notwendig ist. Es muß darüber hinaus in einem besonderen Beweisschritt sichergestellt werden, daß diese Einheit stets so gedacht werden muß, daß die eine Vorstellung die andere bedingt, so daß diese bestimmten Vorstellungen notwendig und allgemeingeltend miteinander verknüpft sind, wie es im Urteil der Fall ist. Das hätte freilich bedenkliche Konsequenzen. Kants These ist nicht nur wegen ihrer fehlenden Begründung problematisch, sondern ebenso hinsichtlich ihrer Konsequenzen. Wenn wir uns unserer Vorstellungen nur im Urteil, d. h. so, daß die eine die andere bedingt, bewußt sein können, dann folgt einerseits, wie beabsichtigt, daß die Welt für uns nur erfahrbar ist, sofern in ihr solche Bedingungsverhältnisse, also Gesetzmäßigkeiten, vorstellbar sind. Es folgt aber andererseits, daß es Vorstellungen, die keine Gesetzmäßigkeit zeigen, für uns gar nicht geben kann. Kant hat diese Konsequenz nicht bemerkt, weil er von vornherein neben der objektiven eine subjektive Einheit des Bewußtseins annimmt, die sich formal von der objektiven Einheit der Apperzeption unterscheide, da in ihr die Verknüpfung der Vorstellungen nicht als notwendig vorgestellt werde, sondern als zufällig, z. B. durch Assoziation (B § 18). Mit der These vom Urteilscharakter der Apperzeption gerät Kant trotzdem nicht in Konflikt, weil er eine entsprechende Unterscheidung zwischen Erfahrungs- und Wahrnehmungsurteilen macht, die es ihm ermöglicht, auch die subjektive Einheit als Urteil zu deuten, nämlich als Wahrnehmungsurteil. Denn dieses hat nach ihm nur subjektive Gültigkeit und leistet „nur die logische Verknüpfung der Wahrnehmungen in einem denkenden Subjekt", im Gegensatz zum Erfahrungsurteil, in dem die Vorstellungen auf Objekte bezogen werden. Das Verhältnis der beiden Arten des Urteils zueinander sieht Kant so, daß „alle unsere Urteile zuerst bloße Wahrnehmungsurteile" seien und wir ihnen „nur hinten nach eine neue Beziehung, nämlich auf ein Objekt", gäben, indem wir die Verknüpfung der Wahrnehmungen als notwendig vorstellten und dadurch die Urteile allgemeingültig machten (Prol. § 18ff). Wenn ich – um ein Beispiel aus Kants Beweis des Kausalitätsprinzips zu nehmen (B 237f) – ein Schiff den Strom hinabtreiben sehe, so ist mir die Folge seiner Zustände nach Kant zunächst in subjektiver Einheit gegeben, d. h. als eine Aufeinanderfolge von Wahrnehmungen, von der ich nicht sagen kann, ob sie notwendig so geschehen mußte, weil sie in einem objektiven Vorgang gründet, oder ob sie zufällig war und auch beliebig hätte anders ablaufen können wie etwa bei der Wahrnehmung eines Hauses, bei der ich den Blick beliebig von oben nach unten oder von unten nach oben, von rechts nach links oder von links nach rechts schweifen lassen kann und also das eine Mal die Wahrnehmung des unteren Teils auf die des oberen, das andere Mal die des oberen auf die des unteren folgt usw. Ich kann daher nur das Wahrnehmungsurteil fällen: „Ich sehe das Schiff zuerst stromaufwärts, dann stromabwärts." Zum Erfahrungsurteil „Das Schiff befindet sich zuerst stromaufwärts, dann stromabwärts" komme ich erst dann, wenn es mir gelingt, die Wahrnehmungsfolge zu objektivieren, indem ich erkenne (etwa durch die Entdeckung, daß das Schiff ohne eigenen Antrieb in der Strömung treibt), daß der Zustand des Schiffes stromabwärts auf den Zustand stromaufwärts „nach einer Regel, d. i. notwendigerweise, folgt"; denn „es geschieht immer in Rücksicht auf eine Regel, nach welcher die Erscheinungen in ihrer Folge, d. i. so wie sie geschehen, durch den vorigen Zustand bestimmt sind, daß ich meine subjektive Synthesis (der Apprehension) objektiv mache" (B 239 f).

Es ist klar, daß diese Lehre von der subjektiven und objektiven Einheit des Bewußtseins und den Wahrnehmungs- und Erfahrungsurteilen mit Kants These, daß die Einheit der transzendentalen Apperzeption eine objektive Einheit sei, unvereinbar ist. Wenn die objektive Einheit der Vorstellungen Bedingung der Möglichkeit des Selbstbewußtseins sein soll, dann darf es daneben keine subjektive Vorstellungseinheit als eine besondere Form der Einheit, die nicht objektiv wäre, geben. Zumindest könnten wir von einer solchen Einheit nichts wissen, weil wir uns ihrer niemals als einer Einheit unserer Vorstellungen bewußt werden könnten. Infolgedessen kann es auch keine Wahrnehmungsurteile, in denen die Verknüpfung der Vorstellungen nicht als notwendig und allgemeingültig gedacht würde, geben, sondern wenn „ein Urteil nichts anderes ist, als die Art, gegebene Erkenntnisse zur objektiven Einheit der Apperzeption zu bringen", dann müssen alle unsere Urteile das sein, was Kant Erfahrungsurteile nennt. Die Einführung eines bloß subjektiv verknüpfenden Wahrnehmungsurteils als besonderer Form scheint zudem auch sachlich nicht haltbar. Denn was Kant so bezeichnet, unterscheidet sich keineswegs formal, sondern nur inhaltlich vom Erfahrungsurteil. Zwischen den Sätzen „Ich sehe das Schiff stromabwärts schwimmen" und „Das Schiff schwimmt stromabwärts" besteht formal kein Unterschied. Beide erheben in derselben Weise Anspruch auf Notwendigkeit und Allgemeingültigkeit der Verknüpfung. Auch wenn ich wie im ersten Satz urteile, daß ich etwas wahrnehme, so meine ich nicht, daß dies nur für mich gelten solle und daß es jemand anderem freistehe zu behaupten, daß ich es nicht so wahrnähme. Er mag zwar von sich selbst als einer anderen Person ohne Widerspruch sagen, daß er etwas anderes wahrnehme, ebenso wie er in bezug auf den zweiten Satz ohne Widerspruch behaupten darf, daß ein anderes Schiff stromaufwärts fahre; solange er aber über mich, diese bestimmte Person, redet, verlangt mein Urteil von ihm Einstimmung. In beiden genannten Sätzen handelt es sich also um Erfahrungsurteile, und sie unterscheiden sich nur darin, daß sie über verschiedene Gegenstände der Erfahrung sprechen, nämlich der eine über das Schiff, der andere über das empirische Ich[107].

[107] Wenn Kant in B 140 von der subjektiven Einheit des Bewußtseins als der „empirischen Einheit der Apperzeption" spricht, die nur von der objektiven Einheit „unter gegebenen Bedingungen in concreto abgeleitet" sei, so könnte dies darauf hindeuten, daß er zur Zeit der zweiten Auflage der „Kritik der reinen Vernunft" die Lehre von der besonderen logischen Form der subjektiven Einheit und der Wahrnehmungsurteile aufgegeben habe und einen ähnlichen Standpunkt wie den oben vorgeschlagenen vertrete, daß nämlich die subjektive Bewußtseinseinheit nur ein bestimmter konkreter Fall einer objektiven Einheit sei. Gegen diese Interpretation spricht freilich, daß Kant behauptet, daß durch die subjektive Einheit das „Mannigfaltige der Anschauung zu einer solchen [sc. objektiven] Verbindung gegeben wird" (B 139), er also offenbar weiterhin die Auffassung der „Prolegomena" vertritt, daß „alle unsere Urteile zuerst bloße Wahrnehmungsurteile" seien und die Objektivierung erst in einem weiteren Schritt erfolge. Außerdem unterscheidet er in B 142, wenn auch nicht terminologisch, so doch sachlich zwischen Wahrnehmungsurteil und Erfahrungsurteil, wenn es heißt, nach Gesetzen der Assoziation, die ein bloß subjektiv gültiges Verhältnis der Vorstellungen begründeten, „würde ich nur sagen können: Wenn ich einen Körper trage, so fühle ich einen Druck der Schwere; aber nicht: er, der Körper, *ist* schwer". Man muß daher Kants Satz, daß die subjektive Einheit des Bewußtseins von der objektiven abgeleitet sei, wohl im Sinne einer entsprechenden Äußerung in B 238 interpretieren, wo Kant sagt, daß, wenn ich in der Aufeinanderfolge der Wahrnehmungen eine Notwendigkeit erblicke, „ich die *subjektive Folge* der Apprehension von der *objektiven Folge* der Erscheinungen werde ableiten müssen". Die Ableitung ist hier also ein Akt der nachträglichen Objektivierung: die Wahrnehmungen sind mir zunächst in bloß subjektiver Einheit gegeben; erkenne ich aber darin eine Gesetzmäßigkeit, die eine bestimmte Einheit notwendig macht, so deute ich dies als Zwang, der von einem subjektunabhängigen Objekt ausgeht. – – Neuerdings hat Prauss (1971) versucht, Kants Lehre von den Wahrnehmungsurteilen zu verteidigen, indem er eine besondere Klasse von „‚Es scheint . . .'-Urteilen" unterscheidet und diese den Kantischen Wahrnehmungsurteilen gleichsetzt. Ich glaube nicht, daß die sachlichen Gründe es rechtfertigen, eine solche Sonderklasse anzunehmen. Aber wie dem auch sei, innerhalb der *Kantischen* Theorie jedenfalls *darf* es keine Wahrnehmungsurteile, als besondere Form einer bloß subjektiven Vorstellungseinheit, geben. Prauss bemerkt das deshalb nicht, weil er ebenso wie die Neukantianer, die damit bereits Schiffbruch erlitten, „das Faktum der Erfahrung, wonach sie als empirisches Urteil jederzeit wahr oder falsch werden kann" (S. 12), zum Ausgangspunkt der Kantischen Theorie macht. Kant geht aber von keinem „Faktum der Erfahrung" aus, sondern vom Begriff des Selbstbewußtseins (B 134 Anm.), und bevor er nach den Bedingungen ihrer Möglichkeit fragt, beweist er zunächst die *Notwendigkeit* einer „Erfahrung als empirischen

Daß man geneigt ist, Urteilen über das empirische Subjekt einen besonderen formalen Status zuzugestehen, mag daran liegen, daß das empirische Subjekt in gewisser Weise gegenüber den anderen Erfahrungsgegenständen ausgezeichnet ist. Es ist nämlich gleichsam der „Abfalleimer" der objektiven Apperzeption, in den alles das hineinkommt, was sich der Einordnung in die intersubjektive Erfahrungswelt widersetzt. Wenn jemand z. B. eine bestimmte Folge von Wahrnehmungen hat, so wird er sie zunächst naiv als eine objektive Folge von Ereignissen auffassen. Stellt er dann fest, daß die Aufeinanderfolge der Wahrnehmungen keineswegs allen in gleicher Weise gegeben ist, sondern dem einen in dieser, dem anderen in jener Reihenfolge erscheint, dann sieht er sich genötigt, seine ursprüngliche Objektivation zu widerrufen. Um aber die Wahrnehmungsfolge nicht ganz aus der Erfahrungswelt eliminieren zu müssen, interpretiert er sie als Folge von Vorstellungszuständen des empirischen Subjekts, das von vornherein als ein Erfahrungsgegenstand konzipiert ist, bei dem die Objektivation im hier gemeinten Sinne niemals mißlingen kann, weil er jeder intersubjektiven Kontrolle grundsätzlich entzogen ist. Es kann eben niemand behaupten, daß meine Vorstellungen nicht in der von mir angegebenen Weise aufeinander gefolgt sind, weil sie niemandem außer mir zugänglich sind. Mir allerdings sind sie unmittelbar gegeben, so daß ich der einzige, aber zuverlässige Gewährsmann bin. Folglich ist der intersubjektive Konsens stets garantiert.

Es ist denkbar, daß es ähnliche Gründe waren, die Kant bewogen haben, im Wahrnehmungsurteil eine besondere Form zu sehen, in der eine bloß subjektiv gültige Einheit gedacht werde. Für ihn war die Objektivierbarkeit aller Vorstellungen ja eine zentrale These. Er konnte aber schwerlich der Überzeugung sein, daß alle Vorstellungen eine Gesetzmäßigkeit erkennen ließen. Das Wahrnehmungsurteil nun mag ihm als eine Art Zwitter erschienen sein, der dieses Problem behob. Denn einerseits werden im Wahrnehmungsurteil die Vorstellungen durch die Verknüpfung

---

Urteils". Und eben dieser Beweis impliziert die Unmöglichkeit der Wahrnehmungsurteile. — — Man könnte allerdings einwenden, daß Kants Theorie eine nichtobjektive Vorstellungseinheit nicht unbedingt ausschließen, sondern nur gewährleisten müsse, daß es sie niemals *allein* geben könne, daß also neben ihr immer auch objektive Einheit möglich sein müsse. Dieser Gedanke ist indes nicht haltbar. Da eine Vorstellungsverbindung nicht zur selben Zeit in objektiver und nichtobjektiver Einheit bewußt sein kann, so müßte man die These vertreten, daß es das Bewußtsein einer nichtobjektiven Einheit nur unter der Voraussetzung geben kann, daß zu anderer Zeit das Bewußtsein einer objektiven Einheit möglich ist. Damit aber ließe sich die durchgängige Gesetzmäßigkeit der Erfahrung niemals begründen; denn zur Möglichkeit des Selbstbewußtseins würde es dann hinreichen, wenn die Natur *zuweilen* gesetzmäßig verfährt.

in einem Urteil objektiviert, nämlich als Zustände des empirischen Subjekts, andererseits wird aber ihre Verknüpfung insofern nicht als notwendig und allgemeingültig gedacht, als nicht verlangt wird, daß jedermann seine eigenen Vorstellungen als solche auf dieselbe Weise verknüpfen müsse. Jedoch ist für Kant, abgesehen von den sachlichen Bedenken, wegen seines prägnanten Objektivitätsbegriffs, den er für seine weiteren Absichten braucht, der Ausweg in die empirische Subjektivität zur Unterbringung „unbotmäßiger" Wahrnehmungen verschlossen. Wenn Objektivierung überhaupt bedingt ist durch die Möglichkeit, die Vorstellungen als einer Gesetzmäßigkeit unterworfen zu denken, dann ist es schlechthin ausgeschlossen, nichtgesetzmäßige Vorstellungen überhaupt zu objektivieren. Hier hilft auch nicht der Rückzug auf die Sphäre des Subjektiven; denn wie soll ich Vorstellungen, die mir unregelmäßig bald so, bald so gegeben sind, als Zustände meines empirischen Subjekts als eines Erfahrungsobjekts auffassen können, wenn die Bedingung jeder Objektivierung die Gesetzmäßigkeit der Vorstellungen ist? Wollte man mit dem Subjektiven (etwa, weil es schlechthin einmalig sei[108] und erst das Material zu jeder Objektivierung liefere) eine Ausnahme machen und z. B. einräumen, daß man die Aufeinanderfolge von Wahrnehmungen, auch wenn sie keinerlei Regel gehorche, dennoch dem empirischen Subjekt als Folge seiner Vorstellungszustände zuschreiben könne, dann hat man damit eingestanden, daß eine Objektivation auch ohne die Vorstellung einer Gesetzmäßigkeit grundsätzlich möglich ist, und dann kann man die unregelmäßige Wahrnehmungsfolge mit dem gleichen Recht auch als Ereignisfolge den wahrgenommenen Gegenständen selbst zuschreiben und hat keinen Anlaß, die ursprüngliche naive Auffassung zu revidieren. Der Umweg über die empirische Subjektivität ist also sinnlos. Er ist allenfalls gangbar, wenn man einen weniger prägnanten Objektivitätsbegriff zugrunde legt, der sich mit dem Kriterium des erreichbaren intersubjektiven Konsenses begnügt. Da nun aber für Kant Objektivität an Gesetzmäßigkeit gebunden ist und wir andererseits zufolge der Transzendentalen Deduktion unsere Vorstellungen im Interesse möglichen Selbstbewußtseins notwendig objektivieren müssen, so folgt, daß es Vorstellungen, die sich keiner Gesetzmäßigkeit unterordnen lassen, für uns gar nicht geben kann. Kant müßte also z. B.

---

[108] Da nach Kant die Zeit als der innere Sinn die Form ist, in der mir die Vorstellungen gegeben sind, die Zeit selbst sich aber in ihren Teilen nie wiederholt, so kann mir dieselbe (numerisch identische) Vorstellung niemals zweimal gegeben sein. Als Vorstellung betrachtet, ist es immer eine neue, die mir gegeben ist, obgleich der Inhalt natürlich der gleiche sein kann (vgl. B 131 Anm.).

die Beliebigkeit der Wahrnehmungsfolge bei der Apprehension eines Hauses, die er — doch offenbar mit Recht — selbst hervorhebt (B 237f), eigentlich gerade leugnen.

Man könnte zur Verteidigung Kants folgendes anzuführen versuchen: Es kommt bei der Objektivation nicht darauf an, daß die Gesetzmäßigkeit *belegt* wird, indem man etwa erst abwartet, ob bestimmte Wahrnehmungen immer in der gleichen Weise aufeinander folgen. Entscheidend ist lediglich, daß die Gesetzmäßigkeit *denkbar* ist, d. h. nicht durch offenkundige Unregelmäßigkeit widerlegt wird. Die objektive Apperzeption geschieht dann so, daß wir allen unseren Wahrnehmungen zunächst gewissermaßen auf Verdacht die Gesetzmäßigkeit jederzeit zubilligen, und diese Vermutung der Gesetzmäßigkeit ist letztlich unwiderlegbar; denn es bleibt immer der Ausweg, die Wahrnehmungen als Vorstellungszustände des empirischen Subjekts aufzufassen, die einer verborgenen Gesetzmäßigkeit unterliegen. Z. B. läßt sich die Aufeinanderfolge der Wahrnehmungen bei der Apprehension eines Hauses wegen der Unregelmäßigkeit, da dem einen der Giebel nach dem Fundament, dem anderen dieses nach jenem erscheint, nicht auf eine Folge subjektunabhängiger Ereignisse beziehen. Wohl aber läßt sie sich objektivieren als Folge subjektiver Vorstellungszustände, weil sie sich hier als gesetzmäßig zeigt, sobald man die unterschiedliche Bewegung der Augen in Betracht zieht. Analog nun läßt sich auch in den Fällen verfahren, in denen überhaupt keine Gesetzmäßigkeit nachweisbar ist (wie z. B. in Traum oder Phantasie), wenn man die nicht widerlegbare Annahme macht, daß die Gesetzmäßigkeit, die auch in diesen Fällen herrsche, uns nur bisher nicht bekannt sei.

Auf diese Weise würde zwar die These von der durchgängigen Gesetzmäßigkeit aller unserer Vorstellungen gerettet, aber für Kants Zwecke wäre dennoch nichts gewonnen. Die Argumentation setzt voraus, daß die Hilfshypothese der verborgenen Gesetzmäßigkeit schlechthin unwiderleglich ist. Dadurch wird der Gesetzesbegriff so entleert, daß er nichts mehr bestimmt, sondern auf alles anwendbar ist. Denn die Annahme der Unwiderleglichkeit beruht ja nicht auf der Gewißheit, daß tatsächlich eine durchgängige Gesetzmäßigkeit herrscht. Dies soll ja gerade erst begründet werden, und zwar eben durch den Kunstgriff, daß mit dem Verweis auf unsere mögliche Unkenntnis die Anwendung des Gesetzesbegriffs unbeschränkt erweitert wird, so daß er sogar das einander Widersprechende noch unter sich vereinigen kann. Auch das absolute Chaos läßt sich so noch als gesetzmäßig auffassen, und Kants Behauptung, daß aus einem „Gewühle von Erscheinungen" niemals Erfahrung werden könne, wäre falsch (A 111). Die Konsequenz ist aber, daß bei einer solchen Interpretation der objektiven Apperzeption die Möglichkeit synthetischer Erkenntnis a priori niemals aus ihr bewiesen werden kann. Denn wenn der Gebrauch des Gesetzesbegriffs so ausgedehnt wird, daß er ohne Einschränkung auf alles angewendet werden darf, dann gestattet auch das Zugeständnis, daß nur eine gesetzmäßige Natur für uns erfahrbar sei, keinerlei Rückschlüsse mehr auf die Form der Natur. Es ist unmöglich, a priori zu sagen, daß die uns zugängliche Natur stets bestimmte Eigenschaften aufweisen wird, weil eine beliebig anders geartete Natur für uns ebenso erfaßbar wäre. Also wäre Kants Versuch, seine „Grundsätze des reinen Verstandes" dadurch a priori zu beweisen, daß er ihre Gültigkeit als Bedingung der Möglichkeit der Erfahrung erweist, unsinnig. Die Hilfshypothese der unbekannten Gesetzmäßigkeit würde somit Kants eigentliche Absichten vereiteln und ist daher ungeeignet, die Schwierigkeiten zu bewältigen, die sich ergeben, wenn man als Form der transzendentalen Apperzeption das Urteil annimmt.

§ 26. *Das Problem der Vollständigkeit der Urteilstafel*

Aber selbst wenn man den Urteilscharakter der Apperzeption zugesteht, so zeigt sich eine neue Schwierigkeit in der Aufgabe, die Formen des Urteils vollständig aufzuzählen. Denn wenn wir, als selbstbewußte Wesen, immer müssen urteilen können, dann muß die Erfahrungswelt zwar überhaupt als gesetzmäßig gedacht werden, aber das ist weiterhin zu allgemein, um daraus unmittelbar die Möglichkeit apriorischer Erkenntnis über sie einzusehen. Dazu müßten wir außerdem wissen, ob sie einer *bestimmten,* unwandelbaren Gesetzmäßigkeit als unterworfen vorgestellt werden muß und welche diese wäre. Kant beruft sich jedoch darauf, daß das Urteilen an ganz bestimmte, angebbare logische Formen gebunden sei, aus denen sich eine bestimmte Gesetzmäßigkeit gewinnen lasse, weil das anschauliche Mannigfaltige eine diesen Formen entsprechende Struktur aufweisen müsse. Im § 9 der „Kritik der reinen Vernunft" stellt er eine Tafel der Urteilsformen auf, von der er wiederholt und mit Nachdruck versichert, daß sie vollständig sei und daß dies entscheidende Bedeutung habe (z. B. B 89. 109f. Prol. IV 263. § 39. Anfangsgr. d. Naturw., Vorrede, Anm.). Er gibt jedoch weder eine Begründung, wie diese Tafel im einzelnen zu rechtfertigen sei, noch einen Beweis ihrer Vollständigkeit. Vielmehr beruft er sich hier auf die Vorarbeit der Logiker. In der Folgezeit ist seine Tafel vielfach kritisiert und verteidigt worden. Dabei konzentrierte sich die Diskussion auf das Problem, ob die Tafel tatsächlich vollständig sei und ob und wie sich das beweisen ließe. Mir scheint indessen, daß sich zunächst die Frage stellt, ob dieses für die formale Logik zentrale Problem für Kants transzendentale Absichten wirklich von so großer Wichtigkeit ist, wie er selbst behauptet, oder ob nicht jene Interpretation recht hat, die vorschlägt, Kants Vollständigkeitsbeteuerungen nicht allzu ernst zu nehmen, da sie nur dem Ehrgeiz des systematischen Philosophen entsprängen, im übrigen aber von untergeordneter Bedeutung seien. Man könne ohne weiteres einräumen, daß Kants Urteilstafel mangelhaft sei, und dürfe sie als eine Art offenen Systems betrachten, das jederzeit durch neue Entdeckungen modifiziert, erweitert oder gekürzt werden könne. Die Ergebnisse der „Kritik der reinen Vernunft" würden davon nicht betroffen, sondern blieben unverändert gültig, denn im Beweisgang des Werkes habe die Vollständigkeitsthese keine tragende Funktion. Falls diese Deutung zutrifft, dann wäre die Frage nach einem Vollständigkeitsbeweis der Urteilstafel für die Beurteilung der kantischen Theorie unerheblich, und man könnte dieses schwierige Problem in dieser Hinsicht auf sich beruhen lassen. Ich meine dagegen, daß Kant mit vollem Recht so großes Gewicht auf die Vollständigkeit seiner Tafel legt, denn nur unter dieser Bedingung läßt sich die Gültigkeit einer bestimmten Gesetzmäßigkeit a priori garantieren. Und zwar sind zwei zusammengehörige Argumentationsschritte erforderlich: die Urteilsformen müssen aus dem Begriff einer objektiven Vorstellungseinheit überhaupt analytisch deduziert werden, und es muß gezeigt werden, daß es gerade nur diese, nicht mehr und nicht weniger, Formen geben könne.

Die Unentbehrlichkeit beider Schritte erhellt aus folgender Überlegung. Wollte man auf eine Deduktion der Urteilsformen verzichten, dann müßte man die Urteilstafel dadurch rechtfertigen, daß man darlegte, daß in jeder der Formen eine bestimmte objektive Vorstellungseinheit gedacht werde; denn gesucht werden ja die Formen der objektiven Apperzeption. Das hypothetische Urteil, müßte man z. B. sagen, sei deshalb erforderlich, weil darin das Verhältnis des Grundes zur Folge objektiv gedacht werde (vgl. B 98). Eine solche Rechtfertigung reicht aber nicht aus, um behaupten zu können, die Erfahrungswelt müsse stets so beschaffen sein, daß hypothetische Urteile anwendbar seien. Dazu müßte zunächst gezeigt werden, daß ein solches Verhältnis des Grundes zur Folge überhaupt notwendig müsse gedacht werden können. Es könnte doch sein, daß es plötzlich auf keine Weise mehr möglich wäre, hypothetische Urteile anzuwenden und Gegebenheiten als Gründe und Folgen zu verknüpfen. Man darf hier nicht entgegnen, daß das gar nicht passieren könne, da es sich bloß um die logische Verknüpfung von Urteilen handle und es uns jederzeit freistehe, nach Belieben jede Art Urteile, wahre oder falsche, zu bilden und zu verknüpfen. Eine solche Auffassung würde Kants Beweisvorhaben durchkreuzen, denn wenn aus der notwendigen Anwendbarkeit der Urteilsformen auf eine bestimmte Beschaffenheit der Erfahrungswelt geschlossen werden soll, dann impliziert das, daß auch eine Welt denkbar wäre, in der die Urteilsformen nicht anwendbar wären. Gesetzt also, es böte sich keine Anwendungsmöglichkeit mehr für das hypothetische Urteil. Das würde nicht eo ipso besagen, daß gar keine objektive Einheit mehr vorstellbar wäre und somit unser Selbstbewußtsein zerstört würde. Die anderen Urteilsformen könnten ja weiterhin anwendbar bleiben, so daß für uns eine Welt auch ohne hypothetisches Urteil und die ihm entsprechende Gesetzmäßigkeit noch erfahrbar sein könnte. Um diese Konsequenz für alle Urteilsformen auszuschließen, genügt es nicht zu wissen, daß in jeder eine besondere objektive Einheit gedacht werde; es muß darüber hinaus jeweils die Notwendigkeit, diese besondere Einheit denken zu können, nachgewiesen werden. Dieser Nachweis nun darf, um keinen Zirkel zu verursachen, keine synthetischen Prinzipien voraussetzen. Er muß also analytisch geführt werden, und zwar aus dem Begriff eines Urteils überhaupt; denn die Transzendentale Deduktion ergibt ja nur (wie wir hier hypothetisch einräumen), daß die Vorstellungen überhaupt in der Einheit eines Urteils apperzipiert werden müssen, und folglich darf a priori nur als gesichert angesehen werden, was hieraus analytisch folgt. Die Urteilsformen müssen somit aus dem bloßen Begriff einer objektiven, d. i. notwendigen und allgemeingültigen Einheit mannigfaltiger Vorstellungen überhaupt analytisch abgeleitet werden, so daß für jede einzelne offenbar ist, daß sie zum Denken einer objektiven Vorstellungseinheit überhaupt notwendig gehört, weil ohne sie gar keine solche Einheit vorstellbar wäre.

Ohne eine Deduktion der Urteilsformen läßt sich also die Möglichkeit synthetischer Erkenntnis a priori nicht beweisen, weil die Notwendigkeit einer bestimmten Gesetzmäßigkeit der Natur nicht einzusehen ist. Sie bildet das Kernstück dessen, was Kant die „metaphysische Deduktion" der Kategorien nennt (B 159), d. h. der Gewinnung eines bestimmten Systems reiner Verstandesbegriffe, in denen eine besondere Naturgesetzmäßigkeit gedacht wird; denn Kant erhält ja die Kategorien unmittelbar aus den einzelnen Urteilsformen. Die Forderung der „metaphysischen

Deduktion" läßt sich dann korrelativ auch so begründen: Die Transzendentale Deduktion zeigt, daß die Erfahrungswelt *überhaupt* eine Gesetzmäßigkeit aufweisen müsse. Sollen nun auch die *besonderen* Gesetze, die in den Kategorien gedacht werden, a priori gelten, dann müssen sie analytisch aus dem bloßen Begriff einer gesetzmäßigen Natur überhaupt als dazu notwendig gehörig ableitbar sein. Darauf weist Kant selbst ausdrücklich hin, wenn er schreibt: „Auf mehrere Gesetze aber, als die, auf denen eine *Natur überhaupt*, als Gesetzmäßigkeit der Erscheinungen in Raum und Zeit, beruht, reicht auch das reine Verstandesvermögen nicht zu, durch bloße Kategorien den Erscheinungen a priori Gesetze vorzuschreiben" (B 165).

Die Deduktion der Urteilsformen müßte nun zugleich die Vollzähligkeit der abgeleiteten Formen dartun. Angenommen, man hätte die zwölf Kantischen Formen abgeleitet, ohne gleichzeitig zu zeigen, daß es nicht mehr und nicht weniger geben könne. Es bliebe dann offen, ob nicht noch andere Formen möglich sind. Solange das aber offen ist, ist auch die Notwendigkeit der abgeleiteten Formen unsicher. Es ließe sich ja denken, daß z. B. die dem hypothetischen Urteil zugedachte Funktion von einer anderen, noch unbekannten Form in einer ganz anderen und viel fundamentaleren Weise erfüllt wird, so daß also das hypothetische Urteil gar keine notwendige Form und mithin auch das daraus gewonnene Kausalitätsprinzip nicht schlechthin gültig wäre. Es muß also gezeigt werden, daß die abgeleiteten Formen den Inhalt des zugrunde gelegten Begriffs (einer objektiven, d. i. notwendigen und allgemeingeltenden, d. i. gesetzmäßigen Einheit mannigfaltiger Vorstellungen überhaupt) nach seinen Wesensmomenten vollständig ausmessen und daß sie untereinander ein abgeschlossenes System bilden, in dem jede ihre unverrückbare Stelle einnimmt und keine durch die andere in irgendeiner Weise ersetzt werden kann, so daß, wenn eine ausfällt, das ganze System zusammenbricht. Erst dann wäre die Notwendigkeit einer jeden zureichend bewiesen.

Wenn demnach Kant in der Einleitung zur zweiten Auflage der „Kritik der reinen Vernunft" versichert, durch die Vernunftkritik werde eine Metaphysik geschaffen, die „das ganze Feld der für sie gehörenden Erkenntnisse völlig befassen und also ihr Werk vollenden und für die Nachwelt, als einen nie zu vermehrenden Hauptstuhl, zum Gebrauche niederlegen kann" (B XXIIIf), so ist das nicht die Marotte eines Systemeschmieds, sondern ein unentbehrliches Moment seiner Theorie; denn die Interpretation als offenes System, dessen weiterer Ausbau denkbar wäre, würde seinen gesamten Grundlegungsversuch zunichte machen.

Damit bestätigt sich aber auch, daß jede anthropologistische oder biologistische Kritik der Kantischen Theorie verfehlt ist. Ich meine hier insbesondere die Auffassung, daß die Geltung der Kategorien und Grundsätze auf der — letztlich nur empirisch feststellbaren — Struktur des menschlichen Verstandes beruhe. Sie wird dann abhängig von der Konstanz dieser Struktur, und das impliziert den Einwand, daß bei einer Änderung der Verstandesstruktur, die sich nicht a priori ausschließen lasse, z. B. durch Mutation, die betroffenen Kategorien ihre Gültigkeit verlören und folglich ihre notwendige Geltung gar nicht bewiesen sei. Dieser Einwand unterschätzt ohne Frage die Kantische Theorie und vernachlässigt deren Vollständigkeitsanspruch. Denn wenn sich die Urteilsformen aus dem bloßen Begriff einer objektiven Einheit mannigfaltiger Vorstellungen überhaupt als seine vollständigen Wesensmomente analytisch ableiten lassen, so heißt das, daß jede solche Einheit diese Formen notwendig aufweisen muß, so daß durch eine Mutation unserer Verstandesstruktur es uns unmöglich gemacht würde, unsere mannigfaltigen Vorstellungen als objektive Einheit aufzufassen. Und wenn dies die Bedingung der Möglichkeit des Selbstbewußtseins ist, so folgt, daß wir durch die Mutation unser Selbstbewußtsein verlieren und damit aufhören würden, erkennende Wesen zu sein. Die Vollständigkeit der Urteilsformen gewährleistet also, daß die aus ihnen abgeleiteten Naturgesetze nicht nur für uns gelten, solange unser Verstand eben die jetzige zufällige Struktur behält, sondern daß sie für jedes selbstbewußte, erkennende Wesen überhaupt, wie immer es im übrigen beschaffen sein mag, notwendig Gültigkeit haben.

Übrigens sind Kants Vollständigkeitsbeteuerungen — dies sei hier noch nebenbei bemerkt — nicht minder ernst zu nehmen im Interesse der eigentlich kritischen Absicht seiner Theorie: der Einschränkung aller uns möglichen Erkenntnis überhaupt auf Gegenstände, die uns in der Erfahrung gegeben werden können. Soll diese Einschränkung in ihrer Allgemeinheit begründet erscheinen, so darf man fordern, daß wirklich alle uns möglichen Erkenntnisquellen vollständig berücksichtigt sind. Da nun der Verstand zu den Erkenntnisquellen gehört, darf man eine vollständige Aufzählung aller seiner Funktionen erwarten. Die Vollständigkeit dieser Aufzählung müßte darüber hinaus durch einen Beweis gesichert sein. Ist sie das nicht, dann läßt sich gegen die generelle Einschränkung unserer Erkenntnis der Einwand erheben: daß es doch zumindest denkbar sei, daß dem Verstand außer den aufgezählten Funktionen noch weitere möglich sind, die bisher nur nicht entdeckt wurden, die es uns aber verstatten, unsere Erkenntnis auch über die Grenzen möglicher Erfahrung hinaus auszudehnen. Auch wenn zur Zeit niemand eine solche Verstandesfunktion direkt anzugeben vermöchte, so läßt sich doch die Möglichkeit ihrer Entdeckung nicht grundsätzlich ausschließen, und folglich ist die Behauptung, daß wir Erkenntnis prinzipiell nur von Gegenständen möglicher Erfahrung haben können, nicht ausreichend begründet. Diesem Einwand kann man nicht anders begegnen als durch den Beweis, daß es über die angegebenen Verstandesfunktionen hinaus keine weiteren geben kann, und das bedeutet bei Kant, für den der Verstand ein Vermögen zu urteilen ist, einen Vollständigkeitsbeweis seiner Urteilstafel.

Hier taucht allerdings die Frage auf, ob es nicht genüge, das Prinzip aufzuzeigen, von dem alle möglichen Verstandesfunktionen abgeleitet sein müssen. Wenn dann für dieses Grundprinzip die Einschränkung auf den bloßen Erfahrungsgebrauch nachgewiesen werde, so sei klar, daß dann keine Verstandesfunktion weiter reichen könne, und ihre vollständige Aufzählung sei eigentlich nicht nötig, obgleich sie sich wohl jederzeit müsse anstellen lassen. In der Tat verfährt Kant ja im § 22 der „Kritik der reinen Vernunft" auf diese Weise. Er führt den Beweis für die Eingeschränktheit des Erkenntnisbereichs der Verstandesbegriffe nicht einzeln für jeden Begriff gesondert durch, sondern aus dem Grundprinzip des Verstandes als eines Vermögens der Vergegenständlichung eines Mannigfaltigen, das ihm in *empirischer* Anschauung gegeben sein muß. Es bleibt hier jedoch das Problem: Wie komme ich zu jenem Grundprinzip des Verstandes überhaupt, aus dem alle seine Funktionen abgeleitet sein sollen? Nach Kants eigenen Worten müßte dies die „Idee des Ganzen der Verstandeserkenntnis a priori" sein (B 89). Wie aber kann ich mich vergewissern und beweisen, daß ich in der Idee, die ich zugrunde lege, wirklich das ganze Verstandesvermögen erfaßt habe? Es handelt sich hier ja nicht, wie in der Mathematik, um eine Definition, die ich willkürlich an den Anfang setzen könnte, sondern ich muß den Verstand, als ein Vermögen, das mir *gegeben* ist, analysieren. Wie kann ich dabei sicher sein, nichts Wesentliches übersehen zu haben?

Ich sehe nicht, wie man hier zu einer Lösung kommen will, wenn nicht über den Nachweis, daß die aufgeführten Funktionen erstens tatsächlich Verstandesfunktionen sind und daß sie zweitens zusammen ein in sich geschlossenes und vollständiges System ausmachen, über das hinaus keine weiteren Funktionen denkbar sind und das aus der angenommenen Grundidee schrittweise abgeleitet werden kann. Das in concreto ausgeführte System der Funktionen wird auf diese Weise gleichsam zum Experiment, das die zunächst eher hypothetisch angenommene „Idee des Ganzen" bestätigt. Denn wenn jetzt trotzdem noch weiterreichende Erkenntnisse denkbar bleiben sollen, dann wird man auf die Entdeckung eines ganz anderen und völlig heterogenen Erkenntnisvermögens warten müssen.

Dies entspricht durchaus Kants eigener Vorstellung. So heißt es bei ihm allgemein, „daß man es in der Philosophie der Mathematik nicht so nachtun müsse, die Definitionen voranzuschicken, als nur etwa zum bloßen Versuche"; und „daß in der Philosophie die Definition, als abgemessene Deutlichkeit, das Werk eher schließen, als anfangen müsse" (B 758f). Und in Beziehung auf den Verstand schreibt Kant: „[Der reine Verstand] ist eine für sich selbst beständige, sich selbst genugsame, und durch keine äußerlich hinzukommenden Zusätze zu vermehrende Einheit. Daher wird der Inbegriff seiner Erkenntnis ein unter einer Idee zu befassendes und zu bestimmendes System ausmachen, dessen Vollständigkeit und Artikulation zugleich einen Probierstein der Richtigkeit und Echtheit aller hineinpassenden Erkenntnisstücke abgeben kann" (B 90).

Es hilft auch nicht, sich auf das Verfahren der Transzendentalen Deduktion zu berufen. Dort wird ja das Verstandesprinzip nicht versuchsweise angenommen, sondern aus der durchgängigen Identität des Selbstbewußtseins *erschlossen*. Aber das betrifft im Grunde nur die Gewinnung der Hypothese. Jemand könnte diesen Schluß gutheißen und einräumen, daß dadurch tatsächlich ein Vermögen der Vergegenständlichung empirischer Anschauung in uns nachgewiesen werde, und er könnte auch zugeben, daß man dieses Vermögen dem Verstande zuschreiben müsse. Und trotzdem könnte er fragen, was ihm denn garantiere, daß dies das *Grund*vermögen des Verstandes sei, das in allen seinen Handlungen dasselbe sei und über das hinaus er nichts vermöge. Damit steht man vor der alten Schwierigkeit. Ein Vollständigkeitsbeweis der Urteilstafel ist also auch für das eigentlich kritische Vorhaben Kants unerläßlich[109].

Umso erstaunlicher ist es, daß er niemals einen solchen Beweis vorgelegt hat. Er versichert zwar, daß er seine Tafel im Gegensatz zu Aristoteles nicht „rhapsodistisch" aufgelesen, sondern aus einem Prinzip erzeugt und dadurch ihre Vollständigkeit gewährleistet habe (B 106f). Aber wie er sich dies im einzelnen vorstellt, führt er nicht mehr aus, sondern beruft sich, wie erwähnt, auf die Vorarbeit der Logiker, ohne freilich auch hier genauer anzugeben, auf welchen Logiker er sich denn

---

[109] In der Anmerkung zur Vorrede der „Metaphysischen Anfangsgründe der Naturwissenschaft" erscheint denn auch als erste Voraussetzung der Grenzbestimmung der reinen Vernunft, „daß die Tafel der Kategorien alle reine Verstandesbegriffe vollständig enthalte und ebenso alle formale Verstandeshandlungen in Urteilen".

stützt[110]. Gegen die in der Folgezeit unternommenen Versuche, sein

[110] L. Krüger (1968) vertritt die Ansicht, daß Kant eine schrittweise Ableitung der Urteilsformen aus einem Prinzip gar nicht für möglich gehalten habe. Wenn Kant davon spreche, daß „die Transzendentalphilosophie die Verbindlichkeit habe, ihre Begriffe nach einem Prinzip aufzusuchen" (B 92), so wolle er damit dem Prinzip nicht die Funktion „eines Axioms, aus dem Beweise geführt werden könnten", zuerkennen, sondern lediglich „die Rolle eines *Entscheidungskriteriums* für die Frage, welche Formen des Denkens für das Denken als solches charakteristisch und überdies irreduzibel sind" (Krüger, S. 342). Dies ist so zu verstehen, daß es nicht möglich sei, die Urteilsformen aus dem Prinzip durch Ableitung zu erzeugen; sie müßten „a priori gegeben" und also bekannt sein; das Prinzip gestatte es aber, die ursprünglichen und zu allem Denken notwendigen Formen auszusondern und in einer vollständigen Tafel zusammenzufassen. So ergebe sich z. B., daß die Form „wenn p, dann q oder r" nicht in die Tafel gehöre, weil sie auf elementarere reduzierbar sei.

Nun ist jedoch klar, daß sich auf diese Weise niemals Gewißheit über die Vollständigkeit der Tafel erreichen läßt. Denn wenn uns die Urteilsformen vorgegeben sein müssen und wir sie nicht durch Ableitung erzeugen können, dann können wir niemals sicher sein, daß uns tatsächlich alle Formen gegeben sind und es nicht noch andere gibt, die uns nur noch nicht bekannt geworden sind. Darüber hinaus haben wir bereits vorhin gesehen, daß schon zur Gewißheit über das Prinzip, das nach Krüger bloß als Entscheidungskriterium gelten soll, d. h. die „Idee des Ganzen der Verstandeserkenntnis a priori", die vollständige Ableitung der Urteilsformen erforderlich ist. Krüger sucht den Bedenken zu begegnen durch Hinweis auf Kants Ansicht, es auf diesem Felde nur mit der Vernunft selbst zu tun zu haben, die wir in uns selbst anträfen und deren vollständige Kenntnis daher kein Problem sei. Krüger zitiert aus der Vorrede zur 1. Auflage der „Kritik der reinen Vernunft", wo es heißt: „Es kann uns hier [sc. im Inventarium aller unserer Besitze durch reine Vernunft] nichts entgehen, weil, was Vernunft gänzlich aus sich selbst hervorbringt, sich nicht verstecken kann, sondern selbst durch Vernunft ans Licht gebracht wird, sobald man nur das gemeinschaftliche Prinzip desselben entdeckt hat" (A XX; Krüger, S. 343). Mir scheint, daß dieses Zitat Krügers Interpretation eher widerlegt als bestätigt. Denn Vernunft ist das Vermögen zu schließen, und fragt man, *wie* denn etwas „durch Vernunft ans Licht gebracht wird", dann kann die Antwort folglich nur lauten: durch einen Schluß (B 386. 366).

Freilich kann Krüger andere gewichtige Äußerungen Kants zur Stützung seiner Interpretation ins Feld führen, die in der Tat auf den ersten Blick eindeutig zu belegen scheinen, daß Kant eine deduktive Ableitung der Urteilsformen für unmöglich gehalten hat. Ich meine drei Zitate, die im wesentlichen denselben Gedanken zum Ausdruck bringen, sich in der Formulierung jedoch unterscheiden. Sie lauten:

„Wie aber diese eigentümliche Eigenschaft unserer Sinnlichkeit selbst, oder die unseres Verstandes und der ihm und allem Denken zum Grunde liegenden notwendigen Apperception, möglich sei, läßt sich nicht weiter auflösen und beantworten, weil wir ihrer zu aller Beantwortung und zu allem Denken der Gegenstände immer wieder nötig haben" (Prol. § 36).

„Von der Eigentümlichkeit unseres Verstandes aber, nur vermittelst der Kategorien und nur gerade durch diese Art und Zahl derselben Einheit der Apperception a priori zustande zu bringen, läßt sich ebensowenig ferner ein Grund angeben, als warum wir gerade diese und keine anderen Funktionen zu urteilen haben, oder warum Zeit und Raum die einzigen Formen unserer möglichen Anschauung sind" (B 145 f).

„Wie aber eine solche sinnliche Anschauung (als Raum und Zeit) Form unserer Sinnlichkeit oder solche Funktionen des Verstandes, als deren die Logik aus ihm

Versäumnis nachzuholen und eine vollständige Liste der Urteilsformen abzuleiten, lassen sich durchweg schwerwiegende Bedenken erheben, und

> entwickelt, selbst möglich sey, oder wie es zugehe, daß eine Form mit der Andern zu einem möglichen Erkenntnis zusammenstimme, das ist uns schlechterdings unmöglich weiter zu erklären, weil wir sonst noch eine andere Anschauungsart, als die uns eigen ist und einen anderen Verstand, mit dem wir unseren Verstand vergleichen könnten und deren jeder die Dinge an sich selbst bestimmt darstellete, haben müßten: wir können aber allen Verstand nur durch unseren Verstand und so auch alle Anschauung nur durch die unsrige beurteilen" (Brief an Herz vom 26. 5. 1789 (XI 51)).

Ich glaube nicht, daß Kant mit diesen Äußerungen die logische Ableitbarkeit der Urteilsformen hat leugnen wollen. Diese wird ja im Brief an Herz ausdrücklich angenommen, wo es heißt, man könne nicht erklären, „wie . . . solche Funktionen des Verstandes, *als deren die Logik aus ihm entwickelt,* selbst möglich seien". Was Kant hat aussprechen wollen, ist offenbar eine Warnung, daß man auch von einem vollständig abgeleiteten transzendentalen System nicht zuviel erwarten dürfe. Gesetzt nämlich, die Ableitung der Urteilsformen sei geleistet. Damit wäre zwar das für die Zwecke der Transzendentalen Deduktion Notwendige erfüllt, aber es sind keineswegs alle Fragen beantwortet. Es bleiben mindestens zwei Fragen offen, und diese sind es meines Erachtens, auf die Kant hinaus will. Die eine Frage erwähnt er im Zitat aus der 2. Auflage der „Kritik der reinen Vernunft", wenn er sagt, „es lasse sich ferner kein Grund angeben, *warum* wir gerade diese und keine anderen Funktionen zu urteilen haben". Das läßt sich in der Tat auch durch eine vollständige Ableitung der Urteilsformen nicht beantworten. Denn die analytische Ableitung aus dem Begriff des Selbstbewußtseins stellt nur sicher, *daß* ein Selbstbewußtsein nur unter diesen Formen möglich ist, so daß es ohne diese Formen kein selbstbewußtes Wesen geben kann. *Warum* das aber so ist, ist weiter nicht erklärbar. Denn der Begriff des Selbstbewußtseins ist eben kein willkürlicher Begriff wie die mathematischen, sondern für uns ein *gegebener,* den wir hinnehmen müssen und von dem wir nicht mehr beantworten können, warum er gerade diesen und keinen anderen Inhalt hat, weil wir seiner „zu aller Beantwortung und zu allem Denken der Gegenstände immer wieder nötig haben".

Die andere, mit der ersten verknüpfte Frage scheint mir in der Formulierung der Prolegomena und des Briefes an Herz intendiert, wo es heißt, es sei unmöglich zu erklären, wie die Funktionen des Verstandes, die die Logik aus ihm entwickelt, selbst *möglich seien.* Als Begründung gibt Kant an, daß wir zu einer solchen Erklärung noch einen anderen Verstand haben müßten, mit dem wir unseren vergleichen könnten und der die Dinge an sich darstellte. Was Kant hier meint, ist meines Erachtens folgendes: Was wir wissen können, ist, daß die Möglichkeit des Selbstbewußtseins an bestimmte Bedingungen geknüpft ist, nämlich die Anwendbarkeit der Urteilsformen und Kategorien. Das wird in der „Kritik der reinen Vernunft" bewiesen. Aber das Ergebnis ist zunächst rein hypothetisch: wenn ein Selbstbewußtsein möglich sein soll, muß die kategoriale Gesetzmäßigkeit gelten. Ob nun aber ein Selbstbewußtsein tatsächlich möglich *ist,* das läßt sich a priori nicht mehr einsehen, sondern hier sind wir auf das empirische Faktum angewiesen, daß wir uns unser selbst wirklich bewußt sind. Das reicht zwar aus, um daraus zu schließen, daß die Bedingungen dieses Bewußtseins erfüllt sein müssen, die Natur also der kategorialen Gesetzmäßigkeit unterliegen muß; wie es aber kommt, daß diese Bedingungen erfüllt sind, d. h. von welchen Bedingungen die Gesetzmäßigkeit der Natur ihrerseits abhängt, bzw. – in der Sprache der Kantischen Konstitutionstheorie – von welchen Bedingungen das Vorkommen eines Verstandes wie des unsrigen mit seinen es ist sehr zweifelhaft, ob sich die Aufgabe überhaupt lösen läßt[111]. Ich möchte auf dieses umstrittene Problem nicht näher eingehen. Mir kam es nur darauf an, die Rolle zu bestimmen, die es innerhalb der Kantischen Theorie spielt. Und da scheint es mir außer Zweifel, daß, solange die Aufgabe, eine nachweisbar vollständige Tafel der Urteilsformen vorzulegen, nicht gelöst ist, auch der Kantische Beweis der Möglichkeit synthetischer Urteile a priori unzureichend ist.

§ 27. *Die Kategorien als Begriffe von der Bestimmtheit der Anschauungen*

Aber zugestanden auch das, daß sich die Urteilsformen vollzählig herleiten lassen, so zeigt sich die nächste Schwierigkeit beim Schluß auf die Gültigkeit der Kategorien. Kant erläutert die Kategorien folgendermaßen:

„Sie sind Begriffe von einem Gegenstande überhaupt, dadurch dessen Anschauung in Ansehung einer der *logischen Funktionen* zu Urteilen als *bestimmt* angesehen wird. So war die Funktion des *kategorischen* Urteils die des Verhältnisses des Subjekts zum Prädikat, z. B. alle Körper sind teilbar. Allein in

---

bestimmten synthetischen Funktionen selbst wieder abhängt, das können wir nicht mehr erklären. Denn dazu müßten wir die Gründe kennen, die die Gesetzmäßigkeit der Natur schlechthin notwendig machen, wir müßten also nicht nur die *bedingte*, sondern die *absolute* Notwendigkeit der Geltung der Kategorien erkennen, und das bedeutet, daß wir die Dinge erkennen müßten, wie sie an sich selbst sind.

[111] Der überzeugendste Versuch, die Vollständigkeit der Kantischen Urteilstafel zu beweisen, stammt von Reich (1948). Reich ist der Überzeugung, daß Kant selbst einen solchen Beweis in nuce parat gehabt, nur auf die Ausarbeitung verzichtet habe, und er rekonstruiert diesen Beweis in kongenialer Weise unter Auswertung des handschriftlichen Nachlasses Kants. Andere Versuche, Kants Urteilstafel zu rechtfertigen, unternehmen Albrecht (1954) und Bröcker (1970, S. 42ff). Eine umfassende Darstellung und Kritik nahezu aller seit Kant aufgestellten Deduktionen der logischen Konstanten gibt Lenk (1968), der auch auf die grundsätzlichen Schwierigkeiten des Problems und die Aussichtslosigkeit einer Lösung hinweist (1970). Seine Kant-Kritik (1968, S. 14ff) leidet an zwei Mängeln. Zum einen erkennt er nicht den analytischen Charakter des Kantischen transzendentalen Grundsatzes: „Das: Ich denke, muß alle meine Vorstellungen begleiten können"; er hält ihn für einen empirischen und daher unbewiesenen Satz, als gehe es Kant mit dem „Ich denke" um eine „vollständige Vorstellung, die als in allen verschiedenen Instanzen nachweislich identisches abgeschlossenes psychisches ‚Etwas' jeder anderen Vorstellung hinzugefügt werden kann und dadurch eine Bewußtseinseinheit fundiert" (S. 16). Zum anderen beurteilt Lenk die Kantische Urteilstafel und die Rekonstruktion ihrer Deduktion durch Reich durchweg vom Standpunkt der extensionalen Logik. Es fragt sich, ob es sich hier nicht um inkommensurable Auffassungen handelt.

> Ansehung des bloß logischen Gebrauchs des Verstandes blieb es unbestimmt, welchem von beiden Begriffen die Funktion des Subjekts, und welchem die des Prädikats man geben wolle. Denn man kann auch sagen: Einiges Teilbare ist ein Körper. Durch die Kategorie des Substanz aber, wenn ich den Begriff eines Körpers darunter bringe, wird es bestimmt: daß seine empirische Anschauung in der Erfahrung immer nur als Subjekt, niemals als bloßes Prädikat betrachtet werden müsse; und so in allen übrigen Kategorien" (B 128f. Vgl. Prol. § 21).

Die Gültigkeit derartiger Begriffe folgt nun für Kant unmittelbar aus der Annahme, daß die Apperzeption an die Urteilsformen gebunden sei:

> „Diejenige Handlung des Verstandes aber, durch die das Mannigfaltige gegebener Vorstellungen (sie mögen Anschauungen oder Begriffe sein) unter eine Apperzeption überhaupt gebracht wird, ist die logische Funktion der Urteile. Also ist alles Mannigfaltige, sofern es in Einer empirischen Anschauung gegeben ist, in Ansehung einer der logischen Funktionen zu urteilen *bestimmt*, durch die es nämlich zu einem Bewußtsein überhaupt gebracht wird. Nun sind aber die *Kategorien* nichts andres, als eben diese Funktionen zu urteilen, sofern das Mannigfaltige einer gegebenen Anschauung in Ansehung ihrer bestimmt ist. Also steht auch das Mannigfaltige in einer gegebenen Anschauung notwendig unter Kategorien" (B 143).

Kant ist hier sehr rasch mit der Feststellung, daß das Mannigfaltige „in Ansehung einer der logischen Funktionen zu urteilen *bestimmt*" sei. Eine nähere Begründung für diesen Schritt wird nirgendwo gegeben, so daß man auf Vermutung angewiesen ist. Dabei scheint mir die Formulierung, die Kant in der parallelen Erläuterung der Kategorien in den „Metaphysischen Anfangsgründen der Naturwissenschaft" gibt, hilfreich zu sein:

> Durch die Kategorie wird „ein Objekt in Ansehung einer oder der anderen Funktion der Urteile als *bestimmt* gedacht (z. B. so wird in dem kategorischen Urteile: der *Stein ist hart*, der *Stein* für Subjekt und *hart* als Prädikat gebraucht, so doch, daß es dem Verstande unbenommen bleibt, die logische Funktion dieser Begriffe umzutauschen und zu sagen: einiges Harte ist ein Stein; dagegen wenn ich es mir *im Objekte* als *bestimmt* vorstelle,

daß der Stein in jeder möglichen Bestimmung eines Gegenstandes, nicht des bloßen Begriffs, nur als Subjekt, die Härte aber nur als Prädikat gedacht werden müsse, dieselbe logische Funktionen nun *reine Verstandesbegriffe* von Objekten, nämlich als *Substanz* und *Akzidens*, werden)" (Vorrede, Anm.).

Möglicherweise hat Kant folgendermaßen gedacht: Im Urteil wird die Einheit der Vorstellungen so gedacht, daß das Vorgestellte so, wie es im Urteil verknüpft ist, als im Objekt selbst verbunden aufgefaßt wird. Folglich können wir nur dann Urteile bilden, wenn die Struktur des gegebenen Mannigfaltigen den Urteilsformen entspricht, sonst wären die Urteilsformen, da sie die Vorstellungsverknüpfung ja als im Objekt selbst begründet und damit notwendig und allgemeingeltend vorstellen, nicht anwendbar. Deutet man z. B. den Sinn der kategorischen Urteilsform so, daß das Subjekt eine Bedingung für die Anwendung des Prädikats enthält, derart daß, wenn jenes gesetzt wird, dieses als seine Bestimmung auch gesetzt werden muß[112], dann müssen sich im anschaulichen Mannigfaltigen ebenfalls Gegebenheiten finden, die selbständig und unabhängig existieren, und andere, die in ihrem Dasein von diesen abhängig sind und nur an ihnen als ihre Bestimmungen existieren, d. h. es müssen sich Substanzen und Akzidenzien unterscheiden lassen. In einer Welt, in der das nicht möglich wäre, weil keine solche Daseinsabhängigkeit bestünde, sondern alle Gegebenheiten gleichberechtigt und unabhängig nebeneinander existierten, so daß sie in regelloser Beliebigkeit ohne denkbare Notwendigkeit und Allgemeinverpflichtung auftauchen könnten, wäre auch kategorisches Urteilen unmöglich.

Falls das ungefähr Kants Gedanken gewesen sein sollten, dann hätte er mißachtet, daß Urteile auch falsch sein können und daß falsche Urteile auch Urteile sind. Wenn eingeräumt wird, daß das Selbstbewußtsein die Möglichkeit zu urteilen erfordert, so folgt daraus unmittelbar nur ganz allgemein, daß das anschauliche Mannigfaltige so beschaffen sein muß, daß die Urteilsformen überhaupt darauf anwendbar sind. Für die kategorische Urteilsform heißt das z. B., daß das Mannigfaltige der Art sein muß, daß es so aufgefaßt werden kann, als seien darin Substanzen und Akzidenzien unterschieden. Das besagt aber nicht, daß es *an sich selbst* wirklich so strukturiert sein muß. Es muß eben nur so *aufgefaßt* werden können. Z. B. könnte es an sich in Ansehung der Urteilsformen so unbestimmt sein, daß jede beliebige Gegebenheit jede beliebige Funktion in einem

---

[112] Vgl. oben S. 125.

Urteil übernehmen kann. Auch dann sind die Urteilsformen ohne Schwierigkeit anwendbar, da ja jederzeit funktionsgerechte Materie zur Hand ist. Wir würden in diesem Fall eine Gesetzmäßigkeit in die Welt projizieren, die darin gar nicht angelegt ist, und selbst wenn die Welt sich eines Tages völlig chaotisch gebärden sollte, wären wir trotzdem noch in der Lage zu urteilen. Denn erstens ist die Annahme einer Gesetzmäßigkeit, wie früher schon angemerkt, im strengen Sinne nicht widerlegbar, weil immer die Stützungshypothese unbekannter Störfaktoren herangezogen werden kann[113]. Zweitens ist auch eine Widerlegung ungefährlich, da die Einsicht in die Falschheit nicht den Urteilscharakter eines Satzes aufhebt. Wenn ich z. B. aufgrund einer einmaligen Beobachtung urteile, daß der Mondschein den Stein erwärmt, in allen weiteren Beobachtungen aber der Stein sich bei Mondschein in völliger Regellosigkeit bald erwärmt, bald abgekühlt, bald ohne Temperaturveränderung zeigt, dann kann ich mich auf zweierlei Weise dazu stellen. Entweder ich beharre auf meiner ursprünglichen Gesetzesbehauptung, daß der Mondschein den Stein erwärme, und erkläre die Abweichungen damit, daß besondere unerkannte Störursachen, im Subjekt oder Objekt gelegen, den Effekt verhinderten; oder ich revidiere mein Urteil jeweils gemäß der neuen Beobachtung, nehme also etwa an, daß mein Urteil, der Mondschein erwärme den Stein, falsch war und er ihn vielmehr abkühle usw. Die Erkenntnis eines Irrtums würde das Selbstbewußtsein nicht aufheben, denn obgleich ich ihm jetzt nicht zustimmte, bliebe der Satz, daß der Mondschein den Stein erwärme, doch ein mögliches Urteil, da das Gegebene grundsätzlich auch auf diese Weise apperzipierbar wäre. Selbst wenn alle unsere Urteile falsch sein sollten – und im angenommenen Fall der Unbestimmtheit des gegebenen Mannigfaltigen in Ansehung der Urteilsformen wäre es ja in der Tat so –, würde das unser Selbstbewußtsein nicht zerstören, sofern nicht bewiesen werden kann, daß das Selbstbewußtsein die Möglichkeit *wahrer* Urteile voraussetzt. Ein solcher Beweis müßte freilich mit der Konsequenz fertig werden, daß es dann nicht nur nicht ausschließlich, sondern gar keine falschen Urteile geben darf. Denn da ein Urteil nicht sowohl wahr als auch falsch sein kann, so bedeutet das Eingeständnis, daß irgendeines meiner Urteile unbeschadet meines Selbstbewußtseins möglicherweise falsch sei, daß das Selbstbewußtsein eben nicht von der Wahrheit der Urteile abhängig sein kann.

---

[113] Vgl. oben S. 141.

Die Verantwortung der Wahrheit sämtlicher Urteile, also auch solcher wie „Der Kreis ist kein Kreis", ließe sich vermeiden, wenn es Anzeichen gäbe dafür, daß die Urteilsformen selbst eine gewisse inhaltliche Bestimmtheit des Mannigfaltigen, auf das sie angewendet werden sollen, antizipierten, derart daß schon ihnen selbst anzusehen wäre, daß nur Gegebenheiten von ganz bestimmter Eigenart die Funktion eines Subjektes und solche von anderer Eigenart diejenige eines Prädikats in einem Urteil überhaupt übernehmen können usw. Dann würde freilich die Möglichkeit jedes Urteils schlechthin, also auch des falschen, die Geltung der Kategorien beweisen, da die entsprechende Struktur des Mannigfaltigen schon durch die allen gemeinsamen bloßen *Formen* des Urteils vorgezeichnet wäre. Doch das ist offenkundig nicht der Fall, wie die Freiheit des „logischen Gebrauchs", auf die Kant selbst hinweist, zeigt. Die Urteilsformen sind an sich gegenüber ihrer Materie ganz indifferent, sie enthalten keine Eignungsbedingungen für die logischen Funktionen, die vielmehr beliebig vertauscht werden können, wie Kants Beispiel „Alle Körper sind teilbar" und „Einiges Teilbare ist ein Körper" verdeutlicht. Die Urteilsformen können sogar auf sich selber angewendet werden, z. B. „Das ‚ist' ist die Kopula" oder vertauscht: „Die Kopula ist das ‚ist'." Infolgedessen lassen sich aus der Art der Formen allein keine Rückschlüsse auf die notwendige Beschaffenheit der Urteilsmaterie ziehen.

Die logische Freiheit verbietet auch eine andere Deutung der Kantischen Position. Man könnte nämlich in Kants Behauptung, das Mannigfaltige der Anschauung müsse in Ansehung der Urteilsformen bestimmt sein, einen Fall sehen, wo erst durch den Verzicht auf die Konstitutionstheorie ein Beweisschritt ungerechtfertigt erscheint, der unter Voraussetzung dieser Theorie voll gerechtfertigt wäre. Kant hätte dann etwa so gedacht: Wenn der Verstand zur Synthesis eines gegebenen anschaulichen Mannigfaltigen aus sich selbst ein rein formales System von Urteilsformen hervorbringt, dann muß er sich außerdem auch Regeln geben, wie dieses formale System auf Anschauung anzuwenden ist und Urteile danach gebildet werden können. Wenn er z. B. die Form des singulären bejahenden kategorischen assertorischen Urteils hat, also die Form „S ist P", dann braucht er Kriterien, nach denen er aus dem „Gewühle von Erscheinungen" diejenigen (z. B. den Stein), die in die Stelle des Subjekts S einzusetzen sind, auswählen und von denjenigen unterscheiden kann (z. B. der Härte), die die Stelle des Prädikates P einnehmen müssen, damit er aus der bloßen Form „S ist P" ein Urteil wie „Der Stein ist hart" bilden kann. Er muß also Begriffe erzeugen, die sich auf Anschauung beziehen und diese jeweils in Ansehung einer der logischen Funktionen zu Urteilen als bestimmt vorstellen, d. h. die Kategorien, die somit gewissermaßen das semantische System für das rein formale System der Urteilsformen bilden. Diese Begriffe nun müssen für die Erfahrung notwendig Gültigkeit besitzen, weil ja der Verstand die Erfahrungswelt allererst nach ihnen konstituiert.

Die Besonderheit dieser konstitutionstheoretischen Auffassung besteht darin, daß der Verstand, da ihm das Mannigfaltige nicht in der Einheit der Urteilsformen gegeben ist, sondern er die Urteilsformen aus sich hervorbringt, um selbst die Einheit nach ihnen herzustellen, sich in irgendeiner Weise entscheiden muß, was aus dem angebotenen Mannigfaltigen er an welcher Stelle in die Leerformen einfügen will; und weil er nicht irrational handeln kann, so muß er seine Entscheidungen nach bestimmten Regeln treffen, die sich in den Kategorien ausdrücken. Nichtsdestoweniger scheitert diese Deutung an der materiellen Indifferenz der Urteilsformen, die sich in der Freiheit des „logischen Gebrauchs" dokumentiert. Da die Urteilsformen selbst keine Ansprüche an die Urteilsmaterie stellen, kann der Verstand seine Entscheidungskriterien beliebig wählen, ohne daß sie ihm in den Urteilsformen vorgeschrieben würden und er seine Konstitutionstätigkeit darauf beschränken müßte, die entsprechenden Gegebenheiten in der Anschauung aufzusuchen. Folglich, wegen dieser Beliebigkeit, kann man auch nicht schließen, daß die Kategorien als „Begriffe von Anschauungen überhaupt, so fern diese in Ansehung eines oder des anderen dieser Momente zu Urteilen *an sich selbst, mithin notwendig und allgemeingültig* bestimmt sind", Gültigkeit haben müssen (Prol. § 21).

Gerade das aber müßte bewiesen werden: daß die Anschauungen in Ansehung der Urteilsfunktionen „an sich selbst, mithin notwendig und allgemeingültig bestimmt sind", wenn die Möglichkeit synthetischer Erkenntnis a priori gesichert werden soll. Denn nur wenn feststünde, daß die Möglichkeit des Selbstbewußtseins von der Bedingung abhängt, daß das gegebene Mannigfaltige *an sich selbst* eine den Urteilsformen entsprechende Struktur aufweist, könnten wir gewiß sein, daß es wirklich einer bestimmten Gesetzmäßigkeit folgt, und a priori urteilen, daß in der für uns erfahrbaren Welt stets diese selbe Gesetzmäßigkeit herrschen, es also immer Substanzen und Akzidenzien, Ursachen und Wirkungen, Größen usw. geben muß. Dazu reicht aber das Zugeständnis, daß die transzendentale Apperzeption an die Urteilsformen gebunden sei, nicht aus. Daraus folgt nur, daß wir in der Lage sein müssen, überhaupt die Urteilsformen anzuwenden, was keine Rückschlüsse auf die Beschaffenheit des anschaulichen

Mannigfaltigen gestattet, weil die Urteilsformen sich gegenüber ihrer Materie indifferent verhalten. Man kann nur sagen, daß es immer logische Subjekte und Prädikate, Gründe und Folgen, Quantoren usw. geben muß, aber eben nicht Substanzen und Akzidenzien, Ursachen und Wirkungen, Größen usw. Denn wenn es nur darum geht, überhaupt die Urteilsformen anzuwenden, braucht das Mannigfaltige in seiner Struktur nicht den Urteilsformen zu entsprechen, sondern als logisches Subjekt in einem Urteil kann durchaus etwas fungieren, das an sich keineswegs die Eigenschaften einer Substanz hat und sich nicht entsprechend gesetzmäßig verhält. Freilich bietet die logische Freiheit die Möglichkeit, das in der Einheit der Urteilsformen bewußte Mannigfaltige jederzeit zu korrigieren und das, was zunächst Subjekt war, als Prädikat zu setzen und umgekehrt. Insbesondere unter der konstitutionstheoretischen Voraussetzung, daß der Verstand die Einheit des Mannigfaltigen nach eigenen Begriffen erst herstellt, läßt sich denken, daß er, auch wenn das Mannigfaltige an sich in Ansehung der Urteilsformen unbestimmt ist, aus eigener Entscheidung Substanzen usw. gleichsam „ernennt", indem er sich entschließt, bestimmte Gegebenheiten nur als Subjekt usw. zu betrachten. Allein auf diese Weise läßt sich die Möglichkeit apriorischer Erkenntnis natürlich nicht begründen, da solchen „Ernennungen" die erforderliche Notwendigkeit und strenge Allgemeinheit fehlt, auch wenn durch Konvention eine gewisse relative Allgemeinheit erreichbar wäre. Der Verstand kann seine Entscheidungen ja jederzeit revidieren.

Die Gültigkeit der Kategorien folgt also nicht schon aus der bloßen Anwendbarkeit der Urteilsformen, sondern es bedürfte besonderer Argumente. Kant gesteht dies indirekt auch ein, wenn er die Möglichkeit des logischen Gebrauchs, obwohl sie doch die Anwendbarkeit garantiert, angesichts der hier möglichen Willkür offenbar nicht für beweiskräftig hält und stattdessen annimmt, das anschauliche Mannigfaltige müsse unabhängig vom logischen Gebrauch an sich in Ansehung der Urteilsfunktionen bestimmt sein. Warum es das sein muß, sagt er freilich nicht.

§ 28. *Kategorie und Schema*

Aber selbst wenn man in den Zugeständnissen noch einen Schritt weiter über diese Lücke hinweg geht und die kategoriale Bestimmtheit des gegebenen Mannigfaltigen einräumt, so ist die Berechtigung synthetischer Urteile a priori immer noch nicht einsichtig. Feststeht dann, daß es in der

Erfahrungswelt Substanzen und Akzidenzien usw. geben muß. Aber damit sind zunächst nur die *reinen* Kategorien erreicht, die für sich allein noch keine Erkenntnis ausmachen, solange nicht angegeben werden kann, auf welche anschaulichen Eigenschaften sie sich beziehen. Zwar beziehen sich auch die reinen Kategorien auf Anschauung, aber nur auf Anschauung überhaupt, ohne daß konkrete anschauliche Bestimmungen in ihnen gedacht würden. So wissen wir hinsichtlich der Kategorie der Substanz bisher nur, daß es in der Anschauung überhaupt etwas geben muß, das als selbständiger Träger von Bestimmungen und nicht als Bestimmung von etwas anderem existiert. An welchen Kriterien wir nun aber dieses Etwas in der Anschauung erkennen können, wissen wir nicht. Dazu muß erst der Begriff konkretisiert werden, d. h. es muß das „Schema" angegeben werden, das seine Anwendung auf die Anschauung ermöglicht (vgl. B 186 f.).

Hier tritt nun dieselbe Schwierigkeit auf, die wir schon in bezug auf die Schemate der mathematischen Begriffe erörtert haben[114]. Wenn nämlich aufgrund des Schemas synthetische Erkenntnisse a priori möglich werden sollen, dann muß es als *notwendiges* Schema erwiesen werden, d. h. es muß die Bedingungen enthalten, unter denen allein die Kategorie auf Anschauung anwendbar ist, so daß, wenn sie nicht erfüllt sind, die Kategorie nicht realisierbar ist. Korrelativ ausgedrückt: das Schema muß die Bestimmungen angeben, die ein Gegenstand in der Anschauung in jedem Fall aufweisen muß, um unter die Kategorie zu fallen. Z. B. nennt Kant als Schema der Substanz „die Beharrlichkeit des Realen in der Zeit" (B 183). Es müßte also gezeigt werden, daß dies die einzig mögliche Art ist, die Substanz zu veranschaulichen, so daß niemals etwas, das vergänglich wäre, als Substanz gedacht werden könnte. Erst dann ließe sich a priori ein Beharrungssatz rechtfertigen wie Kants „erste Analogie der Erfahrung": „Bei allem Wechsel der Erscheinungen beharrt die Substanz, und das Quantum derselben wird in der Natur weder vermehrt noch vermindert" (B 224). Wir haben jedoch bereits früher gesehen, daß die Notwendigkeit eines Schemas nicht beweisbar ist, weil, um sich zu vergewissern, daß ein Begriff stets nur auf dieselbe Weise in der Anschauung realisierbar ist, es der widersprüchlichen Fähigkeit, a priori anzuschauen, bedürfte. Und was von den mathematischen Schematen gilt, das gilt a fortiori von den Schematen der einen wesentlich höheren Abstraktionsgrad aufweisenden Kategorien. Bei den „sinnlichen Begriffen" der Mathematik

---

[114] Vgl. oben S. 81 ff.

fällt es jedenfalls nicht schwer, ein Schema als *möglich* zu erkennen, indem ich seine Konstruktionsvorschrift ausführe und das Ergebnis unmittelbar mit dem Begriff vergleiche, z. B. ob ein Dreieck eine in drei Geraden eingeschlossene Figur ergibt. Bei den reinen Verstandesbegriffen dagegen, die sich in ihrem Inhalt noch gar nicht auf räumliche-zeitliche Anschauung, sondern nur auf Anschauung überhaupt beziehen, entfällt die Möglichkeit des direkten Vergleichs. Denn welche unmittelbare Beziehung besteht zwischen der Existenz als selbständiger Bestimmungsträger und der Beharrlichkeit oder der Funktion als Daseinsgrund und dem zeitlichen Vorhergehen? Es ist hier also schon nicht ganz einfach, die bloße Möglichkeit eines Schemas einzusehen und von schlichter Willkür zu trennen, um so sicherer ist jeder Versuch, seine Notwendigkeit zu beweisen, zum Scheitern verurteilt (vgl. B 176 f).

Bei der Zuweisung der Schemate zu den Kategorien verfährt Kant denn auch recht großzügig. Erstens nennt er für seine Tafel von zwölf Kategorien nur acht (allenfalls neun) Schemate, zum anderen fehlt jeglicher Ansatz, die Notwendigkeit der angegebenen Schematisierungen zu zeigen. Anscheinend ist es Kant gar nicht in den Sinn gekommen, daß hier ein Beweisbedürfnis bestand. Nachdem er die Mittlerfunktion des Schemas zwischen Kategorie und Erscheinung hervorgehoben hat, begründet er die Zeitlichkeit seiner Schematisierung folgendermaßen:

> „Der Verstandesbegriff enthält reine synthetische Einheit des Mannigfaltigen überhaupt. Die Zeit, als die formale Bedingung des Mannigfaltigen des inneren Sinnes, mithin der Verknüpfung aller Vorstellungen, enthält ein Mannigfaltiges a priori in der reinen Anschauung. Nun ist eine transzendentale Zeitbestimmung mit der *Kategorie* (die die Einheit derselben ausmacht) sofern gleichartig, als sie *allgemein* ist und auf einer Regel a priori beruht. Sie ist aber andererseits mit der *Erscheinung* sofern gleichartig, als die *Zeit* in jeder empirischen Vorstellung des Mannigfaltigen enthalten ist. Daher wird eine Anwendung der Kategorie auf Erscheinungen möglich sein, vermittelst der transzendentalen Zeitbestimmung, welche, als das Schema der Verstandesbegriffe, die Subsumtion der letzteren unter die erste vermittelt" (B 177 f).

Man könnte Kant hier so verstehen, als ob er geglaubt habe, damit hinreichend dargetan zu haben, daß die transzendentalen Schemate notwendig Zeitbestimmungen sein müssen, indem man hinter dem Zitat folgende Überlegung vermutet: In den Kategorien wird die Einheit eines anschaulichen Mannigfaltigen überhaupt gedacht. Nun ist die Form, in der etwas als ein Mannigfaltiges vorgestellt werden kann, die Zeit: „Jede Anschauung enthält ein Mannigfaltiges in sich, welches doch nicht als ein solches vorgestellt werden würde, wenn das Gemüt nicht die Zeit, in der Folge der Eindrücke aufeinander unterschiede: denn, *als in einem Augenblick enthalten*, kann jede Vorstellung niemals etwas anderes, als absolute Einheit sein" (A 99). Also auch das Mannigfaltige im Raume kann als Mannigfaltiges nur in der Zeit vorgestellt werden. Um eine Linie als mannigfaltig zu erkennen, muß ich mir die Teile nacheinander vorstellen. Denn der Raum ist zwar an sich kein zeitliches Mannigfaltiges; um ihn aber als Mannigfaltiges *vorzustellen*, muß ich die *Vorstellungen* von ihm unterscheiden, und das geschieht durch die Zeit als die Form des inneren Sinnes. Folglich müssen die Kategorien, wenn wir in ihnen das Mannigfaltige unserer Anschauung als Einheit apperzipieren sollen, sich auf die Zeit beziehen, denn in dieser ist uns alles anschauliche Mannigfaltige als solches gegeben, und durch die Einheit des zeitlichen Mannigfaltigen ergibt sich zugleich die Einheit des Mannigfaltigen im Raum. Somit wäre die Notwendigkeit des zeitlichen Charakters der transzendentalen Schemate untermauert. Das genügt freilich noch nicht, um nun jeder einzelnen Kategorie ein *bestimmtes* Zeitschema als das für sie allein mögliche zuzuordnen, sondern beweist nur, daß es sich überhaupt um Zeitbestimmungen handeln müsse. Aber Kant könnte seine Aufzählung von Zeitaspekten, nämlich der Zeitreihe, des Zeitinhalts, der Zeitordnung und des Zeitinbegriffs (B 184f), für eine vollständige Tafel der Bestimmungsmöglichkeiten der Zeit gehalten haben, so daß nur gerade die genannten Schemate und keine anderen möglich sind.

Allein Kant hatte gar keinen Notwendigkeitsbeweis im Sinn. Die Folgerung, die er an der zitierten Stelle zieht, ist lediglich, daß „vermittelst der transzendentalen Zeitbestimmung" „eine Anwendung der Kategorie auf Erscheinungen *möglich* sein" werde. Offenbar schien ihm mehr als ein Beleg, daß die transzendentalen Zeitbestimmungen mögliche Schemate seien, nicht vonnöten. Freilich ist die obige Argumentation so auch nicht haltbar; man kann sie also auch nicht dazu verwenden, um Kant mit ihr unter die Arme zu greifen und die von ihm übersehene Lücke im Beweisgang zu schließen. Denn – von der eingestandenen Möglichkeit einer andersartigen Sinnlichkeit ganz zu schweigen – alles, was Kant selbst und die vorgeschlagene Argumentation über die Zeit sagen, trifft genauso auf den Raum zu, zumindest wenn man die „Widerlegung des

Idealismus" aus der zweiten Auflage der „Kritik der reinen Vernunft" berücksichtigt (B 274 ff. XXXIX ff Anm. Vgl. B 291 ff), mit der die in der ersten Auflage durchweg herrschende Auffassung, daß der Raum nur die Form der äußeren, die Zeit aber aller Erscheinungen sei (B 50f), nicht mehr vereinbar ist. Diese Widerlegung beruht darauf, daß der äußere Sinn „mit der inneren Erfahrung selbst, als die Bedingung der Möglichkeit derselben, unzertrennlich verbunden" sei (B XL Anm.). Alle Bestimmung in der Zeit als der Form des inneren Sinnes setze nämlich etwas Beharrliches in der Wahrnehmung voraus. Dieses Beharrliche aber könne nicht eine Anschauung in mir, sondern nur etwas im Raume außer mir sein. „Denn alle Bestimmungsgründe meines Daseins, die in mir angetroffen werden können, sind Vorstellungen, und bedürfen, als solche, selbst ein von ihnen unterschiedenes Beharrliches, worauf in Beziehung der Wechsel derselben . . . bestimmt werden könne" (B XXXIX Anm.). Um demnach das innere Mannigfaltige in der Zeit vorzustellen, d. h. Vorstellungen in der Zeit zu unterscheiden und zu bestimmen, die eine dauere bis hierher und an diesem Zeitpunkt beginne eine andere, muß ich die Vorstellungen zugleich im Raume lokalisieren (nämlich als Bestimmungen des empirischen Subjekts). Also ist alles Mannigfaltige uns nicht nur in der Zeit, sondern auch im Raume gegeben, weil sich die Anschauungsformen gegenseitig bedingen. Folglich müßte Kant dem Raum die gleiche Eignung zur Schematisierung der Kategorien zubilligen wie der Zeit. Denn auch er enthält für ihn ja „ein Mannigfaltiges a priori in der reinen Anschauung", gestattet also eine transzendentale Bestimmung, die dann einerseits mit der Kategorie gleichartig wäre, da sie allgemein wäre und auf einer Regel a priori beruhte, andererseits mit der Erscheinung, da der Raum „in jeder empirischen Vorstellung des Mannigfaltigen enthalten ist". Doch auch wer gegenüber der „Widerlegung des Idealismus" Bedenken hat und lieber an der Auffassung der ersten Auflage von der eingeschränkten Geltung des Raumes festhalten möchte, wird Kants Schematisierungen nicht ohne weiteres akzeptieren dürfen. Die Schwierigkeit beginnt dann bei der Zuordnung bestimmter Zeitschemate zu den einzelnen Kategorien. Daß Kants Aufzählung von Aspekten die Bestimmungsmöglichkeiten der Zeit erschöpft, ist eher zweifelhaft. Z. B. wird der Aspekt der drei Dimensionen Gegenwart, Vergangenheit, Zukunft gar nicht erwähnt. Der Ausschluß weiterer Möglichkeiten wäre auch, da die Zeit für uns Gegebenheitscharakter hat, a priori nicht beweisbar. Aber wenn man selbst auch dies noch einräumte, bliebe immer noch das Problem der Verteilung der sich ergebenden Schemate unter den einzelnen Kategorien.

Für Kant selbst bestehen diese Probleme wenigstens nicht, da er an eine Anschauung a priori glaubt. Er kann also einen Beweis der Notwendigkeit seiner Schematisierungen nicht für prinzipiell unmöglich gehalten haben. Trotzdem plädiert er nur für ihre Möglichkeit, und die gleiche Tendenz verraten seine Beweise für die „Grundsätze des reinen Verstandes". Diese Beweise enthalten eine ähnliche Umkehrung der Fragestellung, wie wir sie schon in Kants Argumentation für die Objektivität der transzendentalen Vorstellungseinheit beobachtet hatten[115]. Der Kantische Ansatz erforderte, daß, nachdem allgemein die Notwendigkeit zeitlicher Schematisierungen erwiesen wäre, in den Grundsatzbeweisen die Notwendigkeit der einzelnen bestimmten Schemate dargetan würde, d. h. daß die in der Kategorie jeweils gedachte objektive Einheit der Anschauung überhaupt für uns ausschließlich durch das angegebene Schema in der Anschauung realisierbar sei. Stattdessen sind die Grundsatzbeweise umgekehrt daraufhin angelegt zu zeigen, daß es nur durch die Kategorien möglich ist, das Mannigfaltige der Anschauung gemäß den Schematen als objektive Einheit aufzufassen. So werden die „Axiome der Anschauung" mit ihrem Prinzip „Alle Anschauungen sind extensive Größen" damit gerechtfertigt, daß „selbst die Wahrnehmung eines Objekts, als Erscheinung, nur durch dieselbe synthetische Einheit des Mannigfaltigen der gegebenen sinnlichen Anschauung möglich ist, wodurch die Einheit der Zusammensetzung des mannigfaltigen Gleichartigen im Begriffe einer *Größe* gedacht wird" (B 203). Die „Antizipationen der Wahrnehmung" mit ihrem Prinzip „In allen Erscheinungen hat das Reale, was ein Gegenstand der Empfindung ist, intensive Größe, d. i. einen Grad" beruhen auf dem Gedanken, daß wir uns der „Materien zu irgendeinem Objekte überhaupt (wodurch etwas Existierendes im Raume oder der Zeit vorgestellt wird)" (B 207) nur durch den Übergang von der erfüllten zur leeren Zeit (oder umgekehrt) bewußt werden können, also durch den Gegensatz der Begriffe der Realität und Negation. Der Beharrungssatz „Bei allem Wechsel der Erscheinungen beharrt die Substanz, und das Quantum derselben wird in der Natur weder vermehrt noch vermindert" wird darauf zurückgeführt, daß das Beharrliche, das in der Erfahrung zugrunde liegen muß, um zu „bestimmen, ob das Mannigfaltige, als Gegenstand der Erfahrung, zugleich sei, oder nacheinander folge" (B 225), als Substanz gedacht werden müsse, deren Akzidenzien wechselten oder zugleich seien. Der Beweis des Kausalitätsprinzips legt dar, daß die objektive Aufein-

---

[115] Vgl. oben S. 128f.

anderfolge in der Zeit nur mit Hilfe der Begriffe Ursache und Wirkung vorgestellt werden könne. Der „Grundsatz des Zugleichseins" „Alle Substanzen, sofern sie im Raume als zugleich wahrgenommen werden können, sind in durchgängiger Wechselwirkung" wird damit begründet, daß, um das Zugleichsein der Objekte in der Erfahrung zu erkennen, die Kategorie der Gemeinschaft oder Wechselwirkung erforderlich sei. Die „Postulate des empirischen Denkens überhaupt" schließlich erklären, wie die Kategorien der Modalität es ermöglichten, das Verhältnis der Objekte zum Erkenntnisvermögen zu bestimmen.

Ich glaube nicht, daß Kants Beweise geeignet sind, seine synthetischen Grundsätze a priori zu sichern, und zwar nicht, weil sie inhaltlich widerlegt wären, sondern weil sie von der Konzeption her falsch angelegt sind. Die Frage der inhaltlichen Stichhaltigkeit möchte ich hier nicht erörtern, sondern es hypothetisch gelten lassen, daß die Kategorien tatsächlich nötig sind, um das anschauliche Mannigfaltige gemäß den Schematen als objektive Einheit zu apperzipieren. Aber damit ist eben noch nichts erreicht. Denn weder sind die vom Kantischen Gang der Deduktion methodisch geforderten Notwendigkeitsbeweise für die Schemate erbracht, noch genügen die Grundsatzbeweise in dieser Form für sich allein als unabhängige Beweise. Wenn feststeht, daß die objektive Einheit des Mannigfaltigen gemäß den Schematen nur durch die Kategorien möglich ist, dann ist damit die Notwendigkeit der Kategorien für die Anwendung der transzendentalen Schemate bewiesen, aber nicht umgekehrt, was eigentlich gefordert war, die Notwendigkeit der angegebenen Schemate für die Anwendung der Kategorien. Die Schemate wären nur als *mögliche* Realisierungen der Kategorien erwiesen. Zugegeben z. B., daß das Beharrliche als Substanz gedacht werden müsse, so wäre damit eine Anschauung gegeben, auf die die Kategorie der Substanz angewendet werden kann. Es muß darum aber nicht die *einzig* mögliche Anschauung sein, die die Anwendung der Kategorie gestattet; diese könnte durchaus noch andere Anwendungsmöglichkeiten haben. Daraus folgt, daß in einer Welt ohne Beharrliches zwar vielleicht die Zeitverhältnisse der Objekte nicht mehr bestimmbar wären, das Selbstbewußtsein aber darum nicht schon gefährdet sein müßte, weil die Substanzkategorie ja auch auf andere Weise realisierbar sein könnte. Also muß nicht — soviel an Kants Beweis liegt — in der erfahrbaren Welt bei allem Wechsel der Erscheinungen die Substanz beharren und ihr Quantum in der Natur unverändert bleiben.

Nun könnte man allerdings versuchen, die Grundsatzbeweise unabhängig von der vorgängigen Ableitung eines vollständigen Systems reiner Verstandesbegriffe, denen anschauliche Schemate zuzuweisen sind, als relativ selbständige Beweise gelten zu lassen, die nur zur Voraussetzung haben, daß in der Transzendentalen Deduktion die Notwendigkeit einer objektiven Einheit der Vorstellungen nachgewiesen wurde. Wird dann z. B. gezeigt, daß die objektive Zeitfolge nur durch die Kategorie der Kausalität vorstellbar ist, dann scheint damit das Kausalitätsprinzip bewiesen. Zwar reicht das nicht aus, um a priori zu urteilen, daß in einer für uns erfahrbaren Welt die Kausalitätskategorie stets anwendbar sein müsse, sondern nur, daß, falls sie nicht mehr anwendbar sein sollte, es für uns keine Aufeinanderfolge in der Zeit und damit keinerlei Veränderung mehr geben könnte. Aber zum Beweis des Kausalitätsprinzips wäre es trotzdem genug, da darin ja nicht die Notwendigkeit von Veränderungen behauptet wird, sondern nur, daß „alle Veränderungen nach dem Gesetze der Verknüpfung der Ursache und Wirkung geschehen", d. h. *wenn* es Veränderungen gibt, daß sie dann kausal determiniert seien. Indessen zum einen können Kants Grundsatzbeweise nur zeigen, daß unsere *Auffassung* des Mannigfaltigen als objektive Einheit gemäß den Schematen durch die Kategorien bestimmt wird. Damit stellt sich dieselbe Schwierigkeit wie beim Übergang von den Urteilsformen zu den Kategorien[116]. Denn unsere Auffassung kann ja falsch sein. Um z. B. zu urteilen, daß der Zustand B auf den Zustand A folgt, muß ich A für die Ursache von B, d. h. die Folge für gesetzmäßig halten. Darin kann ich mich jedoch irren, indem das Mannigfaltige an sich gar nicht so beschaffen sein könnte, daß B auf A nach einer Regel folgt. Es müßte daher nachgewiesen werden, daß die Möglichkeit einer objektiven Auffassung an die mögliche *Wahrheit* dieser Auffassung geknüpft ist. Das aber hätte, wie gezeigt, die Konsequenz, daß es überhaupt keinen Irrtum mehr geben dürfte. Zum anderen aber haben wir in § 26 gesehen, daß sich auch der Beweis, daß unsere objektive Auffassung an bestimmte Kategorien gebunden ist, selbst gar nicht führen läßt, ohne daß ein vollständiges Kategorialsystem deduziert wird. Um nämlich entscheiden zu können, ob z. B. die Zeitfolge wirklich allein durch die Kausalitätskategorie objektivierbar ist, müssen sämtliche Objektivationsmöglichkeiten überhaupt vollständig bekannt sein, weil sonst ja nicht ausgeschlossen wäre, daß die Zeitfolge noch auf andere, bisher unbekannte Weise objektivierbar wäre. Wenn also die Objektivationsmöglichkeiten durch die Kategorien definiert sind, dann muß eine voll-

---

[116] Vgl. oben S. 153 ff. Dort ließe sich die Schwierigkeit immerhin vermeiden, wenn es gelänge, die logische Indifferenz der Urteilsformen gegenüber ihrer Materie einzuschränken. Eine solche Möglichkeit besteht hier nicht.

ständige Kategorientafel vorliegen. Und zwar genügen nicht die reinen Kategorien, sondern es müssen überdies sämtliche Schematisierungsmöglichkeiten aller Kategorien vollständig bekannt sein. Denn die Zeitfolge ist ja keine Kategorie, sondern ein Schema, und es muß sichergestellt sein, daß keine andere Kategorie durch sie schematisierbar, sondern allein die Kausalitätskategorie auf sie anwendbar ist. Es müssen also in jedem Fall, um das Kausalitätsprinzip zu beweisen, die transzendentalen Schemate als die einzig möglichen und insofern notwendigen Schematisierungen ihrer vollzählig aufgeführten Kategorien erwiesen werden. Dann nämlich ergibt sich, daß es für ein selbstbewußtes Wesen notwendig eine zeitliche Anschauung und in ihr zwar natürlich nicht notwendig Veränderung, wohl aber eine Aufeinanderfolge von Zuständen, die kausal determiniert ist, geben müsse, die Zustände mögen sich nun qualitativ verändern oder nicht. Also können Kants Grundsatzbeweise auch nicht als selbständige Beweise fungieren, sondern allenfalls, wie es bei Kant auch geschieht, als das letzte Glied einer Beweiskette, in der zuvor eine vollständige Tafel der Kategorien aufgestellt wurde. Diesen hätten sie die notwendigen Schemate zuweisen müssen, eine Aufgabe, die Kant jedenfalls als Anhänger der apriorischen Anschauung hätte lösbar erscheinen können. Freilich hätte er die Beweise dann anders gestalten müssen.

§ 29. *Ergebnis der Kritik*

Im Prinzip erscheint Kants Beweisgang jedoch, falls unsere Überlegungen zutreffen, durch und durch konsequent angelegt, und es ist keineswegs so, daß er Überflüssiges enthielte, sondern er weist im Gegenteil entscheidende Lücken auf. Ich bin bei der Aufdeckung der Lücken so vorgegangen, wie es die antiken Sophisten und Skeptiker häufig taten, indem ich schrittweise das zuvor Kritisierte zugestanden habe, um dann zu zeigen, daß trotzdem der Beweis nicht zureicht. Dadurch wollte ich die logische Unabhängigkeit der Beweislücken voneinander augenscheinlich machen, so daß also, wenn man eine schließt, die übrigen davon unberührt bleiben und sich nicht etwa in logischer Konsequenz von selbst erledigen. Man mag daraus ersehen, wieviel noch zu einem zureichenden Beweis der Möglichkeit synthetischer Urteile a priori nach Kantischer Methode fehlt.

Ein vollständiger Beweis hätte nach meiner Überzeugung folgendermaßen aussehen müssen: Nachdem sich als Bedingung der Möglichkeit des

Selbstbewußtseins die durchgängige synthetische Einheit aller meiner Vorstellungen ergeben hatte, hätte begründet werden müssen, daß diese Einheit ausschließlich eine objektive (notwendige und allgemeingeltende) sein müsse. Dann hätte aus dem bloßen Begriff einer solchen Einheit überhaupt die Urteilstafel als Tafel der Formen dieser Einheit analytisch abgeleitet und ihre Vollständigkeit bewiesen werden müssen. Darauf hätte erklärt werden müssen, inwiefern schon die Anwendbarkeit der Urteilsformen als solcher voraussetzt, daß das gegebene Mannigfaltige an sich eine ihnen entsprechende Struktur besitzt, um so die Gültigkeit der Kategorien a priori zu sichern. Und schließlich hätte die Notwendigkeit der angegebenen Schematisierungen belegt werden müssen.

Vergleicht man mit diesen Forderungen das von Kant tatsächlich Eingelöste, dann entsteht der Eindruck, daß er lediglich die Thesen, aber keine Begründungen geliefert habe; denn es findet sich bei ihm ja weder die verlangte Begründung für die Objektivität der ursprünglichen Vorstellungseinheit noch für die Vollständigkeit der Urteilstafel noch für die kategoriale Bestimmtheit des Mannigfaltigen noch für die Notwendigkeit der Schemate. Trotzdem ergäbe der Eindruck ein schiefes Bild. Man darf nicht außer acht lassen, daß es sich ja nicht um zusammenhanglose Thesen handelt, sondern um die einzelnen Schritte eines Beweisganges, der für mein Empfinden von allen bisherigen Versuchen, die Möglichkeit synthetischer Erkenntnis a priori zu begründen, am meisten einleuchtet. Die „Thesen" stehen in der Tat miteinander in einem durchgehenden Begründungszusammenhang, der nur nicht zureichend ist, da er noch Lücken aufweist. Das wirft die Frage auf, ob Aussicht besteht, das Fehlende eines Tages nachzutragen, oder ob Kants Versuch prinzipiell als undurchführbar anzusehen ist. Von den hier erörterten Lücken erscheinen die der beiden mittleren der untersuchten Argumentationsschritte noch am wenigsten problematisch. Man kann der Ansicht sein, daß über das Problem einer vollständigen Ableitung der Urteilsformen trotz seiner Schwierigkeit das letzte Wort noch nicht gesprochen sei. Und auch der Gedanke, daß die Urteilsformen nicht auf jedes beliebige Mannigfaltige anwendbar sein könnten, ist keineswegs so unplausibel, daß man jede Stützungsmöglichkeit von vornherein ausschließen möchte.

Bedenklicher wird es, wenn man die These vom Urteilscharakter der transzendentalen Apperzeption erwägt. Sie scheint in einen Widerspruch zu führen, der sie nicht nur unbeweisbar, sondern sogar unhaltbar machen würde. Es sieht so aus, als ob, wenn die ursprüngliche Einheit der Apperzeption eine objektive Einheit wäre, wir gar nicht des Bewußtseins einer solchen Einheit fähig wären, weil es dann nämlich für uns keine nichtobjektive Einheit geben könnte, eine solche aber im Bewußtsein einer objektiven Einheit offenbar mit enthalten ist. Daß die Objektivität der Apperzeption die Möglichkeit einer nichtobjektiven Einheit ausschließt, hatten wir bereits früher gesehen und auf die damit verbundenen Schwierigkeiten hingewiesen, da es doch de facto offensichtlich noch andere Vorstellungseinheiten für uns gibt, die nicht objektiv sind, wie z. B. in Frage oder Imperativ[117]. Es scheint nun, daß man diese Bedenken noch verschärfen und sagen muß, daß es solche nichtobjektiven Einheiten geben *muß*, weil wir sonst auch keine objektive Einheit vorstellen könnten. Denn die zu einer objektiven Einheit verknüpften Vorstellungen sind selbst augenscheinlich nicht in objektiver Einheit bewußt. Kant weist selbst darauf hin, wenn er in den Erläuterungen seiner Urteilstafel bemerkt: „Der hypothetische Satz: wenn eine vollkommene Gerechtigkeit da ist, so wird der beharrlich Böse bestraft, enthält eigentlich das Verhältnis zweier Sätze: Es ist eine vollkommene Gerechtigkeit da, und der beharrlich Böse wird bestraft. Ob beide dieser Sätze an sich wahr seien, bleibt hier unausgemacht. Es ist nur die Konsequenz, die durch dieses Urteil gedacht wird" (B 98). Kant hält die im hypothetischen und disjunktiven Urteil verknüpften Gliedsätze für problematische Urteile, und von diesen sagt er: „Der problematische Satz ist also derjenige, der nur logische Möglichkeit (die nicht objektiv ist) ausdrückt, d. i. eine freie Wahl einen solchen Satz gelten zu lassen, eine bloß willkürliche Aufnehmung desselben in den Verstand" (B 101). Ich möchte hier nicht näher untersuchen, ob es zweckmäßig ist, die Gliedsätze im hypothetischen und disjunktiven Urteil problematische Urteile zu nennen[118]. Wichtig für unseren Zusammenhang ist nur, daß Kant selbst der Ansicht war, daß die in ihnen gedachte Einheit keine objektive sei. Daraus folgt, wenn man seine eigene Urteilsdefinition zugrunde legt, nach der „ein Urteil nichts anderes sei, als die Art, gegebene Erkenntnisse zur objektiven Einheit der Apperzeption zu bringen" (B 141), daß es sich hier gar nicht um Urteile handelt. Das trifft auch sicher zu, denn in Kants hypothetischem Urteil wird ja z. B. im Vordersatz die Annahme einer vollkommenen Gerechtigkeit nicht als

---

[117] Vgl. oben § 25.
[118] Das hätte zur Folge, daß die problematischen Sätze keine Urteile im engeren Sinne wären. Sie lassen sich aber doch offenbar so verstehen, daß in ihnen das Bestehen einer Möglichkeit objektiv vorgestellt wird. Allerdings müßte man dann wohl die Vorstellung des Möglichseins zum Inhalt und nicht zur Form des Urteils rechnen. Welcher Auffassung man aber auch sein mag, in jedem Fall zeigt sich, wie bedenklich es ist, die Modalitäten so wie Kant in eine Reihe mit den anderen Urteilsformen zu stellen.

notwendig und allgemeingeltend vorgestellt. Zwar läßt sich der Satz jederzeit in das entsprechende Urteil umformen, aber im Zusammenhang des hypothetischen Urteils, wo er niemals ohne die verknüpfende logische Partikel gelesen werden darf („*wenn* eine vollkommene Gerechtigkeit da ist, *dann* . . ."), ist er kein Urteil, sondern eher wie ein unvollständiger Ausdruck zu behandeln. Analog ließe sich das kategorische Urteil so interpretieren, daß nur die Verknüpfung der Begriffe als Subjekt und Prädikat objektiv ist, während in den Begriffen selbst eine nichtobjektive Einheit gedacht wird. Auf diese Weise jedenfalls würde es verständlich, wenn Kant sagt, die Verbindung der Vorstellungen in einem Begriff und die in einem Urteil, z. B. „der schwarze Mensch" und „Der Mensch ist schwarz", unterschieden sich darin, „daß in dem *zusammengesetzten* Begriff die Einheit des Bewußtseins, als *subjektiv* gegeben, in der *Zusammensetzung* der Begriffe aber die Einheit des Bewußtseins, als *objektiv* gemacht, d. i. im ersteren der Mensch bloß als schwarz *gedacht* (problematisch vorgestellt) im zweiten als ein solcher *erkannt* werden solle" (Brief an Beck 3. 7. 1792 (XI 347)).

Den Grund dafür, daß die in einem Urteil verknüpften Vorstellungen selbst nicht als objektive Einheiten gedacht werden, darf man vielleicht darin sehen, daß sonst die Notwendigkeit und Allgemeinheit des Urteils nicht vorstellbar wäre. Wenn das Verständnis des Urteils „Wenn es regnet, wird es naß" von der Überzeugung abhinge, daß beide Gliedsätze wahr sind, daß es also z. B. tatsächlich jetzt regnet, so daß dieser Satz notwendig und allgemein gilt, dann könnte man niemals zu der Vorstellung gelangen, daß die Verknüpfung der beiden Gliedsätze (die Konsequenz) ihrerseits notwendig und allgemein gilt, daß also die Nässe immer mit dem Regen verbunden werden muß, bei jedem Regen von jedermann. Dazu muß man in der Lage sein, vom konkreten Regen zu abstrahieren, also davon, ob der Satz „wenn es regnet" wahr ist, d. h. dieser Satz muß in nichtobjektiver Einheit bewußt sein können. Beim disjunktiven Urteil läßt sich das noch deutlicher sehen. Wenn in dem Satz „Entweder es ist Tag oder es ist Nacht" die Gliedsätze immer schon mit einem Wahrheitswert gedacht werden müßten, man also z. B. den ersten für wahr, den zweiten für falsch halten müßte, dann könnte der Sinn des Satzes als einer allgemeinen Regel, nach der immer, welchen Wahrheitswert man auch dem einen Gliedsatz zuerkennen mag, der andere den gegenteiligen haben muß und umgekehrt, niemals erfaßt werden. Denn das erfordert, daß der Wahrheitswert der Gliedsätze selbst offen bleibt und nur ihre Disjunktion objektiv gedacht wird. Andernfalls wäre der Satz identisch mit der entsprechenden Konjunktion, z. B. „Es ist Tag und nicht Nacht"[119].

Sofern an diesem Gedanken etwas Richtiges ist, wäre die Vorstellbarkeit einer nichtobjektiven Einheit des Mannigfaltigen eine notwendige Bedingung des Bewußtseins einer objektiven Einheit, und das würde bedeuten, daß die Kantische Theorie unweigerlich in eine Aporie führt. Das Gelingen der Transzendentalen Deduktion hängt ab von der Richtigkeit der These, daß die Einheit des Selbstbewußtseins eine objektive, im Sinne einer notwendigen und allgemeingeltenden Einheit sei. Es muß also sicher sein, daß wir uns unserer Vorstellungen nur bewußt sein können, sofern sie in einer gesetzmäßigen Einheit stehen, wodurch de facto jedes Urteil, als Form der Einheit, zu einer Gesetzesaussage wird. Wenn nun aber gerade das Bewußtsein einer in diesem Sinne objektiven Einheit seinerseits voraussetzt, daß wir uns unserer Vorstellungen auch in einer Einheit, die nicht in diesem Sinne objektiv ist, bewußt sein können, dann ist die Transzendentale Deduktion undurchführbar. Wir haben oben schon darauf hingewiesen, daß es augenscheinlich auch Formen nichtobjektiver Vorstellungsverknüpfung für uns gibt, wie z. B. Frage oder Imperativ, und wir haben gesagt, daß diese als bloß sprachliche Varianten erwiesen werden müßten. Unsere jetzigen Überlegungen hätten die Konsequenz, daß jeder solche Versuch, alle übrigen Formen als verkappte Urteile hinzustellen, sich selbst aufheben würde, weil das Urteil selbst die Möglichkeit nichturteilsmäßiger Verknüpfungen verlangt, es diese also *notwendig* geben muß, wenn es Urteile geben soll. Die These, daß das Urteil die alleinige Form der transzendentalen Apperzeption sei, wäre demnach falsch, da sie eben das Urteil unmöglich machen würde.

Aber vielleicht sind die prinzipiellen Bedenken in diesem Punkte unberechtigt. Sie sind jedoch gewiß angebracht beim Problem der Schematisierung der Kategorien, denn hier führt Kants Theorie auf den widersprüchlichen Begriff einer Anschauung a priori. Das ist freilich keine Eigentümlichkeit dieser Theorie, sondern der Begriff der Anschauung a priori ist der Sache nach in mehr oder minder versteckter Gestalt auch in anderen Theorien enthalten. Und das ist nur natürlich, denn die Möglichkeit, die Wahrheit einer Gesetzesaussage dadurch zu erkennen, daß man sich die Gesamtheit der Einzelfälle, die unter sie fallen, unmittelbar vergegenwärtigt, ist zweifellos ein Kernproblem des Bemühens um Sicherung apriorischer Erkenntnis. Kant hat mit dem Begriff „Anschauung a priori"

---

[119] Eine andere Begründung gibt Reich mit Hilfe der Spontaneitätslehre (1948, S. 49).

eine prägnante Formel für dieses Problem gefunden. Eine überzeugende Lösung freilich kann auch er nicht anbieten.

Soll man also die Summe unserer kritischen Erwägungen ziehen, so muß man zu dem Schluß kommen, daß die Aussichten, auf dem Kantischen Wege zu einem stringenten Beweis der Wahrheit bestimmter Gesetzesaussagen über die Erfahrungswelt zu gelangen und damit das Problem der Möglichkeit synthetischer Urteile a priori zu lösen, nicht günstig sind.

Literatur

Kant, I.
A   Kritik der reinen Vernunft (KrV). 1. Aufl. 1781
B   — 2. Aufl. 1787
Anfangsgr. d. Naturw.
    Metaphysische Anfangsgründe der Naturwissenschaft. 1786
Bemerk. z. Jakob
    Einige Bemerkungen zu Ludwig Heinrich Jakobs Prüfung der Mendelssohnschen Morgenstunden. 1786
Briefe Briefwechsel. Akademie-Ausgabe, Bd. Xff
F. Spitzf.
    Die falsche Spitzfindigkeit der vier syllogistischen Figuren. 1762
Geg. i. Raume
    Von dem ersten Grunde des Unterschieds der Gegenden im Raume. 1768
KU   Kritik der Urteilskraft. 1790
Log.   Logik. Ein Handbuch zu Vorlesungen. Hrsg. v. G. B. Jäsche. 1800
Met. Pölitz
    Vorlesungen über Metaphysik. Hrsg. v. C. H. L. Pölitz. Erfurt 1821
Mund. sens.
    De mundi sensibilis atque intelligibilis forma et principiis. 1770. (Übersetzung: I. Kant, Werke in sechs Bänden. Hrsg. v. W. Weischedel. Bd. III. Darmstadt 1959)
N. diluc.
    Principiorum primorum cognitionis metaphysicae nova dilucidatio. 1755
Nat. Theol.
    Untersuchung über die Deutlichkeit der Grundsätze der natürlichen Theologie und der Moral. 1764
Prol.   Prolegomena zu einer jeden künftigen Metaphysik, die als Wissenschaft wird auftreten können. 1783
Refl.   Reflexionen aus dem Handschriftlichen Nachlaß. Akademie-Ausgabe, Bd. XIVff
Üb. e. Entdeck.
    Über eine Entdeckung, nach der alle neue Kritik der reinen Vernunft durch eine ältere entbehrlich gemacht werden soll. 1790
Kombinationen aus römischen und arabischen Zahlen in den Kant-Zitaten beziehen sich auf Band und Seite der Ausgabe: Kants gesammelte Schriften. Herausgegeben von der Preußischen Akademie der Wissenschaften zu Berlin. Berlin 1902 ff

Albrecht, W.
    1954 Die Logik der Logistik. Berlin
Bäschlin, D. L.
    1968 Schopenhauers Einwand gegen Kants Transzendentale Deduktion der Kategorien. Meisenheim am Glan. (Beihefte z. Ztschr. f. philos. Forsch., Heft 19)

Baumgarten, A. G.
  Met.   Metaphysica. Editio IIII. 1757
Beck, L. W.
  1953/54 Die Kantkritik von C. I. Lewis und der analytischen Schule. Kant-Studien 45. 3−20
  1965ᵃ Kant's Theory of Definition. In: Ders., Studies in the Philosophy of Kant. New York. S. 61−73. (Zuerst erschienen in The Philosophical Review 65. 1956. 179−91)
  1965ᵇ Can Kant's Synthetic Judgments Be Made Analytic. Ebd., S. 74−91. (Zuerst erschienen in den Kant-Studien 47. 1955/56. 168−81)
  1965ᶜ Nicolai Hartmann's Criticism of Kant's Theory of Knowledge. Ebd., S. 125−57 (Zuerst erschienen in Philosophy and Phenomenological Research 2. 1942. 472−500)
  1966 The Second Analogy and the Principle of Indeterminacy. Kant-Studien 57. 199−205
Bennett, J.
  1966 Kant's Analytic. Cambridge
  1968 Strawson on Kant. The Philosophical Review. 77. 340−49
Bird, G.
  1966 Logik und Psychologie in der transzendentalen Deduktion. Kant-Studien 56. 1965/66. 373−84
Bröcker, W.
  1960 Kant und die Mathematik. Forschungen und Fortschritte 34. 129−130
  1970 Kant über Metaphysik und Erfahrung. Frankfurt/M.
Cassirer, E.
  1954 Philosophie der symbolischen Formen. 3. Teil: Phänomenologie der Erkenntnis. 2. Aufl. Darmstadt
Cerf, W.
  1972 Critical Notice on Strawson, Bounds of Sense. Mind 81. 601−17
Delius, H.
  1963 Untersuchungen zur Problematik der sogenannten synthetischen Sätze apriori. Göttingen
Diels, H./Kranz, W. (Hrsg.)
  1959 Die Fragmente der Vorsokratiker. 9. Aufl. 3 Bde. Berlin
Doney, W.
  1966 Körner on Categorial Schemata. The Journal of Philosophy. 63. 561−64
Ebbinghaus, J.
  1944 Kants Lehre von der Anschauung apriori. Zeitschrift für Deutsche Kulturphilosophie 10. 169−186
  1968 Kantinterpretation und Kantkritik. In: Ders., Gesammelte Aufsätze, Vorträge und Reden. Darmstadt. S. 1−23. (Neubearbeitung der ursprünglichen Fassung in der Deutschen Vierteljahresschrift für Literaturwissenschaft und Geistesgeschichte 2. 1924. 80−115)
Einstein, A.
  1972 Geometrie und Erfahrung. In: Geometrie. Hrsg. v. K. Strubecker. Darmstadt. (Wege der Forschung, Bd. 177). S. 413−20. (Zuerst erschienen in Berlin 1921)
Eisler, R.
  1930 Kant-Lexikon. Nachschlagewerk zu Kants sämtlichen Schriften, Briefen und handschriftlichem Nachlaß. Berlin. (Nachdruck: Hildesheim 1964)
Erdmann, B.
  1917 Die Idee von Kants Kritik der reinen Vernunft. Eine historische Untersuchung. Berlin

Fang, J.
   1965   Kant and Modern Mathematics. Philosophia Mathematica 2. 47–68
Geyser, J.
   1916   Neue und alte Wege der Philosophie. Eine Erörterung der Grundlagen der Erkenntnis im Hinblick auf Edmund Husserls Versuch ihrer Neubegründung. Münster
   1926   Über Begriffe und Wesensschau. Philosophisches Jahrbuch 39. 8–44. 128–151
Goodman, N.
   1949   On Likeness of Meaning. Analysis 10. (Wiederabdruck in: Semantics and Philosophy of Language. A Collection of Readings. Ed. by L. Linsky. Urbana 1952. S. 65–74)
   1951   The Structure of Appearance. Cambridge/Mass.
   1955   Fact, Fiction and Forecast. Cambridge/Mass.
Hare, R. M.
   1961   The Language of Morals. 2. Aufl. Oxford. (1. Aufl. 1952)
Hartmann, N.
   1957   Diesseits von Idealismus und Realismus. Ein Beitrag zur Scheidung des Geschichtlichen und Übergeschichtlichen in der Kantischen Philosophie. In: Ders., Kleinere Schriften. Bd. II. Berlin. S. 278–322. (Zuerst erschienen in den Kant-Studien 29. 1924)
Heimsoeth, H.
   1966   Transzendentale Dialektik. Ein Kommentar zu Kants Kritik der reinen Vernunft. Erster Teil: Ideenlehre und Paralogismen. Berlin
Heisenberg, W.
   1959   Physik und Philosophie. Frankfurt/M.
Hempel, C. G./Oppenheim, P.
   1953   The Logic of Explanation. In: Readings in the Philosophy of Science. Ed. H. Feigl and M. Brodbeck. New York
Henrich, D.
   1967[a]   Fichtes ursprüngliche Einsicht. Frankfurt/M.
   1967[b]   Kants Denken 1762/63. Über den Ursprung der Unterscheidung analytischer und synthetischer Urteile. In: Studien zu Kants philosophischer Entwicklung. Hildesheim. S. 9–38
   1969   The Proof-Structure of Kant's Transcendental Deduction. The Review of Metaphysics 22. 1968/69. 640–59
   1976   Identität und Objektivität. Eine Untersuchung über Kants transzendentale Deduktion. Heidelberg. (Sitzungsber. d. Heidelb. Akad. d. Wiss.)
Herring, H.
   1953   Das Problem der Affektion bei Kant. Köln (Kant-Studien, Ergänzungsheft 67)
Hinske, N./Weischedel, W.
   1970   Kant-Seitenkonkordanz. Darmstadt
Hoeres, W.
   1969   Kritik der transzendentalphilosophischen Erkenntnistheorie. Stuttgart
Husserl, E.
   Hua.   Husserliana. Gesammelte Werke. Haag 1950ff
Jacobi, F. H.
   WW   Friedrich Heinrich Jacobis Werke. Hrsg. v. G. Fleischer. 6 Bde. Leipzig 1812–25 1812–25
Kambartel, F.
   1968   Erfahrung und Struktur. Bausteine zu einer Kritik des Empirismus und Formalismus. Frankfurt/M.

Kaulbach, F.
  1967 Die Entwicklung des Synthesis-Gedankens bei Kant. In: Studien zu Kants philosophischer Entwicklung. Hildesheim. S. 56–92
  1968 Philosophie der Beschreibung. Köln/Graz
Kern, I.
  1964 Husserl und Kant. Eine Untersuchung über Husserls Verhältnis zu Kant und zum Neukantianismus. Den Haag
Kneale, W.
  1949 Probability and Induction. Oxford
Kopper, J.
  1972: Die Kantliteratur 1965–1969. In: Proceedings of the Third International Kant Congress. Ed. by L. W. Beck. Dordrecht. 3–15
Körner, St.
  1966[a] Zur Kantischen Begründung der Mathematik und der Naturwissenschaften. Kant-Studien 56. 1965/66. 463–73
  1966[b] Transcendental Tendencies in Recent Philosophy. The Journal of Philosophy 63. 551–61
  1969 The Impossibility of Transcendental Deductions. In: Kant Studies Today. Ed. by L. W. Beck. La Salle. 230–44
Kroner, R.
  1921/24: Von Kant bis Hegel. 2 Bde. Tübingen. (2. Aufl. 1961)
Krüger, L.
  1968 Wollte Kant die Vollständigkeit seiner Urteilstafel beweisen? Kant-Studien 59. 333–56
Lehmann, G.
  1956/57 Kritizismus und kritisches Motiv in der Entwicklung der Kantischen Philosophie. Kant-Studien 48. 25–54
  1957/58 Voraussetzungen und Grenzen systematischer Kantinterpretation. Kant-Studien 49. 364–88
  (Beide abgedruckt in: Ders., Beiträge zur Geschichte und Interpretation der Philosophie Kants. Berlin 1969. S. 117–151 bzw. 89–116)
Lenk, H.
  1968 Kritik der logischen Konstanten. Philosophische Begründungen der Urteilsformen vom Idealismus bis zur Gegenwart. Berlin
  1970 Philosophische Logikbegründung und rationaler Kritizismus. Zeitschrift für philosophische Forschung 24. 183–205
Lewis, C. I.
  1929 Mind and the World Order. Outline of a Theory of Knowledge. La Salle. (2. Aufl. New York 1956)
  1946 An Analysis of Knowledge and Valuation. La Salle
Lorenzen, P.
  1955 Einführung in die operative Logik und Mathematik. Berlin/Göttingen/Heidelberg
  1967 Formale Logik. 3. Aufl. Berlin
Lotz, J. B.
  1954 Die Raum-Zeit-Problematik in Auseinandersetzung mit Kants transzendentaler Ästhetik. Zeitschrift für philosophische Forschung 8. 30–43
Mainzer, K.
  1972 Mathematischer Konstruktivismus im Lichte Kantischer Philosophie. Philosophia Mathematica 9. 1–26
Mannebach, E. V. (Hrsg.)
  1961 Aristippi et Cyrenaicorum Fragmenta. Leiden/Köln

Marc-Wogau, K.
   1951   Kants Lehre vom analytischen Urteil. Theoria 17. 140–154
Martin, G.
   1938   Arithmetik und Kombinatorik bei Kant. Itzehoe. (Diss. Freiburg i. Br.)
   1951   Immanuel Kant. Ontologie und Wissenschaftstheorie. Köln
   1967[a] Das gradlinige Zweieck, ein offener Widerspruch in der Kritik der reinen Vernunft. In: Tradition und Kritik. Festschr. f. Rudolf Zocher. Stuttgart-Bad Cannstatt. S. 229–235
   1967   Die mathematischen Vorlesungen Kants. Kant-Studien 58. 58–62.
Mittelstaedt, P.
   1963   Philosophische Probleme der modernen Physik. Mannheim
Moore, G. E.
   1903   Principia Ethica. Cambridge
Muralt, A. de
   1958   La conscience transcendantale dans le criticisme kantien. Essai sur l'unité d'aperception. Paris
Paton, H. J.
   1936   Kant's Metaphysic of Experience. A Commentary on the First Half of the Kritik der reinen Vernunft. 2 Bde. London/New York
Peters, W. S.
   1962   Zum Begriff der Konstruierbarkeit bei I. Kant. Archive for History of Exact Sciences 2. 1962–66. 153–67
   1966   Widerspruchsfreiheit und Konstruierbarkeit als Kriterium für die mathematische Existenz in Kants Wissenschaftstheorie. Kant-Studien 57. 178–185.
Popper, K. R.
   1971   Logik der Forschung. 4. Aufl. Tübingen. (1. Aufl. Wien 1934)
Prauss, G.
   1971   Erscheinung bei Kant. Ein Problem der „Kritik der reinen Vernunft". Berlin
   1974   Kant und das Problem der Dinge an sich. Bonn
Quine, W. van O.
   1963   Two Dogmas of Empiricism. In: Ders., From a Logical Point of View. Logico-Philosophical Essays. 2. Aufl. New York (Zuerst erschienen in The Philosophical Review 1951)
Rademacher, H.
   1970   Zum Problem der transzendentalen Apperzeption bei Kant. Zeitschrift für philosophische Forschung 24. 28–49
Reich, K.
   1948   Die Vollständigkeit der kantischen Urteilstafel. 2. Aufl. Berlin. (1. Aufl. 1932)
Reinhold, K. L.
   1789   Versuch einer neuen Theorie des menschlichen Vorstellungsvermögens. Prag/Jena. (Nachdruck: Darmstadt 1963)
Riehl, A.
   1924–26   Der philosophische Kritizismus. 3 Bde. 3. (Bd. I) bzw. 2. (Bd. II u. III) Aufl. Leipzig
Rorty, R.
   1970   Strawson's Objectivity Argument. Review of Metaphysics 24. 207–44
Schäfer, L.
   1966   Kants Metaphysik der Natur. Berlin
Schaper, E.
   1972   Are Transcendental Deductions Impossible? In: Proceedings of The Third International Kant Congress. Ed. by L. W. Beck. Dordrecht. 486–94

Scholz, H.
1943/44 Einführung in die Kantische Philosophie. In: Ders., Mathesis Universalis. Abhandlungen zur Philosophie als strenger Wissenschaft. Hrsg. von H. Hermes, F. Kambartel, J. Ritter. 2. Aufl. Basel/Stuttgart 1969. S. 152−218

Schopenhauer, A.
WW Sämtliche Werke. Hrsg. von W. v. Löhneysen. 5 Bde. 2. Aufl. Darmstadt 1968

Schulz, D. J.
1967 Wie sind analytische Sätze a priori möglich? Zu: P. Weingartner (Hrsg.), Die analytischen Sätze und die Grundlagen der Wissenschaft. Kant-Studien 58. 499−519

Schulze, G. E.
1792 Aenesidemus oder über die Fundamente der von dem Herrn Prof. Reinhold in Jena gelieferten Elementarphilosophie.
1801−2 Kritik der theoretischen Philosophie. 2 Bde. Hamburg

Seebohm, Th.
1962 Die Bedingungen der Möglichkeit der Transzendental-Philosophie. Edmund Husserls transzendental-phänomenologischer Ansatz, dargestellt im Anschluß an seine Kant-Kritik. Bonn

Seelbach, A.
1933 Nicolai Hartmanns Kantkritik. Berlin

Sellars, W.
1967 Some Remarks on Kant's Theory of Experience. The Journal of Philosophy 64. 633−47

Sextus Empiricus: Opera. Edd. H. Mutschmann − I. Mau. Leipzig. Vol. I ²1958. Vol. II 1914. Vol. III 1954

Stegmüller, W.
1958 Der Phänomenalismus und seine Schwierigkeiten. Archiv für Philosophie 8. 36−100
1958/59 Conditio irrealis, Dispositionen, Naturgesetze und Induktion. Kant-Studien 50. 363−90
1967 Gedanken über eine mögliche rationale Rekonstruktion von Kants Metaphysik der Erfahrung. Teil I. Ratio 9. 1−30
1968 Dasselbe. Teil II. Ratio 10. 1−30
1969 Hauptströmungen der Gegenwartsphilosophie. Eine kritische Einführung. 4. Auflage. Stuttgart

Strawson, P. F.
1966 The Bounds of Sense. An Essay on Kant's Critique of Pure Reason. London
1968 Bennett on Kant's Analytic. The Philosophical Review. 77. 332−9

Ströker, E.
1968 Falsifizierbarkeit als Kennzeichen Naturwissenschaftlicher Theorien. Zu K. R. Poppers ‚Logik der Forschung'. Kant-Studien 59. 495−512

Vaihinger, H.
1881/92 Commentar zu Kants Kritik der reinen Vernunft. 2 Bde. Stuttgart

Vleeschauwer, H. J. de
1934−37 La déduction transcendantale dans l'œuvre de Kant. 3 Bde. Paris/Antwerpen/'s Gravenhage
1957 A Survey of Kantian Philosophy. The Review of Metaphysics 11. 1957/58. 122−142

Vuillemin, J.
1955 Physique et métaphysique kantiennes. Paris

Wagner, H.
  1947 Apriorität und Idealität. Vom ontologischen Moment in der apriorischen Erkenntnis. Philosophisches Jahrbuch 57. 292–361. 431–496
  1961/62 Zur Kantinterpretation der Gegenwart. Rudolf Zocher und Heinz Heimsoeth. Kant-Studien 53. 235–54
Walsh, W. H.
  1966 Philosophy and Psychology in Kant's Critique. Kant-Studien 57. 186–98
Weizsäcker, C. F. von
  1964 Kants „Erste Analogie der Erfahrung" und die Erhaltungssätze der Physik. In: Argumentationen. Festschrift für Josef König. Hrsg. v. H. Delius und G. Patzig. Göttingen. S. 256–75
Wellmer, A.
  1967 Methodologie als Erkenntnistheorie. Zur Wissenschaftslehre K. R. Poppers. Frankfurt/M.
White, M. G.
  1950 The Analytic and the Synthetic: an untenable Dualism. In: John Dewey: Philosopher of Science and Freedom. Ed. by S. Hook. New York. (Wiederabdruck in: Semantics and the Philosophy of Language. A Collection of Readings. Ed. by L. Linsky. Urbana 1952. S. 271–86
Wolff, R. P.
  1968 A Reconstruction of the Argument of the Subjective Deduction. In: Kant. A Collection of Critical Essays. Ed. by R. P. Wolff. London/Melbourne. S. 88–133
Zocher, R.
  1954 Kants transzendentale Deduktion der Kategorien. Zeitschrift für philosophische Forschung 8. 161–94
  1959 Kants Grundlehre. Ihr Sinn, ihre Problematik, ihre Aktualität. Erlangen

Namenverzeichnis

Adickes, E. 9
Albrecht, W. 151
Aristoteles 2
Arnoldt, E. 9

Bach, J. S. 2
Bäschlin, D. L. 14
Baumgarten, A. G. 35
Beck, J. S. 168
Beck, L. W. 15, 17, 22f
Becker, O. 15
Bennett, J. 18, 100, 104, 131
Bird, G. 16
Bröcker, W. 83, 151

Carnap, R. 2
Cassirer, E. 26f
Cerf, W. 131

Delius, H. 22
Descartes, R. 102, 118, 121f, 131
Deutscher Idealismus 8, 122
Diels, H. 64
Doney, W. 12

Ebbinghaus, J. 19, 28, 100, 129
Eberhard, J. A. 23
Einstein, A. 82
Eisler, R. VII
Epikur 47, 120
Erdmann, B. 9, 14, 50
Euklid 15f

Fang, J. 83
Fichte, J. G. 5
Fischer, K. 28

Geyser, J. 79
Goethe, J. W. 2
Goodman, N. 20, 23, 26
Gorgias 64

Hare, R. M. 1, 125
Hartmann, N. 16ff, 75
Heimsoeth, H. 119
Heisenberg, W. 15
Hempel, C. G. 1
Henrich, D. 5, 9, 23, 100, 104, 131
Herring, H. 14
Herz, M. 104, 150
Hinske, N. VII
Hoeres, W. 8
Homer 2f, 32
Hume, D. 14
Husserl, E. 5, 16, 109f, 119

Jacobi, F. H. 14
Jakob, L. H. 61

Kambartel, F. 15, 26, 83
Kaulbach, F. 91, 110
Kern, I. 16
Kneale, W. 20
Kopper, J. 13
Körner, St. 2, 12, 15, 83, 100
Kranz, W. 64
Kroner, R. 18f
Krüger, L. 149
Kyrenaiker 63

Lehmann, G. 3, 8
Leibniz, G. W. 33, 96
Leibnizianer 46f, 57, 63
Lenk, H. 16, 151
Lewis, C. I. 22f
Lorenzen, P. 24
Lotz, J. B. 28

Mainzer, K. 83
Mannebach, E. V. 63
Marc-Wogau, K. 26
Martin, G. 2f, 15, 83
Meinecke, F. 15
Mittelstaedt, P. 15

Namenverzeichnis

Moore, G. E. 125
Muralt, A. 100, 104

Natorp, P. 15
Nelson, L. 15
Neukantianer 18f, 45, 129, 131, 138
Neuscholastik 8
Newton, I. 15f, 40, 42

Oppenheim, P. 1

Paton, H. J. 9, 14, 100
Peters, W. S. 15, 83
Phänomenologen 79
Platon 2, 51, 53
Pölitz, C. H. L. 34
Popper, K. R. 1, 12, 20f
Prauss, G. 49, 138

Quine, W. van O. 23ff

Rademacher, H. 100
Reich, K. 26, 100, 125, 151, 169
Reinhold, K. L. 3, 104
Riehl, A. 9, 14
Romantik 2
Rorty, R. 131
Russell, B. 82

Schäfer, L. 15
Schaper, E. 12

Schmidt, R. 54
Scholz, H. 16
Schopenhauer, A. 14, 91, 104f
Schulz, D. J. 23
Schulze, G. E. 3
Seebohm, Th. 16
Seelbach, A. 17
Sextus Empiricus 63
Sophisten 64, 165
Stegmüller, W. 2, 3, 15, 20f, 26
Strawson, P. F. 18, 83, 100, 131
Ströker, E. 2

Thiele, G. 9
Thomas von Aquin 2
Trendelenburg, F. A. 28

Vaihinger, H. 9, 13, 28, 39, 58, 116
Vleeschauwer, H. J. VII, 9, 14, 100, 104
Vuillemin, J. 15

Wagner, H. 19, 79
Walsh, W. H. 16, 119
Weischedel, W. VII
Weizsäcker, C. F. v. 15
Wellmer, A. 2
White, M. G. 23
Wittgenstein, L. 2
Wolff, R. P. 100

Zocher, R. 19, 100

Sachverzeichnis

Abstraktion 39, 42 f, 78, 79, 115, 118
acquisitio originaria und derivativa 30
Affektion 14, 30, 33, 39, 58 f, 63, 72, 78 f
Ähnliche, das 113
Allgemeinheit; das Allgemeine; Allgemeinvorstellung; Allgemeinbegriff 19, 20 f, 51, 79 f, 86, 93, 108 f, 113 f, 159
Allsatz 21 f
Analogien der Erfahrung 39 f, 41
Analytizität
    Definition der A. 24 f
    Relativität der A. 23 f
Anschauung 33, 44, 77, 79
    A. a priori 76 ff, 85 ff, 94, 158, 162, 165, 169 f
    Begriff ohne A. 14 f
    empirische A. 39, 42, 88, 134, 147 f
    intellektuelle A. 29, 51, 55, 86 f, 89, 118
    reine A. 39 ff, 78 f, 89 f
    unbestimmte A. 51, 52
Anthropologismus 16, 146
Antinomie der reinen Vernunft 40, 57, 92 f
Assoziation 104, 136, 138
Aussage 20
äußerlich/innerlich 70 f
    äußere und innere Bestimmungen 45 f, 61 ff
Axiom 22, 82, 149

Befehl (Imperativ) 125 ff, 132, 133, 167, 169
Begriff
    Gebrauch und Reflexion 98
    B.sinhalt 53, 55, 82, 86, 92, 115
    sinnlicher B. 98, 105, 158 f
    B.sumfang 53, 55, 82, 86, 92 f
Beschreibung 110, 112
Bestimmen 106 f
Bewegung 34, 110 ff
Beweis, apodiktischer; stringenter 5, 11 f, 19, 170
Bewußtsein 26 f
Bild 81, 84, 90
Biologismus 16, 146

cogito 102, 118, 122, 131

Darwinsche Wende 120
Deduktion
    metaphysische D. 144 f
    objektive und subjektive D. 9 f
Definition, ostensive 97
Ding
    D. an sich 30, 31, 38, 47 ff, 57, 60 ff, 64, 66 f, 69, 74 f, 90 f, 93 f, 120, 131, 150 f
    D. überhaupt 50 ff
diskursiv 47, 53, 55, 86, 87, 109, 131
Dogmatismus, methodischer 4
Dualismus der Erkenntnisquellen 8, 18, 47, 49 f, 63, 64, 73, 93 f, 100 f

Einbildungskraft 118
Einheit
    absolute E. 107 f, 160
    analytische E. 26, 113 ff
    E. des Bewußtseins 27
    nichtobjektive E. 137, 139, 167 ff
    subjektive E. 124, 134 f, 136 ff
Entscheidung, praktische 1, 122
Erkenntnis, Begriff der 129 f
Erklärung
    ahistorische E. 10
    wissenschaftliche E. 1, 21
Experiment 71, 92, 115, 147 f
    das Gedankene. in Kants zweitem Raum-Argument 37, 57, 71 f, 74 f

Faktum 65, 121
    F. der Erfahrung; der Wissenschaft 15, 18 ff, 129, 138
    F. der Raum-Zeit-Anschauung 29 f, 67 f, 73
    F. des Selbstbewußtseins 131, 150
    F. der Vernunft 121
Falsifikationstheorie 2
Frage 125 ff, 132, 133, 134, 167, 169

Sachverzeichnis

Freiheit
    Deduktion der F. 121
    logische F. 155 ff

gegeben 26
Gegenständlichkeit der Vorstellungen 99, 102, 121
Geometrie 15 f, 41 f, 44 f
Gesetzesaussagen
    Kennzeichen der G. 20 ff
    Wichtigkeit der G. 1
Gewühle von Erscheinungen 91, 141, 155
Gleichheit, absolute 114
Grundsätze des reinen Verstandes 15 f, 19 f, 111, 123, 142, 146, 162 ff
    Evidenz der G. 87 f
    konstitutive und regulative G. 87 ff
    mathematische und dynamische G. 87 ff

Handlung 1, 80, 96, 102, 105, 107, 109, 110 ff
Hypothese; hypothetisch 4 ff, 19, 34, 45, 57, 65, 68, 96, 112, 117 f, 120, 122, 147 f, 150
    Hilfsh. 12, 141 f, 154

Ich
    empirisches I. (e. Subjekt) 41, 110 f, 138 ff, 161
    reines I. 121
    I. als bloßes X 121
Ich denke 19, 100 f, 118, 129, 151
Idealismus
    problematischer I. 48, 63, 66
    Widerlegung des I. 70, 131, 160 f
Idee 34, 51, 55, 92 ff, 147
Identität, Satz der 25 f, 107, 113, 121
Indikator 97, 99, 106, 127
Individuation; Partikularisation 80, 86 f, 93
Induktionsproblem 21
Induktivismus 2
intersubjektiver Konsens 139 f

Kategorie
    reine K. 14 f, 47 ff, 64, 68, 73, 89, 92, 94, 105, 118, 158 f, 165
    schematisierte K. 14, 54, 73
    System der K.n 97, 119, 144, 163 ff
    transzendentaler und absoluter Gebrauch der K. 54
Kausalitätsprinzip 15, 87 f, 96, 103, 128, 129, 136 f, 145, 162 f, 164 f

Konstruktion eines Begriffs 15, 77, 79 ff, 85 ff, 159
Kontinuität 109 ff
Kopernikanische Wende 5, 96, 120
Kopula 134 f
Körper, inkongruente 45 f, 50, 56, 57
Kritik
    immanente K. 10 f, 24
    systematische K. 3 f, 7, 8, 16

Logik 23 f, 142 f, 148, 151
Logizismus 82

Mathematik; mathematisch 6, 15, 20, 22, 39, 65, 76 ff, 85 ff, 147 f, 150, 158
Maxime 1
Mutation 146

Natur
    N. überhaupt 117, 145
    N. des Verstandes 117
Naturalismus 16, 125
Notwendigkeit
    absolute N. 14, 72, 131, 151
    bedingte N. 14, 72, 151
    Verschiebung des N.sbegriffs 133

Objekt, transzendentales 55
Objektivität 124 ff

Paradoxie; Paradoxon 8, 63, 77, 79, 89, 121
Phantasie 41, 43, 72, 75, 77, 79, 81
Plausibilität 11 f
Prämissen, unzureichende 11 f
präskriptive und deskriptive Sätze 125
Protentionen 109
Psychologismus 15, 16, 96, 117 f, 119

Quantenphysik 15

Raum
    absoluter R. 33 ff, 42
    Begriff vom R. 30, 32
    Geltungsbereich des R.es gegenüber der Zeit 70, 161
    Homogeneität von R. und Zeit 85
    leerer R. 38 ff, 91
    R. als Verhältnisvorstellung 43, 60 ff
Realismus 6, 17, 66, 75
Rede, indirekte 127
Regel 107, 113, 125, 131, 137, 168
    Einheit der R. 113

Rekognition 109, 113
Retentionen 109
Rezeptivität 26, 47, 59f, 63, 72, 74f, 120

Satz 20
   S. in Anführungszeichen 127
   S.formen 127
Schein, dialektischer 6, 94
Schema; Schematisierung 81ff, 85, 89, 118, 157ff, 166, 169
Schema der Einheit 111, 113
semantisches System 156
Skeptizismus 12, 48, 63, 165
Spontaneität, Kriterium der 96, 99, 105f, 111ff, 117, 118
Substanzsatz 15, 96, 158, 162f
Substitutionsregel 25
Synthesis, konstitutive und interpretative 90ff

Tautologie 25
Totalität 55, 92ff
Typisches 113f

Ungegenständliche, das 99, 110, 119
Urteil 20, 106, 123, 125, 126, 133, 167f
   disjunktives U. 167f
   Einteilung der U.e in analytische und synthetische 22ff
   Erfahrungsu. 136ff
   falsches U. 106, 144, 153ff, 164
   Grundsatz der analytischen U.e 17
   Grundsatz der synthetischen U.e 17f
   hypothetisches U. 143f, 145, 167f
   kategorisches U. 25, 151ff, 155, 168
   Modalitäten des U.s 167
   negatives U. 106
   problematisches U. 167
   Wahrnehmungsu. 19, 136ff
Urteilsformen 73, 76, 97, 123, 125, 127, 131, 142ff, 151ff, 164, 166
   logischer Gebrauch der U. 152, 155ff
   materielle Indifferenz der U. 155ff, 164
Urteilskraft 106

Verstand
   anschauender (intuitiver) V. 50, 51, 53, 56, 86, 87, 91f, 94, 101, 118
   Begriff des V.es 129
   V.esfunktionen 146ff
   reiner V. 47ff, 57, 63, 64, 91

Wahrheit, logische 24f
Wahrnehmung, unbestimmte 119
Welt, intelligible 47, 51, 53
Wesensschau 79, 86
Widerspruch
   Satz des W.s 17, 22, 25f, 107, 113, 121

Zeit
   leere Z. 39ff, 91
   Z.aspekte 160f

Walter de Gruyter
Berlin · New York

Quellen und Studien zur Philosophie

G. Prauss
Erscheinung bei Kant
Ein Problem der „Kritik der reinen Vernunft"
Groß-Oktav. 339 Seiten. 1971. Ganzleinen DM 78,–
ISBN 3 11 006427 8 (Band 1)

M. Wolff
Fallgesetz und Massebegriff
Zwei wissenschaftshistorische Untersuchungen zur
Kosmologie des Johannes Philoponus
Groß-Oktav. X, 159 Seiten. 1971. Ganzleinen DM 36,–
ISBN 3 11 006428 6 (Band 2)

B. Tuschling
Metaphysische und transzendentale Dynamik in Kants opus postumum
Groß-Oktav. XII, 224 Seiten. 1971. Ganzleinen DM 54,–
ISBN 3 11 001889 6 (Band 3)

H. W. Arndt
Methodo scientifica pertractatum
Mos geometricus und Kalkülbegriff in der philosophischen
Theorienbildung des 17. und 18. Jahrhunderts
Groß-Oktav. VIII, 170 Seiten. 1971. Ganzleinen DM 72,–
ISBN 3 11 003942 7 (Band 4)

K. Wurm
Substanz und Qualität
Ein Beitrag zur Interpretation der platonischen
Traktate VI 1, 2 und 3
Groß-Oktav. XII, 294 Seiten. 1973. Ganzleinen DM 68,–
ISBN 3 11 001899 5 (Band 5)

L. Krüger
Der Begriff des Empirismus
Erkenntnistheoretische Studien am Beispiel John Lockes
Groß-Oktav. XII, 283 Seiten. 1973. Ganzleinen DM 68,–
ISBN 3 11 004133 2 (Band 6)

Preisänderungen vorbehalten

Walter de Gruyter
Berlin · New York

Quellen und Studien zur Philosophie

B. Loer — **Das Absolute und die Wirklichkeit in Schellings Philosophie**
Mit der Erstedition einer Handschrift aus dem Berliner Schelling-Nachlaß
Groß-Oktav. VIII, 288 Seiten und 3 Abbildungen auf Kunstdruck (davon 2 Ausschlagtafeln). 1974. Ganzleinen DM 108,–
ISBN 3 11 004329 7 (Band 7)

K. Röttgers — **Kritik und Praxis**
Zur Geschichte des Kritikbegriffs von Kant bis Marx
Groß-Oktav. X, 302 Seiten. 1975. Ganzleinen DM 92,–
ISBN 3 11 004604 0 (Band 8)

R. Stuhlmann-Laeisz — **Kants Logik**
Eine Interpretation auf der Grundlage von Vorlesungen, veröffentlichten Werken und Nachlaß
Groß-Oktav. VIII, 123 Seiten. 1976. Ganzleinen DM 52,–
ISBN 3 11 005840 5 (Band 9)

M. Bartels — **Selbstbewußtsein und Unbewußtes**
Studien zu Freud und Heidegger
Groß-Oktav. X, 200 Seiten. 1976. Ganzleinen DM 78,–
ISBN 3 11 005778 6 (Band 10)

H. Ottmann — **Individuum und Gemeinschaft bei Hegel**
Band I: Hegel im Spiegel der Interpretationen
Groß-Oktav. X, 406 Seiten. 1977. Ganzleinen DM 118,–
ISBN 3 11 007134 7 (Band 11)

Preisänderungen vorbehalten